2016年国家社会科学基金项目(项目编号:16BTY073)
课题名称"互联网时代资源共享型社区体育发展模式研究"

互联网时代资源共享型社区公共体育发展模式研究

易 锋 陈 康 著

苏州大学出版社

图书在版编目(CIP)数据

互联网时代资源共享型社区公共体育发展模式研究／易锋,陈康著.—苏州:苏州大学出版社,2021.8
2016年国家社会科学基金项目(项目编号:16BTY073)
ISBN 978-7-5672-3534-2

Ⅰ.①互… Ⅱ.①易… ②陈… Ⅲ.①互联网络—应用—社区—体育工作—发展模式—研究—中国 Ⅳ.①G812.4

中国版本图书馆 CIP 数据核字(2021)第 072692 号

书　　名:	互联网时代资源共享型社区公共体育发展模式研究
著　　者:	易　锋　陈　康
责任编辑:	周建兰
助理编辑:	陈　璐
装帧设计:	吴　钰
出版发行:	苏州大学出版社(Soochow University Press)
社　　址:	苏州市十梓街1号　邮编:215006
印　　刷:	广东虎彩云印刷有限公司
网　　址:	www.sudapress.com
邮购热线:	0512-67480030
销售热线:	0512-67481020
开　　本:	700 mm×1 000 mm　1/16
印　　张:	18
字　　数:	305 千
版　　次:	2021 年 8 月第 1 版
印　　次:	2021 年 8 月第 1 次印刷
书　　号:	ISBN 978-7-5672-3534-2
定　　价:	68.00 元

图书若有印装错误,本社负责调换
苏州大学出版社营销部　电话:0512-67481020
苏州大学出版社网址　http://www.sudapress.com
苏州大学出版社邮箱　sdcbs@suda.edu.cn

第一章 导 论 /001

第一节 课题的背景与意义 /001
第二节 相关的文献综述 /005
第三节 研究思路与研究方法 /008

第二章 社区公共体育资源共享的相关理论概述 /013

第一节 相关概念的界定 /013
第二节 社区公共体育资源共享的相关理论 /021

第三章 我国社区公共体育发展的现状与存在的问题 /027

第一节 我国社区公共体育发展的历程回顾 /027
第二节 我国社区公共体育发展的理论与政策现状 /032
第三节 我国社区公共体育发展方式的现状 /038
第四节 我国社区居民体育参与的现状 /041
第五节 我国社区公共体育资源共享的现状 /049
第六节 国外社区公共体育发展的相关经验与启示 /054

第四章　互联网时代资源共享型社区公共体育发展模式 /060

第一节　基于资源共享理念下的我国社区公共体育发展思路 /060

第二节　社区公共体育服务发展模式 /070

第三节　社区公共体育指导员培养模式 /073

第四节　社区公共体育设施建设发展模式 /076

第五章　社区公共体育资源共享机制 /079

第一节　影响社区公共体育资源共享的因素 /079

第二节　社区公共体育资源共享机制的构建与运行 /083

第六章　基于"互联网"的社区公共体育发展模式 /090

第一节　"互联网+社区公共体育"的发展模式 /090

第二节　社区公共体育服务网络平台的构建 /110

第七章　基于"互联网"的社区公共体育资源配置路径 /118

第一节　社区居民对体育资源需求的现状 /118

第二节　社区公共体育资源配置中存在的问题 /125

第三节　基于"互联网"的社区公共体育资源配置路径 /128

第八章　基于"互联网"的社区公共体育服务供给 /133

第一节　公共体育服务的概念、特征及内容 /133

第二节　我国社区公共体育服务供给现状分析 /138

第三节　基于"互联网+"的社区公共体育服务供给 /143

第九章　互联网时代社区居民体育消费升级模式 /147

第一节　社区居民体育消费现状 /147

第二节　互联网与大数据对社区居民体育消费的影响 /149

第三节　互联网与大数据在消费升级中所面临的挑战 /156

第四节　互联网与大数据发展进程中的问题解决策略 /158

第十章 "健康中国"战略下社区公共体育服务供给侧改革 /160

第一节 "健康中国"战略的发展历程与现实意义 /160
第二节 社区公共体育服务供给侧改革的特点与原则 /162
第三节 社区公共体育服务供给侧改革的机制 /163
第四节 社区公共体育服务供给侧改革的路径 /166

第十一章 "体育强国"建设中社区公共体育高质量发展策略 /171

第一节 社区公共体育高质量发展的时代背景 /171
第二节 社区公共体育高质量发展的内涵演进特征 /173
第三节 社区公共体育高质量发展的价值取向与理念 /178
第四节 社区公共体育高质量发展的推进路径 /183

第十二章 城市社区公共体育资源共享模式
——以构建城市社区"10分钟体育健身圈"为例 /188

第一节 城市社区"10分钟体育健身圈"的构建与实现 /188
第二节 "体育健身圈"建设中公共体育服务发展对策 /194

第十三章 小城镇社区公共体育发展模式
——以苏南地区小城镇社区公共体育发展为例 /202

第一节 "人的城镇化"进程中小城镇社区公共体育发展策略 /202
第二节 苏南地区小城镇社区公共体育发展模式 /207

第十四章 社区与学校体育资源共享模式 /217

第一节 社区与学校体育资源共享的现实意义 /217
第二节 社区与学校体育资源共享模式的构建 /219
第三节 建立区域性高校-社区公共体育联合体的构想 /233

第十五章 互联网时代资源共享型社区公共体育发展模式案例 /238

第一节 上海市社区公共体育资源共享模式——"你点我送" /238
第二节 广东省社区公共体育资源共享模式——"我建你用" /245
第三节 常州市社区公共体育资源共享模式——"我买你享" /255

第十六章 我国社区公共体育发展趋势 /264

第一节 "健康社区"建设背景下的社区公共体育发展趋势 /264
第二节 "智慧社区"建设背景下的社区公共体育发展趋势 /267

附件1 社区公共体育现状调查问卷（社区公共体育管理者） /273

附件2 社区公共体育现状调查问卷（居民） /276

后记 /281

第一章 导 论

第一节 课题的背景与意义

一、课题背景

当前,随着计算机和信息技术的日益成熟,互联网得到了飞速发展。根据中国互联网络信息中心(CNNIC)发布的第43次《中国互联网络发展状况统计报告》显示,截至2018年12月,我国网民规模达8.29亿人,普及率达59.6%[①],我国手机网民规模达8.17亿人,网民通过手机接入互联网的比例高达98.6%。中国社会的发展已经进入了"互联网时代"。

随着我国经济的快速发展,人们的物质生活越来越丰富,温饱问题不再是人们关心的重点,身体健康已成为现代人追求的主流趋向。人们越来越重视身体健康,体育健身逐渐成为人们生活中不可缺少的重要组成部分。

互联网时代,网络将人们连接成一个"万物通联"的网络社会,人们通过网络交流信息、沟通情感、分享心得、参与互动。"互联网+体育"的发展模式,已经成了当代体育的发展趋势。体育与互联网平台的互动创新是21世纪体育事业的重要组成部分,是未来社会体育建设的重要内容。

党的十八届五中全会提出"创新、协调、开放、绿色、共享"的发展理念,我国将全面建成小康社会。随着城镇化进程的进一步加快,城镇社区人口越来越多,社区居民的健康状况直接影响着国家经济的发展、社会的稳定和人们生活的幸福感。健康水平的提高对促进经济增长、构建和谐社会、提升居民生活质量的重要作用已成为人们的共识。因此,研究互联网时代社区公共体育的发展模式,构建一个以互联网为平台的、支撑"生

---

① 中国互联网络信息中心. 第43次《中国互联网络发展状况统计报告》[EB/OL].(2019-02-28)[2019-09-10].http://www.cac.gov.cn/2019-02/28/c_1124175677.htm.

活化、普及化、社会化、科学化、产业化和法制化"的资源共享型社区居民健身服务体系，实现O2O（Online To Offline，线上到线下）形式的线上交流、学习、娱乐，线下健身、体验、服务的全民健身网络，至关重要。

自20世纪80年代我国实行改革开放以来，西方社会治理的一些先进科学方法逐步被国人所接受，对"社区治理"的研究也被我国社会研究的学者所重视。中国科学院社会学研究所为了适应我国城市的快速发展需要，将中国城市发展模式研究作为研究重点，开始了我国城市发展战略研究。"社区公共体育"作为社区文化，也越来越被我国体育研究学者关注，中国社区公共体育的研究正式开始。研究的初期，主要的关注点是"社区公共体育""社区公共体育组织"的概念的界定，对我国"社区公共体育现状"的调查分析和"社区公共体育发展方式"的探讨等方面。自20世纪90年代后期以来，随着我国国民经济的快速发展，人们生活水平的日益改善，群众体育越来越受到各级政府的高度重视，社区公共体育作为群众体育的重要组成部分，越来越受到广大学者的关注。

习近平同志在党的十九大报告中强调，中国特色社会主义进入了新时代，社会主要矛盾已经转化为人民日益增长的美好生活需要和不平衡不充分的发展之间的矛盾。在社区公共体育发展方面，虽然目前对我国社区公共体育研究比较广泛，但是随着人类社会迈入以互联网为特征的信息时代，人们的生活方式发生了巨大的变化，社区公共体育的发展面临着许多新问题，如新时代社区公共体育发展方针政策、中国特色社会主义的社区公共体育特色、网络时代社区公共体育发展模式等。特别是在社区公共体育资源配置、体育资源管理、体育资源利用和体育资源共享等方面，急需理论指导和实践探索。

2016年3月16日，中共中央颁布了《中华人民共和国国民经济和社会发展第十三个五年规划纲要》，提出"促进群众体育与竞技体育全面协调发展"的战略规划；2016年10月25日，中共中央、国务院发布《"健康中国2030"规划纲要》，提出"广泛开展健康社区、健康村镇、健康单位、健康家庭等建设"①，将"健康社区"建设纳入了各级政府的重要工作内容；2016年5月5日，国家体育总局发布《体育发展"十三五"规划》，提出大

---

① 中共中央、国务院."健康中国2030"规划纲要［EB/OL］.（2016-10-25）.http：//www.gov.cn/zhengce/2016-10/25/content_5124174.htm.

力推进"城市社区多功能运动场""城市体育服务综合体""城市社区15分钟健身圈"建设①;这一切标志着党中央、国务院对群众体育工作的高度重视,我国群众体育进入了快速发展的大好时机。"十二五"期间,在我国经济快速发展的背景下,群众体育得到了很好的发展,取得了可喜的成绩,但同时我们也深刻地感受到群众体育发展中面临着许多问题,特别是城市社区公共体育。作为群众体育工作的重要落脚点,社区居民日益增长的多元化、多层次体育需求与体育有效供给不足的矛盾日益凸显,社区公共体育发展的理论研究滞后、政策脱离实际需要、制度执行不力等问题,严重地制约了社区公共体育的发展。在当前国家将全民健身上升为国家战略的时代背景下,社区公共体育关系到"全民健身计划"和"健康中国"目标的实现,既面临着难得的发展机遇,又充满着严峻的挑战。

二、研究的意义

(一) 理论意义

1. 通过对资源配置理论、资源共享发展理论的分析,为社区公共体育资源有效配置、资源共享发展奠定理论基础

我国社区公共体育是在中国特定的社会发展环境中逐步孕育和发展起来的,既具有社区公共体育的一般属性,又表现出明显的个性特征。因此,照搬西方的社区公共体育发展理论,无法解决中国本土的现实问题。中华人民共和国成立以来,在计划经济的指导下,我国社区公共体育资源的配置一直采用的是政府统一规划、统一配置的模式。虽然随着市场经济的发展,社会组织和企业也进入了社区公共体育资源配置行列,但目前还是以政府统一配置为主,仍然摆脱不了计划经济的影子。本研究从明晰社区公共体育、体育资源、社区公共体育资源的概念、属性与分类入手,系统分析了我国社区公共体育资源配置的发展历程,从我国社会经济发展、体育发展和公共服务三个方面,构建社区公共体育资源配置的理论基础,进而从资源配置、资源管理、资源共享和公共服务四个视角建立我国社区公共体育资源共享发展模式的理论基础。

---

① 国家体育总局. 体育发展"十三五"规划[EB/OL].(2016-05-05)[2019-01-25].http://www.gov.cn/xinwen/2016-05/05/content_5070514.htm.

2. 通过对社区公共体育资源配置、管理、使用和共享的现状分析，为社区公共体育资源配置和共享发展提供现实依据

对社区公共体育资源配置与共享发展问题进行研究，必须基于现有的实证研究成果，有针对性地提出发展策略。本研究采用文献资料法、问卷调查法、实地考察调查和专家咨询等研究方法，对不同类型的社区公共体育发展模式、资源配置方式、资源共享机制的现状进行分析研究，研究成果将为政府体育行政部门制定社区公共体育发展政策、体育企业参与社区公共体育资源配置和服务、社会组织参与社区公共体育服务，提供新的视角和新思路。

3. 通过对互联网社会理论、新时代和谐社会理论、资源依赖理论、多中心治理理论等的分析，构建互联网时代资源共享型社区公共体育发展的模式

随着我国城镇化进程的进一步加快，城镇社区人口越来越多，社区居民的健康状况直接影响着国家经济的发展、社会的稳定和人们生活的幸福感。随着我国社会的发展进入互联网时代，"互联网+体育"的发展模式已经成为当代体育发展的重要方式。互联网平台也成了体育组织进行体育营销、体育企业产品宣传与开发、运动专家与市民交流、明星与粉丝互动的主要途径。因此，本研究的目的是基于互联网时代社区发展趋势，构建一个以互联网为平台、支撑"生活化、普及化、社会化、科学化、产业化和法制化"的资源共享型社区公共体育发展模式。

（二）实践意义

1. 丰富和发展有关社区公共体育发展的研究内容和研究方法

本研究试图从我国社会发展的角度，通过对互联网时代社区居民生活的特征进行分析，结合社区公共体育的现状，构建一个以互联网为平台的资源共享型社区公共体育服务体系，实现 O2O 形式的线上交流、学习、娱乐，线下健身、体验、服务的社区居民健身网络，因此研究内容和方法将丰富和发展现有的社区公共体育研究。

2. 为我国政府机构制定新时期社区公共体育发展的政策提供理论指导和实践参考

本研究以现实问题为导向，紧紧围绕《全民健身计划纲要》的实施和全民健身服务体系的构建为研究主线，提出互联网时代社区公共体育发展的方向和路径，为我国政府机构制定新时期社区公共体育发展的政策提供

理论指导和实践借鉴。

3. 为新时代我国体育文化产业的发展思路提供参考

本研究以"互联网+"的体育产业发展时代为背景，探索"互联网+体育"的社区公共体育产业发展的新路径；以社区居民体育健身需求为依据，以服务社区居民体育健身活动为根本，以"互联网"为沟通桥梁，开发以移动互联网为主体的"体育生活云平台"，为政府和企业在社区公共体育文化产业发展方面提供思路。

第二节 相关的文献综述

一、基础理论研究

基础理论研究方面主要包括社区公共体育和社区公共体育公共服务的概念、性质、功能、构成要素方面。

"社区公共体育是指以基层社区为区域范围，就地就近开展的区域性体育活动。"① "社区公共体育的核心是社区居民为促进身、心、群的健康，就近就便，自愿参与活动。"② "社区公共体育作为群众体育的主要组成部分，具有活动项目门类齐全、活动内容丰富多彩、活动方式多变等特征。"③ 自党的十七大提出加强公共服务体系建设之后，许多学者加强了对全民健身服务体系的建设研究。胡茵、汪波、谢正阳等对我国社区公共体育公共服务体系的概念、结构、评价指标体系进行了探析；袁春梅、姚绩伟等对我国城市社区公共体育公共服务分层及特征、服务效率评价与影响因素等进行了阐述。

二、应用研究

应用研究主要包括社区公共体育的管理、社区公共体育组织、居民需

---

① 王凯珍. 对北京市城市社区体育现状的研究：兼论社区体育的定义及构成要素 [J]. 体育科学, 1994 (5)：17-24.

② 任海, 王凯珍, 王渡, 等. 我国城市社区体育的概念、构成要素及组织特征：对我国城市社区体育的探讨之一 [J]. 体育与科学, 1998 (2)：12-16, 20.

③ 卢元镇, 刘凤霞, 李国军. 休闲生活方式：社区体育的立足点：社区体育"以人为本"的讨论 [J]. 体育文化导刊, 2003 (1)：3-5.

求与体育公共服务供给研究等。

社区公共体育发展存在的问题主要包括对社区公共体育认识不足，正式的与自发性的社区公共体育组织间缺乏联系，非经常性的与日常性的社区公共体育活动相脱节，各社区公共体育发展不平衡及体育资源紧缺。① 王凯珍、李俊明、李蓉蓉等在不同时期分别对中国城市不同类型社区、中西部地区城市社区、北京市社区等社区居民体育活动现状、健身服务体系的发展现状及对策进行了调查研究；姚绩伟对我国城市社区公共体育公共服务公众满意度进行了研究。

三、发展研究

发展研究主要包括社区公共体育和体育公共服务发展模式研究、政策研究、社区公共体育与社会发展关系研究等。

"社区公共体育发展的未来模式，主要是以发展街道社区公共体育为重点、以大力发展体育产业为后盾。"② "社区公共体育服务的四项要素中，设施是基础，组织是保证，指导是方法，信息是媒介。"③ "以发展街道社区公共体育为重点，以扩大体育产业为后盾，形成街、区、市社区公共体育三合一体同频共振的发展格局。"④ "加强对社区公共体育公共服务场所及设施的开发、建设与改造；多渠道筹集资金。"⑤ 裴立新、曹艳杰等对影响社区公共体育发展的因素进行了分析；何茂、孙立海和吕万刚等对社区公共体育志愿者服务和体育非营利组织体系的发展模式进行了研究。

四、互联网与社区公共体育发展研究

互联网与社区公共体育发展研究主要包括体育网络平台的建设、基于互联网的体育传播、基于互联网的运动干预研究等。

---

① 任海，王凯珍，王渡，等.我国城市社区体育的概念、构成要素及组织特征：对我国城市社区体育的探讨之一 [J].体育与科学，1998（2）：12-16，20.

② 吕树庭，饶纪乐.社会学视角下的社区体育：社区体育概念之管见 [J].体育文史，1997（3）：17-43.

③ 李建国.论我国社区体育发展模式 [C]//国家体委群体司.全国职工体育论文报告会获奖论文汇编，1996.

④ 华景梅，徐祥辉.和谐社会构建视角下的我国社区体育发展模式 [J].体育与科学，2006（4）：47-49.

⑤ 董翠香，郑继超，田来，等.上海市社区体育公共服务发展对策研究 [J].体育文化导刊，2011（6）：17-20.

"根据服务类型的不同,可以将体育服务平台分为横向一体化服务平台和纵向一体化服务平台。"① 田烈对社区公共体育信息管理系统的结构进行了研究。国外学者萨利斯（Sallis）和欧文（Owen）提出了影响运动行为的生态模型（ecological model），该理论认为,帮助人们更好地去发现和认识所在社区的运动资源,能够有助于增加人群的运动行为频率;提出"整合社区运动资源信息的项目（如提供社区内的步行地图、提供社区运动资源的搜索引擎）更能够吸引参与者,更能够提升参与者的投入程度和运动水平"。②

五、相关研究述评

1. 在基础理论研究方面

由于对中国特色社会主义"社区"的特征认识不足,对其研究的针对性不强。特别是随着社会的快速发展、互联网时代的到来,"社区""社区公共体育""社区公共体育健身服务体系"的定义、特征、范围、服务方式等都发生了变化,现有的理论已不能满足新时期互联网时代社区公共体育发展的需要。

2. 在应用性研究方面

由于是立足于现状制定的对策,其预见性有时跟不上社区建设的发展,特别是互联网的飞速发展、新媒体的大量涌现、移动电子设备技术的广泛应用,给社区公共体育发展提供的广阔空间是许多学者没有预料到的。另外,此类研究大多属于个案研究,适用范围有限。

3. 在发展性研究方面

由于有明确的发展目标,且多将社会发展作为因素或参考系统,此类研究有一定的研究深度,对社区公共体育和体育健身服务的发展作用较大。但从目前的研究成果看,多局限于某一区域或某一个城市社区,大多缺乏全面的系统性的理论与实践研究。

4. 互联网与社区公共体育发展研究方面

针对互联网时代社区公共体育发展模式研究,国内才刚刚起步。

---

① 陆天一. 互联网下的我国体育服务平台战略构成分析［J］. 科教导刊：电子版, 2015（1）：120.

② 周婷, 李宇欣. 基于互联网的运动干预项目：提升大众体育行为的新途径［J］. 体育科学, 2015, 35（6）：73-77, 82.

第三节　研究思路与研究方法

一、研究思路

立足当前我国社区公共体育的现状，从社区居民生活中的体育需求出发，围绕《全民健身计划纲要》的实施和全民健身服务体系的构建为研究主线。总体研究思路：通过文献资料、问卷调查、走访调查、在线调查、专家咨询等方法，对互联网时代社区居民体育生活方式、体育健身和娱乐需求、体育产品消费、社区公共体育组织、体育网站建设等现实情况进行调查，分析目前社区公共体育发展存在的问题，运用现代社会学、心理学、公共供求关系、社区发展理论、市场经济学等理论，构建互联网时代我国社区资源配置、居民健身服务体系的基本理论框架。从理论的视角分析政府（政策指导与监管）、居民（需求与参与）、企业和组织（产品与服务）三者在社区公共体育建设与发展中的责任、权力和利益，提出互联网时代社区公共体育发展的方向和路径，构建基于互联网的"三位一体"的资源共享型社区公共体育发展模式，为我国政府行政机构制定新时期社区公共体育发展的政策提供理论指导和实践参考。

二、研究内容

（一）研究对象

从互联网时代的特征出发，紧紧围绕《全民健身计划纲要》的实施和全民健身服务体系的构建这条研究主线，以现实问题为导向，提出互联网时代社区公共体育发展的方向和路径，构建一个基于互联网的资源共享型社区公共体育发展模式，具体研究对象：互联网时代的社会特征与居民生活方式；基于互联网时代的社区居民健身服务体系的基本理论；社区居民体育需求、服务体系的现状和存在的问题；基于互联网平台的社区居民体育健身、娱乐服务体系的模式；体育服务网络平台，如阿里体育、乐视体育、PPTV体育、腾讯体育。

（二）总体框架

本课题总体框架可以概括为：立足一个背景——互联网时代，基于两个现状——居民生活体育需求现状与体育公共服务体系现状，构建三位一体发展体系——政府（政策指导与监督）、居民（需求与参与）、企业和组织（产品与服务），推行四种资源共享——政策共享、设施共享、服务共享、产品共享，实现一个目标——构建一个基于互联网的资源共享型社区公共体育发展模式，提出互联网时代社区公共体育发展的方向和路径，为我国政府行政机构制定新时期社区公共体育发展的政策提供理论指导和实践参考。

1. 互联网对居民体育生活方式的影响与对策

互联网给人们带来健身、娱乐、学习、交流方便的同时，也带来许多发展中的问题，如信息的准确性、科学性、规范性和标准化问题，政府监管、市民参与、企业和组织服务三者之间的责、权、利问题，居民线上、线下体育消费过程中产生的纠纷处理问题，等等，都有待进一步探索和研究。

2. 基于互联网时代背景，对网络社区公共体育、社区公共体育资源、居民健身服务体系等相关概念、内涵和结构体系进行理论创新，构建我国社区公共体育的新理论框架

通过对社区居民不同社会阶层体育健身行为观、价值观和需求情况的调查研究，以及对目前社区公共体育资源（人、财、物）的访问调查，明晰当前社区居民健身服务体系的发展现状和存在的问题，考察社区居民体育健身行为和需求的多样化态势、多维影响因素及相互作用方式，探究阶层分化在体育健身领域的表现形式，提出基于互联网的多层次、全方位、资源共享型的社区公共体育新概念。

3. 互联网时代社区居民体育需求、政府政策、组织服务策略和企业服务模式的现状调查分析

以社区居民体育健身服务体系管理现状、存在的问题、改进的措施和建议为重点，分别对社区居委会、体育行政管理部门、社区公共体育组织和团体、教育部门的群众体育管理人员进行访谈调查，随机抽样对社区居民进行有关内容的走访座谈，对社区健身场所及设施进行实地考察、调查、统计，了解社区公共体育服务体系的运行机制。

4. 基于互联网的社区居民体育服务体系基本模式与运行机制研究

通过对我国城市社区居民体育健身服务需求与供给、体育健身服务产品的基本类型和特征的研究，并以上海、杭州、南京、苏州、无锡、常州等城市社区的实证分析为实践支撑，提出互联网时代我国社区居民体育健

身服务体系基本模式。通过对目前社区居民体育生活服务体系运行机制的理论和运行实际情况的研究，探讨运行机制阻滞现象，分析运行中存在的问题和解决路径，提出完善我国社区居民健身服务、体育娱乐、体育交流服务体系和构建良性运行机制的策略。

三、研究方法

本课题重点运用文献检索法对国内外有关文献进行查阅、收集、整理；运用问卷调查、网络调查的方法对社区居民的体育生活、健身行为、网络平台使用、健身服务需求和健身服务满意度等方面的现状进行调查；运用走访调查、专家咨询的方法对社区公共体育管理人员、健身服务人员进行访谈调查，对社区健身场所、体育服务网站和设施进行实地考察、调查、统计，向有关社会学专家、体育学专家和体育行政部门的负责人进行咨询；运用系统分析、案例分析的方法对社区居民体育健身服务体系进行系统分析；运用数理统计法对调查的相关数据进行数理统计分析。

1. 文献检索、归纳总结

通过数据库、网络检索，对国内外有关"互联网+"体育、社区公共体育、体育公共服务、体育健身服务体系等方面研究的文献资料进行查阅、收集、整理，包括政府部门对社区公共体育和社区公共体育健身服务方面的政策性文件。

2. 问卷调查、网络调查

在搜集整理有关社区公共体育服务的理论、方法、问卷等相关资料的基础上，根据课题研究需要，制定调查问卷。问卷主要由四大类问题构成：社区居民不同阶层的体育健身行为，体育健身价值观，体育网络平台使用情况，体育健身服务需求和体育健身服务满意度等方面的现状、态度和期望。采取随机抽样的方式对社区居民进行问卷调查。

3. 走访调查、专家咨询

以社区居民体育健身服务体系管理现状、存在的问题、改进的措施和建议为重点，分别对社区居委会、体育行政管理部门、社区公共体育组织和团体、教育部门的群众体育管理人员进行访谈调查，对社区居民进行有关内容的走访座谈，对社区健身场所、设施进行实地考察、调查、统计，了解社区公共体育服务体系的运行机制，向有关社会学专家、体育学专家和体育行政部门的负责人进行咨询，探求新时期社区公共体育发展的路径与方法。

4. 系统分析、案例分析

我国"全民健身计划"系统是国家整个体育事业系统中的一部分，社区居民体育健身服务体系是我国全民健身服务体系中的一个子系统。运用系统论关于系统构成要素—系统要素关联—系统结构—系统功能—系统演进的分析范式，为社区公共体育健身服务体系的理论构建与运行机制研究提供科学思路和有效手段。通过对典型社区公共体育进行分析，找出制约当前社区公共体育发展的问题，探寻互联网时代社区公共体育发展模式。

5. 数理统计

运用 SPSS 社会统计分析软件、Stata 计量分析软件，对调查的相关数据进行数理统计分析，保证了本课题研究方法与工具的科学性和前沿性。

表 1-1　课题研究的基本思路、主要内容、研究方法、解决的问题

基本思路	主要内容	研究方法	解决的问题
框架设计	互联网时代社区公共体育发展模式研究框架和方法体系	文献检索归纳总结	1. 总结社区公共体育发展模式的研究基础 2. 构建互联网时代社区公共体育发展模式的研究框架 3. 提出满足本课题研究目的的多学科方法体系
现状分析	互联网时代我国社区公共体育发展的现状、形成机理与影响因素	问卷调查 网络调查 走访调查 数理统计	1. 分析目前我国社区居民体育生活的现状及需求 2. 分析我国社区公共体育资源配置的现状及存在的问题 3. 分析目前我国社区公共体育服务的现状及存在的问题
理论分析	互联网时代我国社区公共体育发展的理论研究	文献检索 专家咨询 案例分析	1. 对互联网时代社区公共体育理论进行创新 2. 分析基于社区公共体育的新型体育产业的发展路径 3. 分析互联网时代政府部门对社区公共体育的政策 4. 分析基于互联网的社区公共体育资源配置

续表

基本思路	主要内容	研究方法	解决的问题
发展模式构建	互联网时代社区公共体育发展的模式研究	系统分析 计量分析 专家座谈	1. 基于互联网的体育服务网络平台构建模式 2. 基于线上线下互动的社区公共体育服务模式 3. 互联网时代社区公共体育组织发展模式 4. 互联网时代体育服务企业服务社区的公共体育模式
运行机制设计	互联网时代资源共享型社区公共体育服务体系运行机制研究	政策分析 经验借鉴 试验区建设	1. 借鉴国内外优秀社区公共体育发展经验 2. 制定体育网络服务平台信息的准确性、科学性、规范性和标准化标准 3. 规范社区公共体育服务过程中政府监管、市民参与、企业和组织服务三者之间的责、权、利 4. 提出居民体育消费过程中产生的纠纷处理机制 5. 提出促进我国社区公共体育发展的对策措施

第二章 社区公共体育资源共享的相关理论概述

第一节 相关概念的界定

一、社区

从目前的资料看,"社区"一词最早是由德国社会学家腾尼斯提出的,他在1887年出版的《社区与社会》一书中对"社区"的概念进行了阐述。20世纪30年代,我国社会学者在翻译西方社会学文献时,社区的概念才真正进入中国社会学学者的视野。

1. 社区的定义

德国现代社会学的奠基人腾尼斯在《社区与社会》一书中提出:社区是指由那些具有共同价值取向的同质人口组成的、关系亲密、出入相友、守望相助、疾病相抚、富有人情味的社会关系和社会团体。① 罗瑟梅尔(Rothaermeil)和杉山(Sugiyama)认为,社区是个人基于其他人的义务或共同目标而凝聚在一起的团体。从地理区域角度而言,社区是指街道、小镇、地区或某个特定的空间环境。从关系角度而言,社区是人们之间互动所形成的群体。②

从目前的文献资料看,虽然社会学家对社区所下的定义多达一百多种,还没有形成统一的认识,但普遍认为社区构成要素包括五个方面:特定的人群、特定的地理区域范围、基本的生活设施、认同的文化、特定的管理组织。因此,对于社区,可以广义地理解为居住在一定地域范围内的人们所组成的生活共同体;狭义地理解为一定地域内按一定社会制度和关系组

---

① 李洪波. 城市社区公共体育资源合理配置与政府绩效评价研究 [D]. 南京:南京师范大学,2012.
② 畅榕. 虚拟品牌社区研究 [M]. 北京:中国传媒大学出版社,2007:35.

织起来的、具有共同人口特征的生活共同体，如一个村庄、一个城市、一个街道、一个聚住小区等。①

2. 社区的基本特征

（1）地域性

社区首先表现的是一定的地理范围，这个地理范围可以是行政区域划分的，也可以是人们日常生活习俗所形成的；地域范围可大可小，根据区域范围，可分为微型社区、小型社区、中型社区和大型社区。

（2）群体性

社区内的主体是聚居在一起的人群，这些人群以一定的关系（生产关系或社会关系）为纽带连接起来，进行着共同的社会生活，他们的行为和生活方式具有群体性特征。

（3）社会性

社区可以理解为聚居在一起的人们所组成的社会生活共同体，它具有社会属性，是组成整个社会的单元。按照社会生活的基本需求，社区内必须有基本的生活服务设施、规章制度和相关的管理机构。

（4）同质性

社区内的人群之间是因为存在着一定的社会关系或生产关系才聚居在一起的，因此他们之间有着较为密切的社会交往，有着共同的需求和利益关系，他们对社区有着情感和心理上的认同感和归属感。

二、社区公共体育

1. 社区公共体育的定义

20世纪90年代初期，对"社区公共体育"下的定义，是我国社区公共体育研究的热点，许多学者从不同角度对社区公共体育进行了多种界定。归纳起来，主要有以下几种观点：关非从辖区单位组织的角度认为，社区公共体育是一定领域（社区内）的单位，突破了行业界限的隶属关系，组织起来的群众体育团体开展的体育竞赛和活动。王凯珍从基层行政区域的角度认为，社区公共体育是指以基层社区为区域范围，就地就近开展的区域性体育活动。② 李

---

① 李洪波. 城市社区公共体育资源合理配置与政府绩效评价研究［D］. 南京：南京师范大学，2012.

② 王凯珍. 对北京市城市社区体育现状的研究：兼论社区体育的定义及构成要素［J］. 体育科学，1994（5）：17-24.

建国等人从居民生活区域的角度认为，社区公共体育是在居民生活圈内由居民自主进行的群众性体育活动。[①] 吕树庭等人从体育活动的目的的角度认为，社区公共体育是以推进《全民健身计划》实施为目的，有计划地进行的组织化的体育活动。[②]

从目前我国学术界对社区公共体育定义普遍认同的观点看，对"社区公共体育"的定义主要包含四个方面：社区公共体育是在一定区域内开展的体育活动；社区公共体育的主体是社区居民；社区公共体育的目的是娱乐和健身；社区公共体育是群众体育的重要组成部分。因此，我们可以将社区公共体育界定为："社区居民在社区内开展的以娱乐身心、促进健康为目的的群众性体育活动。"社区公共体育是群众体育的重要组成部分。社区开展体育活动以社区内体育资源（人力、物力、财力）为基础，以全体居民为服务对象，以促进居民体育锻炼、提升身心健康水平为目的，它是由社区居民自主进行的简便易行、喜闻乐见的多种多样的身体锻炼活动，具有自主性、公益性、多样性、有趣性、服务性等特点。它对丰富居民文化生活、提高生活质量、交流邻里感情、改善人际关系、促进社区繁荣发展等都有重要意义。

从目前我国社区的形成来看，我国社区主要是指城市社区，是以行政管辖范围来划分的区域性社区，不像其他许多国家那样是自然形成的社区。从社区范围看，我国社区主要是指街道管理下的基层社区，也不像国外许多国家那样一个城市就是一个社区。从社区居民结构看，我国社区居民素质参差不齐，关系不密切，共同的目标不明确，联系居民之间的纽带不紧密，居民之间几乎处于松散状态。因此，对社区公共体育的理解，要立足于我国社区的实际情况，既要强调社区公共体育的区域性特征，又不拘泥于将社区公共体育限定在行政划分的区域内；既要将社区公共体育的理论和实践与对社区公共体育的行政管理相区别，又要强调社区公共体育的基础目标和本质功能；既要认清社区公共体育的时代特征，又要以发展的眼光看待社区公共体育的发展。

---

① 李建国，沈建华，张建成，等. 城市社区体育组织结构"小型化"探索 [J]. 体育科学，1999（4）：17-20.

② 吕树庭，饶纪乐. 社会学视角下的社区体育：社区体育概念之管见 [J]. 体育文史，1997（3）：17-43.

2. 社区公共体育的基本特征
(1) 健身性与娱乐性

社区居民开展体育活动的主要目的是健身和娱乐,居民自主进行或参与社区组织的体育活动的动机不是为了提高体育运动竞技水平,而是为了增强体质,提高健康水平,丰富自己的文化生活,达到身体健康、心情舒畅、精神愉悦、健康长寿的目的。因此,健身性和娱乐性是社区公共体育活动的主要特征,也是社区公共体育工作的出发点和根本任务。

(2) 自由性与自主性

社区居民开展体育活动的形式主要是自发的,每个居民都可以按照自己的爱好、特长、需求和目的,自主选择活动的项目、时间、地点及参与的方式,既可以个人自娱自乐,也可以加入社区公共体育组织,还可以有相同兴趣爱好的需求者自由组合活动,充分体现了社区公共体育活动的自由性和自主性。

(3) 保障性与市场性

社区是社会的最小组成部分,社区居民的健康水平和邻里关系关系到全社会的经济发展和社会安定团结。社区公共体育的主要目标任务是促进社区居民开展体育健身活动,提升居民体质健康水平;同时,通过组织体育活动,加强居民之间的情感交流与沟通,构建和谐的社区。因此,我国政府十分重视社区公共体育工作,既在政策和法规上保障了居民体育健身的权利,同时在社区公共体育场地设施建设、社区公共体育健身指导、社区公共体育活动经费、社区公共体育公共服务等方面投入了大量财力、物力和人力,保障社区居民开展体育健身活动的基本条件。同时,由于政府的财力有限,不能满足部分居民对体育健身条件的更高要求,因此,政府出台政策,积极鼓励体育服务企业向社区居民提供体育健身服务,走市场化道路,居民可以根据自己的财力和需求,向体育服务企业购买相应的体育健身服务。保障性服务与市场购买服务相结合,将是未来长期存在的社区公共体育健身服务的主要方式。

三、资源、体育资源、社区公共体育资源

1. 资源、体育资源
(1) 资源

《辞海》关于"资源"的解释是指财富的来源;《现代汉语词典》将"资

源"定义为"生产资料和生活资料的天然来源";《中国资源科学百科全书·资源科学》将资源分为自然资源和社会资源,自然资源是指人类可利用的自然生成的物质与能量,而社会资源是指人类通过自身劳动,在开发利用自然资源的过程中的物质与精神财富。经济学意义上的资源是指可以投入生产中去创造财富的生产条件的通称,是为了创造物质财富而投入生产活动中的一切要素。学术界里,唐新忠认为,资源是人类生存、发展和享受所需要的一切物质的和非物质的要素[①];刘玉东则认为,资源是对所有满足社区需求的物力和人力支持的概括,任何组织都必须以一定的资源为条件,行为主体拥有和利用资源的状况决定了他们在社区中的地位和作用的差别。[②]

虽然不同学科、不同学者对"资源"的界定有一定的差别,但研究者对于资源的认识有了基本的共识,资源是客观存在的客体,人是资源的主体,并对资源进行开发、利用及配置、保护等;资源是为人类服务的,即资源对人类来说是有一定意义与价值的,无论是自然资源还是社会资源,形成的基本点都是立足于资源的有用性,而对人类毫无价值的存在物则不被称为资源;总体来说,资源是稀缺性的。可以说资源是指一定的社会历史条件下存在着,能够为人类开发和利用,在社会活动中经由人类劳动而创造出财富或资产的各种要素的总和。[③]

(2) 体育资源

刘可夫等人认为,"体育资源是人们从事体育生产或体育活动所利用或可利用的各类条件及要素"[④]。任海等人认为,"体育资源是指一个社会用于体育活动,以扩大参与体育活动的人口和提高竞技运动水平,在物资、资本、人力、时间和信息等方面的投入"[⑤]。谢英认为,凡能影响体育发展,并能在参与体育发展中产生一定的社会、经济效应的物质和非物质形态的事物或现象都可被称为体育资源。[⑥] 总体来说,关于体育资源的概念有多种界定,界定的方式有多种,既有描述性质的,又有规定性质的,还有纲领

---

① 唐新忠. 中国城市社区建设概论 [M]. 天津:天津人民出版社,2000:32.
② 刘玉东. 中国城市社区治理中的资源配置与结构演变研究 [D]. 南京:南京大学,2011.
③ 李洪波. 城市社区公共体育资源合理配置与政府绩效评价研究 [D]. 南京:南京师范大学,2012.
④ 刘可夫,刘晓光. 论体育资源的合理开发和配置 [J]. 解放军体育学院学报,1999 (2):1-5.
⑤ 任海,王凯珍,肖淑红,等. 论体育资源配置模式:社会经济条件变革下的中国体育改革 [J]. 天津体育学院学报,2001 (2):1-5.
⑥ 谢英. 区域体育资源研究:兼论西部体育资源开发 [D]. 上海:上海体育学院,2003.

性的，但研究者基本的共识认为，"体育资源是为人类参与体育活动服务的"，"体育资源是以物力、人力、财力和信息等形式而存在"。根据资源的概念，结合学者研究成果，可以说：所谓体育资源，主要是指一定社会历史条件下发展起来的，能够为不同群体开发和利用的，在社会体育活动中发挥重要作用的各种要素的总和。它主要是由体育人力资源、物质资源、财力资源、信息资源等要素组成的一个整体动态体系。

2. 公共体育资源、社区公共体育资源

（1）公共体育资源

董新光认为，"公共体育资源是指政府体育行政部门拥有或掌控的具有公共物品性质的，用于进行体育事业社会管理和公共服务的人力、物力、财力和信息等要素的总称"[1]。梁金辉认为，公共体育资源是指一个社会用于提供公共体育产品和服务所需要的各种条件和要素的总和，包括有形资源（人力、物力、财力）和无形资源（体育信息、科研、管理制度、政策法规）[2]。综合学者们的观点，我们认为：公共体育资源是体育资源的一种，是体育资源的一部分；公共体育资源涉及的领域主要是在群众体育领域；公共体育资源具有体育资源的共性，具有有形资源与无形资源，具有人力资源、物力资源及文化资源等。

（2）社区公共体育资源

目前，社区公共体育资源的概念大多是从体育资源概念的基础上延伸而来的。王凯珍等人认为，"社区体育资源是社区中存在的对于社区体育人群或组织来说所有可以利用财富的总和"[3]。袁广锋等人认为，"社区体育资源就是能满足社区居民进行体育活动所需要的一切物质和非物质的要素"[4]。综合学者观点，我们认为，社区公共体育资源是指在社区的空间范围内，社区居民开展体育活动所需要的各种条件和要素的总和，社区公共体育资源是公共体育资源的一种。

综合上述学者的观点，社区公共体育资源主要包括：人力资源、财力资源、设施资源、信息资源等。

---

[1] 董新光. 论公共体育资源配置的不平衡及改革取向 [J]. 体育文化导刊，2007（3）：6-12.
[2] 梁金辉. 公共体育资源优化配置问题研究 [J]. 体育文化导刊，2008（1）：7-10.
[3] 王凯珍，李相如. 社区体育指导 [M]. 桂林：广西师范大学出版社，2005：156-159.
[4] 袁广锋，陈融，陈如桦，等. 论城市社区体育资源及其开发与利用 [J]. 北京体育大学学报，2004（5）：597-599.

人力资源是指社区开展体育活动所需要的人员。包括体育活动的组织者、体育健身指导者、体育知识宣传普及者、体育信息的传播者等，如社区管理人员、健身指导员、体育教师、裁判员、运动员等从事体育工作的人员。

财力资源是指社区开展体育活动所需要的经费。包括政府预算拨款、社区募捐款、社区公共体育活动广告收入、社区公共体育场地出租收入、企业赞助等。

设施资源是指社区开展体育活动所需要的场地、器材和设备，包括室内外运动场、各种体育项目器材、健身和竞赛活动设备等。

信息资源是指社区开展体育活动所需要的宣传媒体和沟通渠道，包括报刊书籍、电视影像、计算机网络、微信群、QQ群、互联网、大数据等。

四、资源配置、社区公共体育资源配置

1. 资源配置

美国D. 格林沃尔德教授认为，"资源配置是指资源在不同用途和不同使用者之间的分配"[①]。我国学者赵瑞芬认为，资源配置是指经济中的各种资源在各种不同的使用方向之间的分配。[②] 经济学中的资源配置，是指在经济活动中，将资源（包括人力、财力、物力、信息）按照不同的使用要求、目的、方向，在不同的经济主体之间进行分配。

2. 社区公共体育资源配置

目前，关于社区公共体育资源配置的概念还没有形成统一的认识。依据资源配置的基本概念，结合社区公共体育资源配置的特殊性，认为社区公共体育资源配置是指在多种不同的社区公共体育资源利益主体之间，对有限的社区公共体育资源进行分配的过程。刘希佳等人认为，体育资源配置是指在体育产业活动中，人们如何在时间、空间及部门之间合理地分配资源。[③] 综合学者们的观点，我们认为，社区公共体育资源配置是指为满足社区居民体育需求，而对社区开展体育活动所需的资源（包括人力、物力及文化等）进行分配的过程。

---

① 夏丽萍. 高等教育资源配置研究 [D]. 成都：四川大学，2006.
② 赵瑞芬. 试论资源的合理配置问题 [J]. 唐山学院学报，2006，19（1）：55-57，62.
③ 刘希佳，王向春，赵士陆，等. 河北省高校体育产业资源开发现状与对策研究 [J]. 沈阳体育学院学报，2005（2）：18-20.

五、共享、资源共享、体育资源共享、社区公共体育资源共享

1. 共享、资源共享、体育资源共享、社区公共体育资源共享

《辞海》关于"共享"的解释,是指"共同享有""共同拥有""共同分担",进一步解释其延伸的含义,是指"特定的人群对某一事物的共同享有或拥有"。从社会学的角度出发,可以将"共享"理解为"社会发展过程中,人们所共同享有的发展机会和拥有的权利";从经济学的角度看,"共享"一般是指"共享经济",也称"合作消费",其实质是使用权的共享。①

按照人们对"共享"的理解,"资源共享"可以解释为"人们在从事社会活动过程中对资源的共同使用和拥有的权利和义务";"体育资源共享"是指"人们在从事体育活动过程中对体育资源的共同享用和共同拥有"。结合对社区公共体育资源的定义,我们可以将"社区公共体育资源共享"广义地理解为"社区居民在从事体育活动过程中对社区公共体育资源的共同享用和共同拥有",具体地讲,就是"社区居民人人享有政策法规赋予的健身权利、使用体育设施的条件、接受公共体育服务的机会、参加社区公共体育活动的自由、参与社区公共体育发展建设的途径"。

2. 资源共享的实质、意义

(1) 资源共享是人类社会发展的必然要求

资源共享是伴随着人类社会出现而产生,随着人类社会的发展而发展的,是人类群居社会的特征之一。原始社会生产力水平低下,人们共同的劳动成果有限,共同拥有生活资料和享有劳动成果是人们生存的唯一选择,这是人类社会最早的资源共享模式。随着社会的发展、私有制的出现,资源的拥有者也发生了改变,资源所有权不再是全体社会成员所共有。社会成员之间只有通过借用、租赁、物物互换、购买等方式来实现对资源的共享,本质上是从对资源所有权的共享转变为对使用权的共享。现代社会,从 QQ 聊天到微信发帖,再到与他人共享单车、共享健身仓、共享音乐、图书和视频,共享无处不在。②

资源共享是现代社会的发展方式。例如,基本公共服务是政府对公共

---

① 董成惠. 共享经济:理论与现实 [J]. 广东财经大学学报,2016 (5):4-15.
② 董成惠. 共享经济:理论与现实 [J]. 广东财经大学学报,2016 (5):4-15.

资源共享的一种制度安排；股份制企业是收益共享的一种企业经营方式；债券、证券是共享社会资本的一种融资模式；保险是共同承担风险的一种化解机制；"一带一路"、人类命运共同体是共享资源、技术、资本和成果的当代社会发展理念；绿色发展、可持续发展是当代人与后代人共享社会资源的发展模式。①

共享发展，是中国特色社会主义发展的落脚点和最终目标。《中共中央关于制定国民经济和社会发展第十三个五年规划的建议》指出，"共享是中国特色社会主义的本质要求。必须坚持发展为了人民、发展依靠人民、发展成果由人民共享，作出更有效的制度安排，使全体人民在共建共享发展中有更多获得感"②。

（2）资源共享是人们对资源利用和利益分配的方式

资源共享作为一种社会现象，总是指向特定的人、事和物，具体指和谁共享、共享什么、怎么共享等。从本质上讲，就是特定人群对特定资源的利用和资源利用带来的利益的分配方式。它首先表明特定人群之间的一种共享关系。共享关系中的人群，为了达到某种特定的目标（利益），构建一种或松或紧的组织架构，通过协调、配合、共同行动的方式开展活动，在此基础上进行资源的利用和利益分配。因此，资源共享是通过共享过程中的系列活动来实现的，这些活动具有分工协作、共同参与、相互融合、同舟共济等特点。这说明资源共享是一种群体性行为，从本质上就是群体利益的共享。更确切地讲，资源共享追求的是整合各方资源，实现资源利用的社会整体效率最高。

第二节　社区公共体育资源共享的相关理论

一、公共产品理论

1. 公共产品的定义

从词义上讲，公共产品就是共同拥有、共同使用的物品，一般来说，

---

① 董成惠. 共享经济：理论与现实［J］. 广东财经大学学报，2016（5）：4-15.
② 中共中央关于制定国民经济和社会发展第十三个五年规划的建议［EB/OL］.（2015-11-03）［2019-03-10］. http://house.people.com.cn/n/2015/1103/c164220-27772642.html.

公共产品是相对于私有产品来说的。美国经济学家保罗·萨缪尔森（Paul A. Samuelson）在《公共支出的纯理论》一书中认为，判断一种产品是不是纯粹的公共产品的标准是：每个人消费这种物品会不会导致别人对该种产品的减少，如果没有减少，那这种产品就是纯粹的公共产品；反之，就是私有产品。在现实生活中，纯粹的公共产品是比较少的，我们通常将由政府提供的、具有非竞争性和非排他性的产品，称为公共产品或公共资源。

2. 公共产品的基本特征

效用的不可分割性：指公共产品在使用（或享用）过程中，产品的功能是不可分割的，是全体社会公民共同拥有、共同享受的。

受益的非排他性：指任何人在消费公共产品时，并不排除他人消费。

消费的非竞争性：指消费者在消费过程中不存在与其他消费者之间的竞争。

边际生产成本为零：指在现有的公共产品基础上，增加消费者数量而不需要增加供给公共产品的成本。

边际拥挤成本为零：指任何人对公共产品的消费不会影响其他人同时享用该公共产品的数量和质量。

3. 公共产品理论的实用意义

20世纪80年代以前，我国长期实行计划经济，大量产品由政府统一生产、统一分配，人们生产的积极性与创造性没有被调动起来，生产产品的效率低下，阻碍了经济发展，社会产品非常匮乏。20世纪90年代初期，中央宣布逐渐建立和完善中国特色的市场经济，这一状况才逐步得到了改善。当前我国正处在经济改革的关键时期，在保障民生与充分激活市场活力之间，政府必须做出科学的选择。从广义上讲，"制度""政策"也是公共产品，因此，公共产品理论对我国当前的社会经济发展、平衡供需矛盾具有现实的指导意义。

4. 公共产品理论对我国社区公共体育资源共享的指导意义

目前，我国社区内供给居民体育活动需求的产品，从社区公共体育资源配置的方式和内容看，主要是由政府主导的、政府财政资金支出的、满足居民基本体育活动需求的产品和服务，我们称之为社区公共体育资源。这些资源（产品）仅具有公共产品的部分特征，不能被称为纯粹的公共产品，从广义的角度可以被称为准公共产品。另外，还有些居民可以利用的资源，如学校体育资源、企业体育资源、社会体育组织资源，虽然资源的所有权（管理权）为特定的部分人，具有私有产品的特征，但在一定的条件下（如政府补贴、政策鼓励、社会责任承担等），这些资源也可以为所有者以外的人享用，因此，这类资源又具有公共产品的特征，也可以被称为准公共产品。

从目前我国社区居民对社区公共体育资源利用来看，大多数居民的体育健身活动使用的多是政府提供的公共体育资源，如全民健身器械、健身步道、体育公园、公共体育场馆等，这些体育资源大多可以看成准公共产品。就公共产品使用的非排他性来看，虽然在资源承受能力范围内，增加一个居民的使用并不影响其他居民的使用，但随着使用者数量的增加，就会加大设施的维护、管理和维修的费用，使成本增加，边际成本就不会为零。如果保持不增加边际成本，那么随着使用者人数的增加，就会出现使用拥挤现象，增加拥挤成本，拥挤成本不为零。因此，政府部门在配置社区公共体育资源时，一定要根据不同社区的实际情况，结合社区居民的实际体育资源需要，科学测算，合理规划。既不能盲目配置，造成资源浪费；也不能配置不足，不能满足居民需求。

对于学校体育资源、企业体育资源、社会体育组织资源等具有私有产品特征的体育资源，政府应该通过出台政策鼓励所有者（管理者）向居民开放，可以运用资金补贴、减免税费、加大预算、媒体宣传等手段和方法，充分发挥其准公共产品的特性，为全体居民所利用。

二、交易成本理论

1. 交易成本的定义

英国经济学家罗纳德·哈里·科斯（R H Coase）在1937年首次提出交易成本的概念，他认为：交易成本是指企业在经营过程中除直接生产成本以外的所有其他费用，或者说是企业在企业之外即市场交易中必须面对的成本。包括：信息搜寻成本、谈判成本、缔约成本、监督履约情况的成本、可能发生的处理违约行为的成本。

2. 交易成本理论的基本观点

一是经济组织的核心问题在于节省成本，交易要选择以交易成本最小的方式来完成。

二是"持久性的组织关系"（制度），如契约、政策，可以节约交易成本。

3. 交易成本理论的实用意义

因交易成本理论中的制度在经济分析中的重要性，经济学家构建了制度经济学。制度经济学认为公共政策也是一种制度。同时，公共政策在实施过程中又能形成各种制度。因此，在现实生活中，经济学家可以就如何能在不同制度集的基础上更有效率地追求特定目标，提出政策建议。公共政策通常又是在既定的制度约束中展开的，公共政策的落实是通过相应制度的执行来实现的。

4. 交易成本理论对我国社区公共体育资源共享政策的启示

交易成本理论告诉我们，制度对交易成本的大小起着重要作用，为了降低交易成本，必须制定与交易相匹配的政策或制度，它能够协调组织行为，保障公正、秩序和安全，使人们认识到公共政策的特征性及其必要性。社区公共体育发展依赖于政府制定的有关政策，政策执行过程中的成本影响着政策的合理性、有效性和可行性。社区公共体育资源是社区公共体育发展的重要物质基础，是居民开展体育活动必须具备的基本条件。从交易成本理论看，资源拥有者（使用权管理者）是否选择与其他人共享资源，主要取决于共享成本与收益。如果他认为专有使用资源比共享该资源获益更大时，那么，他可能反对共享；反之，他就会寻求有效的共享途径。政策是行动的指南，只有建立完善的社区公共体育发展政策体系，才能全面有效地推进社区公共体育的发展。从资源共享的角度看，政策的对象是资源提供者（管理者）与资源使用者，具体内容应包括权利与义务、行为与标准、责任与范围等。从目前已有的政策看，《体育法》《全民健身条例》《全民健身计划》从国家层面上规定了政府、组织和公民在社区公共体育资源建设、管理、使用等方面的责任、权利和义务，地方（县、市）政府也出台了相应的社区公共体育发展政策，这些政策大多是以政府的名义颁布的，更多体现在指导性。目前，对于体育企业、社会体育组织和个人参与社区公共体育服务所承担的成本和收益等，主要依赖于市场经济的供求关系政策，公共政策支持方面还很缺乏，我国社区公共体育在资源配置与共享发展方面急需相应的公共政策支持。

三、产权理论

1. 产权的定义

按照《新帕尔格雷夫经济学大辞典》的定义，"产权是一种通过社会强制实现的对某种经济物品的多种用途进行选择的权利"。德姆塞茨（Demsetz，1989）认为，"产权是一种社会工具。产权的一个主要功能是为实现外部效应更大程度的内部化提供动力"。现在一个基本被认可的定义是：产权是指由物的存在及关系它们的使用所引起的人们之间相互认可的行为关系。

2. 产权理论的基本观点

其一，现代产权理论认为能够有效实现外部性内在化的产权制度安排是有效率的产权形式。

其二，私有产权可以不受任何约束，采取任何一种他认为合适的方式来支配、使用或者转让这些资源。

其三，公有产权导致了很大的外部性，因而是无效率的产权形式。产权共同拥有难以排除利益的"搭便车"现象和共同体内成本和收益的不对称性。

3. 产权的本质特征

其一，产权是与某一物品或财产有关，具有排他性的权利。

其二，产权是一种行为权利，是界定人们行为关系的一种规则，这是产权的基本属性。

其三，产权是一束权利的集合。

其四，产权是可以交易的权利。

4. 产权理论对我国社区公共体育资源共享的指导意义

一般来说，能够共享的资源对共享成员来说应该具有相同的价值，而且共享行为能为所有成员接受并理解。从资源的属性看，共享的资源可以归纳为物质资源、非物质资源和人力资源三种。从资源的所有权和管理权来看，共享资源又可分为公共性资源与专有性资源两大类。[①] 公共性资源通常是指一般的、公开可得的、为一定区域内全体人群所共有的资源；而专有性资源通常是指具体的、为特定人群所拥有的资源。但同时我们也认识到，公共性资源与专有性资源是相对于资源共享范围来定的，公共性资源只是在一定范围内才具有公共性，相对于范围之外的人，就是专有性资源，而专有性资源在其专有范围内，也是公共的。

从所有权或管理权的角度看，目前我国社区公共体育资源主要包括：

[①] 冯云廷. 地区性资源共享机制研究 [J]. 天津社会科学，2006（3）：61-66.

社区范围内政府投资建设的公共体育资源（如全民健身路径、健身广场、公园、体育活动场馆）；社区范围内学校的体育资源（如学校的体育场馆、体育器材、体育教师和学生）；社区内单位自建的体育资源（如单位内的运动场和活动室）；能够为社区公共体育服务的社会组织和个人的体育资源（如体育服务企业、体育组织、体育专家和达人）。对于社区居民来说，社区内的公共体育资源是社区居民参加体育活动、实现身体健康目标而共同所有、共同使用的可以共享的公共性体育资源，而学校、单位、社会组织和个人等拥有的体育资源是为特定人群所专用的专有性体育资源，要实现全体居民对这些专有性体育资源的共享，就必须在政府政策引导的基础上建立共享机制。

第三章 我国社区公共体育发展的现状与存在的问题

2016年10月25日,中共中央、国务院发布《"健康中国2030"规划纲要》,提出"广泛开展健康社区、健康村镇、健康单位、健康家庭等建设"①,"健康社区"建设纳入了各级政府的重要工作内容。2016年5月5日,国家体育总局发布《体育发展"十三五"规划》,提出大力推进"城市社区多功能运动场""城市体育服务综合体""城市社区15分钟健身圈"建设。② 这一切标志着党中央、国务院对社区公共体育工作的高度重视,社区公共体育进入了快速发展的大好时机。但由于我国人口众多,人均体育资源有限,东、西部经济发展不均衡,加上我国体育发展过程中长期以竞技体育为中心,造成目前我国群众体育发展水平与西方发达国家之间存在较大差距。在社区公共体育发展方面,无论是中国特色的社区公共体育理论、政策,还是发展方式、管理模式,都有许多亟须解决的问题。

第一节 我国社区公共体育发展的历程回顾

一、我国社区公共体育发展背景

20世纪80年代,随着我国改革开放的国门打开,西方现代城市治理的先进理论被引入我国城市治理的实践中来,城市社区建设在我国开始兴起,

---

① 中共中央、国务院."健康中国2030"规划纲要[EB/OL].(2016-10-25).http://www.gov.cn/zhengce/2016-10/25/content_5124174.htm.

② 国家体育总局.体育发展"十三五"规划[EB/OL].(2016-05-05)[2019-01-25].http://www.gov.cn/xinwen/2016-05/05/content_5070514.htm.

社区公共体育也成为一种伴随着社区建设而兴起的社会体育现象。20世纪80年代中期，中国科学院社会学研究所为了适应我国城市的快速发展需要，将中国城市发展模式研究作为研究重点，开始了对我国城市发展战略的研究。城市社区公共体育文化发展模式也成了广大学者的研究对象，中国社区公共体育的研究正式开始。1989年，天津市河东区首次提出"社区体育"的概念，随后社区公共体育活动、社区公共体育竞赛、社区公共体育服务在全国各城市社区蓬勃开展。2008年北京奥运会后，随着我国城镇化步伐的加快，体育体制改革的不断深入及经济社会的不断发展，社区公共体育成为我国群众体育的重要组成部分，成为"健康中国"建设的重要阵地，受到了中央政府的高度重视，在国家"十二五""十三五"发展期间，社区公共体育得到了空前的发展。

二、我国社区公共体育发展历程

1. 自发形成阶段（1986—1995年）

自1986年开始，随着我国改革开放的进一步推进，群众体育工作也开始发生变化。北京、天津、上海等大城市的街道办事处按照辖区行政划分的社区为单位，组织开展了一些群众身边的体育活动，并且成立了街道体育协会。据文字资料记载，1989年，天津市河东区二里桥街道最先提出"社区体育"一词。最早从政府行政部门提出与"社区体育"相关的是民政部，民政部在1989年为了提高对城市居民的服务，提出了"社区服务"的概念，组织居民开展体育活动，这也是社区服务的内容之一，因此，从那时起社区公共体育才真正得到了开展。1991年7月，为了进一步推动全国社区公共体育工作的开展，原国家体委在天津召开了我国第一次社区公共体育工作研讨会，随后，社区公共体育在我国逐步发展起来。

2. 政府推进阶段（1995—1997年）

1995年至1997年是我国社区公共体育发展的关键时期，其间政府行政部门按照我国社区公共体育发展的需要，先后出台了促进社区公共体育发展的方针、政策，为我国社区公共体育发展指明了方向，奠定了坚实的政策基础（表3-1）。

表 3-1　1995—1997 年社区公共体育发展事件、内容

时间	事件	内容
1995 年 6 月	国务院印发《全民健身计划纲要》	积极发展社区公共体育，街道办事处要加强对体育工作的组织，发挥居民委员会和基层体育组织的作用，做好社区公共体育工作。体育行政部门要给予支持和指导
1995 年 8 月	全国人大批准颁布《中华人民共和国体育法》	城市应当发挥居民委员会等社区基层组织的作用，组织居民开展体育活动，开展社区公共体育
1996 年 11 月	国家体委在湖北召开第一次全国社区公共体育工作会议	对社区公共体育的概念、发展方向、现状特点进行了深入的研讨与定位
1997 年 4 月	原国家体委、教委、民政部、建设部、文化部联合下发《关于加强城市社区体育工作的意见》	对社区公共体育的概念、社区公共体育工作的主要任务和职责、组织管理与体制、场地设施的建设与利用等做了明确说明

资料来源：根据国家体育总局网站政策法规资料整理。

3. 加速发展阶段（1997—2008 年）

1997 年至 2008 年是我国社区公共体育发展的实践推进时期，国家和地方行政部门先后出台了社区公共体育工作标准，组织开展了争创体育先进社区活动，推动了我国社区公共体育的快速发展（表 3-2）。

表 3-2　1997—2008 年社区公共体育发展事件、内容

时间	事件	内容
1997 年 11 月	国家体委印发《全国城市体育先进社区评定办法（试行）》	对城市社区进行了定义；制定了全国城市体育先进社区标准；规定了评定机构、评定程序及表彰奖励、抽查、复查等办法
1998 年 2 月	国家体委下发《关于开展第一批全国城市体育先进社区评定工作的通知》	组织开展了第一批全国城市体育先进社区的评选工作；全国共评选出 158 个街道办事处为全国第一批城市体育先进社区
2000 年 12 月	国家体育总局下发《2001—2010 年体育改革与发展纲要》	城市社区和乡镇建有方便居民进行健身活动的体育设施
2002 年 7 月	中共中央、国务院发布《关于进一步加强和改进新时期体育工作的意见》	城市体育以社区为重点，强调了社区公共体育在城市体育、群众体育中的重要地位

续表

时间	事件	内容
2004年1月	国家体育总局办公厅下发《关于开展创建社区体育健身俱乐部试点工作的通知》	制订了社区公共体育健身俱乐部试点工作方案；对社区公共体育健身俱乐部进行了界定，对其工作任务、基本条件、管理要求等进行了规定
2004—2008年	国家体育总局在全国部分省（区、市）启动了"社区公共体育俱乐部"试点工作	从2004年起，国家体育总局启动社区公共体育健身俱乐部（试点）工作，首批全国共计25个，每2年创建一次，到2008年共创建了三批236个国家级社区公共体育健身俱乐部
2005年9月	原建设部、国土资源部下发了关于批准发布《城市社区体育设施建设用地指标》	对城市社区公共体育设施建设用地标准、面积标准进行了规定
2006年7月	国家体育总局发布《体育事业"十一五"规划》	"十一五"期间群众体育的主要任务就是加强城乡社区公共体育设施建设，为社区公共体育的发展提供了政策保障

资料来源：根据国家体育总局网站政策法规资料整理。

4. 快速发展阶段（2008年至今）

自2008年北京奥运会之后，中央政府将建设体育强国提上议事日程，认识到群众体育是体育强国之本，群众体育越来越受到各级政府的高度重视，社区公共体育作为城市群众体育的落脚点，得到了快速发展。2010年国家体育总局修订完善了《城市体育先进社区评定办法和标准》《社区体育俱乐部创建标准、申报办法》，大力推进"全国城市体育先进社区"评选工作，积极组织开展"创建国家级社区公共体育健身俱乐部""全国社区公共体育优秀健身项目展演""社区公共体育健身俱乐部管理人员培训"等一系列活动，有力地推动了社区公共体育的快速发展。随着2014年10月国务院印发《关于加快发展体育产业促进体育消费的若干意见》，2016年5月体育总局印发《体育发展"十三五"规划》，2016年10月中共中央、国务院印发《"健康中国2030"规划纲要》，我国社区公共体育进入了新的跨越式发展时期。

中国社区公共体育发展历程如表3-3所示。

表 3-3 中国社区公共体育发展历程

时间	组织单位	标志性事件
1988—1989	大城市街道办事处	开始出现"社区体育活动""社区体育竞赛活动"
1989年10月	天津市河东区二里桥街道	首次提出"社区体育"名词
1991年7月	国家体委	召开首次全国社区公共体育工作研讨会
1995年6月	国务院	颁布的《全民健身计划纲要》指出：积极发展社区公共体育
1995年8月	全国人大	批准颁布《中华人民共和国体育法》，从法规上对社区公共体育工作给予了正式说明
1996年11月	国家体委	召开第一次全国社区公共体育工作会议
1997年4月	国家体委、教委、民政部、建设部、文化部	联合下发《关于加强城市社区体育工作的意见》
1997年11月	国家体委	下发《全国城市体育先进社区评定办法（试行）》
1998年2月	国家体委	下发《关于开展第一批全国城市体育先进社区评定工作的通知》，制定了城市体育先进社区标准，并开展了省、市、区级的评定工作
2000年12月	国家体育总局	下发《2001—2010年体育改革与发展纲要》，强调"城市社区和乡镇建有方便居民进行健身活动的体育设施"
2002年7月	中共中央、国务院	发布《关于进一步加强和改进新时期体育工作的意见》，提出"城市体育以社区为重点"
2003年12月	国家体育总局	下发《关于开展创建社区体育健身俱乐部试点工作的通知》
2004—2005年	国家体育总局	启动"社区体育俱乐部"试点工作
2005年9月	建设部、国土资源部	颁布《城市社区体育设施建设用地指标》
2006年7月	国家体育总局	下发《体育事业"十一五"规划》，指出"十一五"期间群众体育的主要任务就是加强城乡社区公共体育设施建设

续表

时间	组织单位	标志性事件
2008年10月	国家体育总局	重点投入资助创建青少年体育俱乐部、社区公共体育俱乐部
2009年3月	国家体育总局	命名表彰第6批全国城市体育先进社区，修订《城市体育先进社区评定办法和标准》《社区公共体育俱乐部创建标准、申报办法》
2010年4月	国家体育总局	举办"全国社区体育优秀健身项目展演"活动、"社区体育健身俱乐部管理人员培训班"
2011年4月	国家体育总局	印发《体育事业发展"十二五"规划》，指出加强全民健身设施建设和健全全民健身组织网络
2012年8月	国家体育总局 中央文明办公室	印发《国家级社区体育健身俱乐部命名资助办法》，举办第4届全国体育进社区志愿服务优秀健身项目展演活动
2014年10月	国务院	颁发《关于加快发展体育产业促进体育消费的若干意见》
2016年5月	国家体育总局	颁发《体育发展"十三五"规划》，指出大力推进"城市社区多功能运动场""城市体育服务综合体""城市社区15分钟健身圈"建设
2016年10月	国务院	颁发《"健康中国2030"规划纲要》，指出广泛开展健康社区、健康村镇、健康单位、健康家庭等建设

资料来源：根据有关网站公开资料整理。

第二节　我国社区公共体育发展的理论与政策现状

自20世纪80年代后期社区公共体育在我国兴起以来，社区公共体育越来越受到我国政府和学界的重视，关于社区公共体育的理论研究和社区公共体育发展的政策制定，成了群众体育工作者的重要工作。在我国经济快速发展的背景下，社区公共体育在一系列理论、政策的指引下，得到了很好的发展，取得了可喜的成绩，但也面临着很多问题，这些问题严重地制约了社区公共体育的发展。在当前国家将全民健身上升为国家战略的时代背景下,社区公共体育直接关系到"全民健身计划"和"健康中国"目标的实现。

一、社区公共体育发展的理论研究与政策现状

1. 社区公共体育的理论研究现状

查阅中国知网文献资料,自1991年之后才出现以"社区公共体育"为主题的研究文献。1990年至2020年的30年的时间里,我国以"体育"为主题的研究论文共计438 043篇,其中以"群众体育""大众体育""社区体育"为主题的研究论文共计12 157篇,仅占"体育"研究论文总数的2.78%,从发文数量上看,我国对群众体育的研究还非常薄弱。而以"社区公共体育"为主题的研究论文共计5 237篇,仅占"体育"研究论文总数的1.20%。图3-1为1990年9月至2020年4月期间我国发表的群众体育、社区公共体育论文数。从研究内容上看,我国社区公共体育研究的内容主要包括三个方面:① 基础理论研究,主要包括社区公共体育和社区公共体育服务的概念、性质、功能、构成要素方面。② 应用研究,主要包括社区公共体育的管理、社区公共体育组织、居民需求与体育公共服务供给研究等。③ 发展性研究,主要包括社区公共体育和体育公共服务发展模式研究、政策研究、社区公共体育与社会发展关系研究等。无论是从数量上还是从研究的内容上,我国社区公共体育的研究都还不够深入、不够广泛,研究成果非常有限。

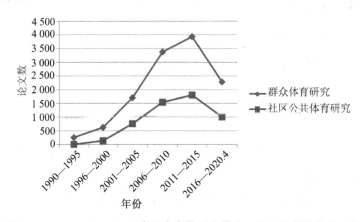

图3-1 1990-09—2020-04 我国发表的群众体育、社区公共体育论文数

2. 社区公共体育发展的政策现状

从中央政府和国家体育总局网站查阅，截至 2019 年 12 月，关于体育的法律、法规、规章、文件等共计 252 部（件）；法律 1 部、行政法规 7 部、中央与国务院文件 34 件、部门规章 32 件、规范性文件 178 件，其中群众体育文件 30 件，如图 3-2 所示。从文件的内容看，与社区公共体育发展相关的政策文件共有 17 个，其内容主要涉及法律法规、发展规划、建设标准和指导意见等。仅从数量上看，关于群众体育发展的指导性文件数量还是偏少，与社区有关的就更少。

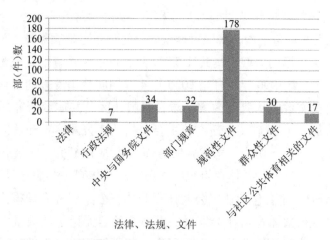

图 3-2 国家颁发的体育法律、法规、规章、文件数量

二、社区公共体育发展的理论与政策困境

（一）社区公共体育发展的理论困境

自 20 世纪 90 年代我国体育界兴起对社区公共体育研究以来，虽然取得了丰富的理论成果，但也存在许多认识上的问题，可以概括为以下几个方面。

1. 对"社区公共体育"定义需要进一步完善

20 世纪 90 年代，对"社区公共体育"下定义，是社区公共体育研究的热点，许多学者从不同角度对"社区公共体育"进行了多种界定，归纳起来主要有以下几种观点：① 从辖区单位组织的角度认为，社区公共体育是一定领域的单位，突破了行业界限的隶属关系，组织起来的群众体育团体开展的体育竞赛和活动。该定义受我国传统"单位、行业体制"的影响，是单位体育的延伸，现在看来完全不能作为"社区公共体育"

的定义。② 从基层行政区域的角度认为，社区公共体育是指以基层社区为区域范围，就地就近开展的区域性体育活动。① 该定义是基于我国基层行政区域划分来定义的，从字面上理解，只要是某一基层行政区域内开展的体育活动都算是社区公共体育，该定义只是就社区来定义社区公共体育，没有从本质上定义社区公共体育是什么。③ 从居民生活区域的角度认为，社区公共体育是在居民生活圈内由居民自主进行的群众性体育活动。② 该定义是基于居民"生活圈"和"体育活动方式"来定义的，且不论居民的"生活圈"能不能等同于"生活社区"，仅就居民的体育活动来看，更不是仅在"生活圈内"进行的，因此，该定义缺乏准确性和全面性。④ 从体育活动的目的的角度认为，社区公共体育是以推进《全民健身计划》实施为目的，有计划地进行的组织化的体育活动。③ 该定义附加了"社区公共体育"社会政治治理的色彩，不符合社会科学对社会事物（现象）的科学定义范式。

2. 对"社区公共体育特征"的认识需要更加深入

"社区公共体育核心是社区居民为促进身、心、群的健康，就近就便，自愿参与活动。"④ "社区公共体育具有活动项目门类齐全、活动内容丰富多彩、活动方式多变等特征。"⑤ "社区公共体育特点是地域性、兼容性、自觉性、趣味性、灵活性。"⑥

这些对社区公共体育特征的认识，更多的是从居民参加社区公共体育活动的形式、方法、内容来分析的，大多是就社区公共体育来论社区公共体育，既没有强调其本质特征，更没有深入分析其时代特征，这迫切需要我国体育理论工作者进行系统的深入研究。

3. 对"社区公共体育目标、功能"定位需要结合时代发展的特征

社区公共体育具有促进社区发展，增强社区感情，培养社区认同感和

---

① 王凯珍. 对北京市城市社区体育现状的研究：兼论社区体育的定义及构成要素 [J]. 体育科学, 1994 (5): 17-24.

② 李建国. 论我国社区体育发展模式 [C] //国家体委群体司. 全国职工体育论文报告会获奖论文汇编, 1994.

③ 卢元镇, 刘凤霞, 李国军. 休闲生活方式：社区体育的立足点：社区体育"以人为本"的讨论 [J]. 体育文化导刊, 2003 (1): 3-5.

④ 俞继英. 社区体育指导 [M]. 北京：人民体育出版社, 1997.

⑤ 卢元镇, 刘凤霞, 李国军. 休闲生活方式：社区体育的立足点：社区体育"以人为本"的讨论 [J]. 体育文化导刊, 2003 (1): 3-5.

⑥ 董晓春. 社区体育及其发展的思考 [J]. 武汉体育学院学报, 2003 (5): 31-33.

凝聚力的功能。"社区体育是以推进《全民健身计划》实施为目的的。""社区体育的基本目标是为社区成员提供经常性的健身机会。"①

目标是指人们对某一行动结果的预先设计，功能是指某一事物的作用，目标是随着阶段变化而变化的，功能是随着事物发展而发展的，社区公共体育是随着社会发展变化而变化的，因此，上述对社区公共体育目标、功能的描述，只能局限于当时的社会发展状况而定。目前，我国即将进入全面小康社会，社会治理也进入了一个崭新的时代，社区公共体育目标和功能也赋予了许多新的内容。

从目前我国现有的社区公共体育研究成果看，由于对中国"社区"的特色认识不足，故研究的针对性不强。特别是随着我国社会经济的快速发展，人们生活水平的进一步提高，中国进入了全面小康社会，加上科学技术的日新月异，互联网时代的到来，"社区"和"社区公共体育"的定义、特征、范围、服务方式等都发生了变化，现有的理论不能满足新时代小康社会、互联网时代社区公共体育发展的需要。自党的十七大提出加强公共服务体系建设之后，许多学者将研究的热点转向了"公共体育服务"，对社区公共体育的定义、特点、功能等基础理论几乎无人再进行更深入的研究。

（二）社区公共体育发展的政策困境

从属性来看，社区公共体育是群众体育的一部分，因此国家有关群众体育的政策，对社区公共体育都有指导意义。改革开放以来国家颁布的群众体育法规政策中涉及社区公共体育发展的内容如表3-4所示。

表3-4　国家颁布的群众体育法规政策中涉及社区公共体育发展的内容

颁布时间	名称	相关内容
1982年12月	《中华人民共和国宪法》	国家发展体育事业，开展群众性的体育活动，增强人民体质
1995年8月	《中华人民共和国体育法》	发挥居民委员会等社区基层组织的作用，组织居民开展体育活动
1995年6月	《全民健身计划纲要》	积极发展社区公共体育；发挥居民委员会和基层体育组织的作用，做好社区公共体育工作

---

① 任海，王凯珍，王渡，等. 我国城市社区体育的概念、构成要素及组织特征：对我国城市社区体育的探讨之一[J]. 体育与科学，1998 (2)：12-16, 20.

续表

颁布时间	名称	相关内容
1997年4月	《关于加强城市社区体育工作的意见》	采用多种方式,组织社区成员开展经常性的体育健身活动,提供门类众多的体育服务,满足社区成员的体育需求
1997年11月	《全国城市体育先进社区评定办法(试行)》	体育先进社区标准、评选办法
2000年12月	《2001—2010年体育改革与发展纲要》	城市社区建有方便居民进行健身活动的体育设施
2002年7月	《关于进一步加强和改进新时期体育工作的意见》	社区要把组织群众开展体育活动纳入工作范围,积极探索符合时代要求的基层体育发展模式
2003年6月	《公共文化体育设施条例》	居民住宅区,应当按照国家有关规定规划和建设相应的文化体育设施
2003年12月	《关于开展创建社区体育健身俱乐部试点工作的通知》	使用体育彩票公益金开展创建社区公共体育健身俱乐部的试点工作
2004年2月	《全国城市体育先进社区评定标准》	城市体育先进社区标准
2005年9月	《城市社区体育设施建设用地指标》	城市社区公共体育设施建设用地标准
2006年7月	《体育事业发展"十一五"规划》	加强城乡社区公共体育设施建设
2009年8月	《全民健身条例》	县级以上地方人民政府应当将全民健身事业纳入本级国民经济和社会发展规划,加大城市社区等基层公共体育设施建设的投入
2011年4月	《体育事业发展"十二五"规划》	加强全民健身设施建设和健全全民健身组织网络
2014年10月	《关于加快发展体育产业促进体育消费的若干意见》	把增强人民体质、提高健康水平作为根本目标
2016年5月	《体育发展"十三五"规划》	大力推进"城市社区多功能运动场""城市体育服务综合体""城市社区15分钟健身圈"建设
2016年10月	《"健康中国2030"规划纲要》	广泛开展健康社区、健康村镇、健康单位、健康家庭等建设

资料来源:根据国家体育总局网站政策法规资料整理。

改革开放 40 年多来群众体育发展的实践表明，社区公共体育得到了快速发展，上述各个时期有关社区公共体育的法规、政策起了巨大的指导和推动作用，社区公共体育工作取得了巨大成绩，居民体育生活逐步丰富多彩，健康水平显著提高，在很大程度上得益于相关政策的制定和实施。但我们全面审视这些法规和政策的制定、实施过程及效果，不难发现存在许多问题。第一，我国大多数社区公共体育政策制定的出发点，服务于国家的发展方针政策，服从于国家需要，带有更多的政治色彩，忽略了社区公共体育的本质属性和居民健身的实际需要，造成政策与居民需要相脱节的现象。第二，从政策内容上看，更多的是理论和原则性的指导意见，缺乏可操作性的具体方法和措施，造成政策不能很好地指导实践的局面。第三，社区公共体育工作是一个涉及体育、城建、规划、教育、民政、信息等多部门共同协作的复杂系统工程，需要多部门的协调配合，而目前的政策大多只是就体育部门的工作来制定的，缺乏多部门的协调机制，涉及社区公共体育发展的人力、物力、财力不能按照政策的要求得到落实。第四，由于监督制度的不健全，考评办法的缺失，居民与政府之间的信息沟通渠道不畅，造成政府部门对相关政策的执行情况、执行效果、居民意见等都不甚了解，因此，制定的政策缺乏系统性、连续性和针对性，政策的有效性就大打折扣。第五，现有的政策中，对社区公共体育资源的配置，主要强调政府部门的职责，缺乏对社会资源的引入机制，社会资源不能很好地为社区公共体育发展服务。

第三节 我国社区公共体育发展方式的现状

从我国体育发展的方针政策来看，对于群众体育的发展在每个时期都进行了总体规划，但从内容上看，更多的是国家体育发展的主要目标和措施。国家对社区公共体育的发展政策，都是由群众体育发展政策作为其中的一部分来体现的，因此，社区公共体育发展的方针政策的关键在于地方政府制定的政策措施与国家政策相适应。

一、社区公共体育发展方式的现状

通过对全国各省、市，以及各地、县级市（县）体育发展政策的调查来看，目前，还没有专门针对社区公共体育的发展规划。2017年年底，通过对苏南地区和上海市的部分街道和社区居委会负责人走访调查，了解到大部分街道和社区居委会都没有"社区公共体育发展规划"，只有年度体育工作计划或工作安排，这些体育工作计划和安排，也只是街道和社区居委会年度工作计划的一部分，大多是为了贯彻落实上一级的工作任务，按照上一级的工作计划来安排本街道和社区的体育工作。由此可见，我国社区公共体育发展在宏观上还缺乏发展方略和长效机制的设计。

从走访调查35个街道和社区的负责人得知，目前，开展社区公共体育活动主要缺乏经费、人员和场地。第一，缺乏经费。"社区公共体育活动经费一般都是上一级政府部门按照文化体育活动经费拨款的，非常有限。社区居委会吸收社会资金的能力更有限，工作经费总是不足，影响了社区公共体育活动的广泛开展，居民的体育健身活动主要还是以自发自主进行的。"（对常州某社区居委会负责人采访笔录）。第二，缺乏专职的组织人员。35个街道和社区中，只有3个社区有体育专业毕业的人员（本科1人、专科2人），"他们负责的工作不仅仅只有社区公共体育工作，还有很多其他的行政事务，大部分社区组织的体育活动都要外请专职的体育人员来组织，在经费安排上和人员配合上都有很多困难"（对上海某社区居委会负责人采访笔录）。第三，缺乏活动的场地。"有许多体育活动要有专门的体育场地，如篮球、足球、羽毛球等，我们社区开展的许多体育活动都要向附近的学校和体育场馆单位租借场地和器材，所以只能在周末开展，平时很难组织起来。"（对苏州市某街道居委会负责人访谈笔录）由此可见，社区公共体育的开展缺乏资金、人力和场地器材等资源的保障，限制了社区公共体育的高质量发展。

二、社区公共体育发展方式的困境

1. 社区公共体育发展在宏观上缺乏长远规划和长效机制的设计

从目前社区公共体育活动形式和居民健身活动的方式看，社区公共体育活动、居民健身都是社区居民自发的行为，以个体自我行动居多，社区公共体育发展尚处于自生自灭的状态。国家在重视社区建设的背景下，虽然认识到社区公共体育的重要性，是群众体育发展的着力点，但对社区公共体育的发展，缺乏长远规划和长效机制的顶层设计，缺乏与社会发展相适应的社区公共体育发展理论的构建。从现实生活中我们看到，重视社区公共体育往往只是简单地强调政府领导，因而，造成在实际工作中不自觉地仍然以政府行政权力推动社区公共体育的发展，社区公共体育工作也习惯性地表现出行政化倾向和行政化驱动的特征。各级各类政府部门对自己在社区公共体育发展中的职能认识不清晰，即对哪些是政府应该做的、哪些是交给社会做的并不十分清楚。同时，社区公共体育的政策法规不是很健全、对政府部门社区公共体育工作考评机制不完善、社会监督体系的不健全，缺乏长效机制的社区公共体育发展乏力。

2. 在社区公共体育发展上缺乏资金保障

从投入运动场地建设资金情况来看，第六次全国体育场地普查数据显示，目前我国体育场地建设经费各级政府财政拨款 65 353 367 万元，其中投入街道（乡、镇）运动场地建设经费 8 802 810 万元，仅占总经费的 13.5%，投入居民（村民）委员会运动场地建设经费 6 303 856 万元，仅占总经费的 9.6%。社会投入居民（村民）委员会运动场地建设经费 992 323 万元，仅占居民（村民）委员会运动场地建设总经费的 6.8%。[1] 由此可见，目前我国投入社区公共体育场地建设经费严重不足。政府投入社区公共体育活动的经费更是少之又少，以国家公共体育服务体系示范区常州市为例，2017 年预算政府财政拨款体育总经费 12 334.34 万元，其中用于群众体育支出 976.31 万元，仅占全市体育总经费的 7.9%，按截至 2016 年年底常州市常住人口 470.1 万人计算，人均经费约 2 元，按城镇人口 329.1 万人计算，人均约 3 元[2]，用于社区公共体育活动的经费更是微乎其微。

群众体育作为一项和人民群众息息相关的事业，具有公共性质，属于政府公共服务范畴，理应将群众体育的公共服务和资源配置纳入各级政府的财政预算之中，并需要很好的落实。没有经费支撑，服务于群众体育的公共体育服务体系难以构建；缺乏物质保证，群众体育的公共服务难以持久。

3. 社区公共体育服务体系建设滞后

社区居民开展健身活动和参与社区公共体育活动，涉及社区公共体育场地设施配置与管理、活动策划与组织、经费筹集与使用、健身指导与监

---

[1] 国家体育总局体育经济司．第六次全国体育场地普查数据汇编［EB/OL］．(2014-12-26) ［2019-01-10］．http://www.sport.gov.cn/pucha/index.html.

[2] 常州市 2017 年体育部门预算公开［EB/OL］．(2017-03-01)［2019-04-10］．http://tyj.changzhou.gov.cn/html/tyj/2017/MOEJONLN_0301/12917.html.

控、信息沟通与反馈等诸多方面，是一个复杂的公共服务体系，需要政府部门、社区居民、社区管理者、体育和医务专家、社会组织、志愿者、企业等多方面的参与。目前，由于政府的财力不足，投入社区的体育资源有限；政府激励社会投入的政策不力，社会资本投入社区公共体育的环境还没有形成；体育志愿者服务体系没有构建，激励机制不健全，社会体育人力资源参与社区公共体育服务的积极性不高。总的来说，社区公共体育服务体系建设滞后，社区居民日益增长的多元化、多层次体育需求与体育有效供给不足的矛盾日益凸显。

社区公共体育是居民的体育，是涉及千家万户的体育，目前我国有13亿多人口，城镇居民约7.5亿人，在这样一个人口众多的国家发展社区公共体育，虽然是政府的职责所在，但政府无论如何是不可能全部承担起来的，即使再怎么强调政府的公共体育服务职能，政府也包揽不了所有居民的体育活动，包揽不了社区公共体育中的所有具体事务。因此，应当依靠社会力量，构建社区公共体育社会服务体系，进行社会化和市场化的运作，进而推动社区公共体育的发展。而构建社区公共体育社会服务体系，进行社会化和市场化运作，无疑是社区公共体育发展中具有改革意义的举措，其中尚有许多理论和实践问题需要进行先行的思考和探索。

第四节　我国社区居民体育参与的现状

2017年9月至2018年12月期间，通过运用问卷调查的方法，对江苏苏南地区、上海市等经济发达地区35个社区的3 500名社区居民进行问卷调查，了解社区居民体育参与的现状。

一、社区居民的身体健康评价及体育认知情况

1. 社区居民的身体健康评价情况

调查结果显示，2018年，社区居民在对自己身体健康状况的评价上，认为身体健康状况"很好""较好"的人数所占的百分比为18.11%；认为"一般"的人数所占的百分比为61.37%；认为"较差""很差"的人数所占的百分比为20.52%（图3-3）。从整体上看，社区居民的身体健康状况不容乐观，需要给予关注与干预。

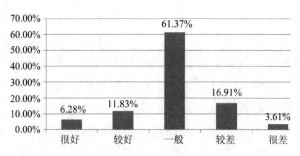

图 3-3　社区居民对自己身体健康状况的评价

2. 社区居民对体育的认知情况

(1) 社区居民对参加体育运动与促进健康的认知情况

调查结果显示，2018 年，社区居民在对参加体育运动促进身体健康的认知上，认为参加体育锻炼对促进身体健康"作用很大""作用较大"的人数所占的百分比为 98.71%（图 3-4），这表明社区居民能够普遍意识到参加体育锻炼对身体健康的促进作用。

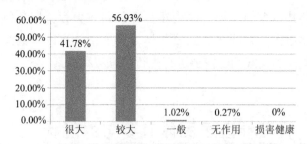

图 3-4　社区居民对体育健身的认知情况

(2) 社区居民参加体育活动的目的

如图 3-5 所示，调查结果显示，2018 年，社区居民参加体育活动的目的（多项选择）排在前五位的依次为"提高身体素质""消遣娱乐""增加体力活动""调节情绪""防病治病"。根据《2014 年全民健身活动状况调查公报》的数据显示：排在我国 20 岁及以上城乡居民体育参与目的前五位的依次为："提高身体素质""消遣娱乐""增加体力活动""防病治病""调节情绪"。[1] 从两组调查结果看出，社区居民参加体育活动的目的主要还是增进身体健康，强调体育运动对身体健康的促进作用。

---

[1] 国家体育总局. 2014 年全民健身活动状况调查公报[EB/OL].(2015-11-16)[2019-03-20]. http://www.sport.gov.cn/n16/n/077/n1422/7300210.html.

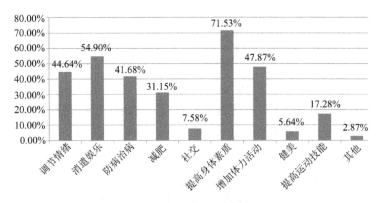

图 3-5 社区居民参加体育活动的目的

二、社区居民参加体育活动的情况

1. 不同性别社区居民参加体育活动的情况

调查结果显示，2018年，男性社区居民参加体育锻炼的人数百分比为56.73%，女性为55.49%，男性居民参加体育锻炼的人数百分比高于女性（图3-6）。国家体育总局对10省市城乡居民的调查显示：20—69岁男性居民参加体育锻炼的人数百分比为50.2%，女性居民为48.2%，也呈现出男性居民参加体育锻炼的人数百分比高于女性的现状。① 两组调查结果比较，本次调查的社区居民体育参与人数百分比男性、女性都高于全国平均数，其主要原因可能是因为本次调查的社区都属于我国经济比较发达的地区，社区居民无论是在体育健身认识上，还是在经济收入、生活条件和居住环境上都优于全国其他地区的平均水平。从这一点上看，经济条件和环境条件较好的地区，居民参加体育活动人数的比例也会相应较高。

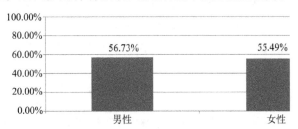

图 3-6 不同性别的社区居民参加体育活动的情况

---

① 国家体育总局. 2014年全民健身活动状况调查公报[EB/OL].(2015-11-16)[2019-03-20]. http://www.sport.gov.cn/n16/n/077/n1422/7300210.html.

2. 不同教育程度的社区居民参加体育活动的情况

调查结果显示，2018年，社区居民经常参加体育锻炼的人数百分比随着受教育程度的增加而增加（图3-7）①，《2014年全民健身活动状况调查公报》也显示：在全国20岁及以上城乡居民中，受教育程度越高，参加体育锻炼的人数百分比越高。② 有学者研究也显示：居民受教育程度与体育消费支出成正相关关系，受教育程度越高，其体育消费支出越高。③

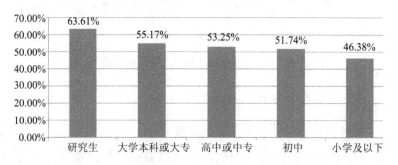

图3-7　不同教育程度的社区居民参加体育活动人数百分比

出现这一趋势的原因可能包括：一是受教育程度较高的居民，其对自身健康的关注度较高，对国家健康政策及全民健身政策宣传信息的吸纳度与接收度也较高，就倾向于通过参加体育锻炼来增进个体或家庭的健康。二是受教育程度较高的居民，在闲暇时间支配上，除用于提升自身职业素质外，会把参加体育活动放在比较重要的位置；而受教育程度较低的居民，会把闲暇时间较多地投入家务劳动中。三是受教育程度较高的居民，其求学时间也相对较长，而学校无论是在参加体育活动氛围上还是在体育活动的场地设施上，抑或是在体育活动组织、体育锻炼指导上，都有助于受教育者养成参加体育锻炼的习惯，这种习惯也容易延续至受教育者走向社会后继续参加体育锻炼；而受教育程度较低的居民，过早地离开学校，在学

---

① 经常参加体育锻炼的人，指每周参加体育锻炼频度3次及以上，每次锻炼持续时间30分钟及以上，每次锻炼强度达到中等及以上的人。

② 国家体育总局. 2014年全民健身活动状况调查公报［EB/OL］.（2015-11-16）［2019-03-20］. http://www.sport.gov.cn/n16/n/077/n1422/7300210.html.

③ 杨麟. 城市居民体育消费行为研究：基于北京地区的实证分析［J］. 消费经济，2009，25(5)：71-74.

校养成的体育锻炼的习惯也可能会较早中断。①

3. 不同收入的社区居民参加体育活动的情况

调查结果显示，2018年，社会居民经常参加体育锻炼的人数百分比整体呈现出随收入水平的提升而增加的趋势（图3-8）。有学者结合《中国统计年鉴》数据与居民体育消费调查数据进行分析，得出居民的工资收入及转移性收入对其体育消费具有显著正向影响。②

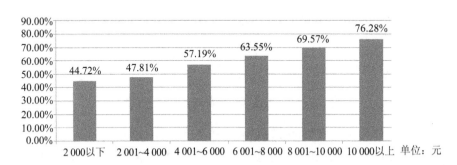

图3-8 不同收入的社区居民参加体育活动的情况

三、社区居民参加体育活动的场地、形式与项目选择情况

1. 社区居民参加体育活动的场地选择情况

调查结果显示，2018年，社区居民在参加体育活动的场地选择上排名前五位的依次为"公共体育场地""健身路径""公共广场或场院空地""住宅社区的空地""单位或社区的体育场所"（图3-9）。根据《2014年全民健身活动状况调查公报》的数据显示：在全国20岁及以上城乡居民参加体育活动的场地选择上，排名前五位的依次为"公共体育场地""健身路径""公共广场或场院空地""住宅社区的空地""单位或社区的体育场所"。③ 两组调查数据表明，社区居民在参加体育活动的场地选择上是一致的，大部分集中在免费的公共体育场地，选择花钱去健身会所进行体育锻炼的人数百分比均较低。

---

① 王崇喜，袁凤生，苏静，等. 受教育程度与健身意识和行为关系的研究［J］. 体育科学，2004（8）：17-20.

② 张健. 公众体育消费的约束因素与提升策略研究［J］. 北京体育大学学报，2013,36(6)：27-31.

③ 国家体育总局. 2014年全民健身活动状况调查公报［EB/OL］.（2015-11-16）［2019-03-20］. http://www.sport.gov.cn/n16/n/077/n1422/7300210.html.

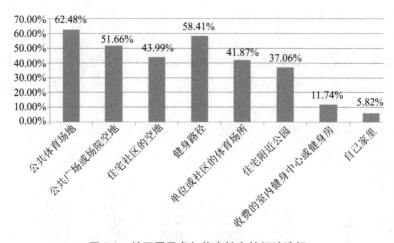

图 3-9 社区居民参加体育健身的场地选择

2. 社区居民参加体育活动的形式选择情况

调查结果显示，2018 年，社区居民在参加体育活动的形式选择上，排名前五位的依次为"一个人锻炼""与朋友或同事一起锻炼""与家人一起锻炼""参加社区组织的体育活动""参加体育社团组织的体育活动"（图 3-10）。根据《2014 年全民健身活动状况调查公报》的数据显示：排在全国 20 岁及以上城乡居民参加体育活动的形式选择上前五名的依次为"一个人锻炼""与朋友或同事一起锻炼""与家人一起锻炼""参加社区组织的体育活动""参加单位组织的体育活动"。[1] 两组调查结果显示，在参加

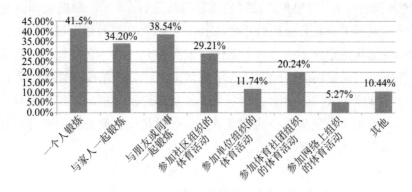

图 3-10 社区居民参加体育活动的形式选择

---

[1] 国家体育总局. 2014 年全民健身活动状况调查公报 [EB/OL]. (2015-11-16) [2019-03-20]. http://www.sport.gov.cn/n16/n/077/n1422/7300210.html.

体育活动形式的选择上，居民大多选择以个人锻炼或与家人、朋友、同事一起锻炼为主，参加社区、单位、体育社团所组织的体育活动的人数百分比均较低。这也提示我们在未来的全民健身工作中要进一步加强社区、单位、体育社团在促进居民体育参与上的作用发挥，为居民更充分地进行体育参与提供组织保障。

3. 社区居民参加体育活动的项目选择情况

调查结果显示，2018年，社区居民在参加体育活动的项目选择上排名前五位的依次为"健步走""跑步""广场舞（操）""羽毛球、乒乓球、网球等小球类项目""骑自行车"（图3-11）。根据《2014年全民健身活动状况调查公报》的数据显示：排在全国20岁及以上城乡居民参与率前五位的运动项目依次为"健步走""跑步""羽毛球、乒乓球、网球等小球类项目""广场舞（操）""篮球、足球、排球等大球类项目"。[1] 两组调查结果显示，目前，我国社区居民在运动项目选择上大部分居民集中在健步走、跑步、广场舞（操）等所需运动场地规格要求不高、运动技术门槛相对较低的运动项目类型上。造成这种现象的原因，可能与目前我国社区公共体育健身场馆资源配置中主要是健身路径、广场等有关。有学者对发达国家居民经常参加的运动项目进行统计得出：英国居民参与率较高的运动项目依次为健步走、游泳、健身房健身、跑步、足球、自行车、高尔夫球、羽毛球；澳大利亚居民参与率较高的运动项目依次为健步走、健身房健身、游泳、自行车、跑步、高尔夫、网球、足球；美国居民参与率较高的运动项目依次为健步走、健身房健身、跑步、钓鱼、自行车、台球、篮球、保龄球；日本居民参与率较高的运动项目依次为散步、健步走、体操、保龄球、力量训练、跑步、高尔夫球、钓鱼。[2] 从整体上讲，与发达国家居民经常参加游泳、高尔夫、保龄球及健身房健身等运动场地规格要求及运动技术门槛较高的运动项目相比，我国社区居民在项目选择上与发达国家存在显著差异，这也提示我们在未来的全民健身工作中既要增加游泳、健身房、高尔夫、网球等运动项目场馆的建设，又要进一步加大对运动项目的宣传与普及，同时要强化对居民运动技术的科学培训与指导。

---

[1] 国家体育总局. 2014年全民健身活动状况调查公报[EB/OL].(2015-11-16)[2019-03-20]. http://www.sport.gov.cn/n16/n/077/n1422/7300210.html.

[2] 刘东锋. 发达国家大众体育参与现状与测量研究：兼与上海比较[J]. 上海体育学院学报，2016，40（4）：27-31，49.

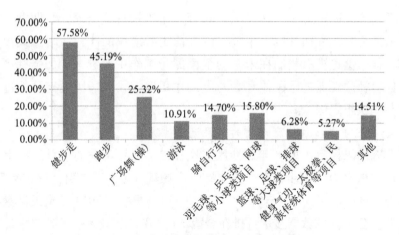

图 3-11 社区居民参加体育活动的项目选择

四、社区居民参加体育活动的健身指导情况

调查结果显示,2018 年,在参加体育锻炼的社区居民中,认为自己接受过健身指导的人数百分比为 42.89%,其中"朋友或同事相互指导"的人数百分比最高,其次依次为"社会体育指导员指导""专业健身教练指导""其他未受过专业训练的人指导"(图 3-12)。根据《2014 年全民健身活动状况调查公报》的数据显示:在全国 20 岁及以上参加体育锻炼的城乡居民中,认为接受过健身指导的人数百分比为 48%,其中接受"朋友或同事相互指导"的人数百分比最高,其次依次为"专业健身教练指导""社会体育

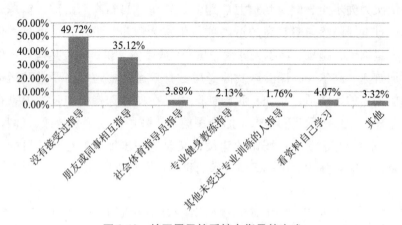

图 3-12 社区居民接受健身指导的方式

指导员指导""其他未受过专业训练的人指导"。① 两组调查结果显示，我国参加体育健身的社区居民接受健身指导的人数百分比都不高，而且接受指导最多的是来自朋友或同事的指导，本次调查中认为自己接受过社会体育指导员指导的人数的百分比仅有 3.88%，这提示我们在未来全民健身工作中要进一步加强社会体育指导员队伍建设，提高社会体育指导员的专业水平和工作效率，提升居民接受科学健身指导的人数比例。

第五节 我国社区公共体育资源共享的现状

一、社区公共体育资源共享的现状

通过对苏南地区和上海市的部分街道和社区居委会负责人走访调查，了解到的情况是：在体育设施建设与使用方面，目前，大部分街道和社区居委会都没有"社区公共体育设施建设长远规划"，对社区公共体育设施的建设主要依赖于政府的城市发展规划和政府体育行政部门的统一配置。"社区的体育设施主要是体育局配置的全民健身工程的一些器械，还有政府修建的体育馆，也有一些公司建的健身房之类，大部分新建的居民居住的小区内也有开发商建的健身器材、活动室和篮球场等，由于上海流动人口太多，人口密集，场地设施相对来说太少太少。"（对上海某社区居委会负责人采访笔录）"居民健身的地方主要是附近的公园、广场和马路边上的人行道上，年轻人大多到附近学校打篮球、踢足球，也有许多人跑步，大爷大妈们主要在广场上跳广场舞，晚上到社区健身点跳舞的、打太极拳的人也很多。存在的主要问题就是人多，场地不够用。"（对苏州某社区居委会负责人采访笔录）"目前社区公共体育指导员主要在各个健身点进行指导，大部分人从事跳广场舞、练健身气功、打太极拳等运动，其中退休的人占绝大多数，年轻人则喜欢打篮球、羽毛球、网球等，或踢足球，但又没有场地，附近学校只在早上和节假日开放，其他时间去不了，大部分人喜欢下午五六点开始活动，傍晚和晚上是锻炼的人最多的时候。"（对常州市某社

---

① 国家体育总局. 2014 年全民健身活动状况调查公报[EB/OL]. (2015-11-16) [2019-03-20]. http://www.sport.gov.cn/n16/n/077/n1422/7300210.html.

区居委会负责人采访笔录)

在社区公共体育设施管理方面,大多采用"谁建设、谁管理"的方式。"公共体育设施,如全民健身工程的器械、广场、健身步道等,都是由所在的小区物业负责管理,发现损坏问题就通知居委会,联系建设单位或设备厂家来进行维修,但由于使用的人多,物业人员的责任心不强,建设单位和厂家维修不积极等原因,造成设施经常被损坏,不能得到及时维修和更新。"(对上海市某社区居委会负责人采访笔录)

在信息资源建设方面,社区居委会都没有建立专门的体育工作网站,信息沟通主要是通过居民自发建立的各种健身微信群、QQ群。"我们社区没有建立专门的体育活动网站,居民反映体育健身要求和问题都是打电话或者直接来找我们,社区组织开展体育活动,主要是通过张贴布告、在微信群发布信息等形式。"(对苏州市某社区居委会负责人采访笔录)"居民自发建立了很多健身微信群,如健身舞群、健步走群、跑步群,还有羽毛球群、乒乓球群,也有年轻人建的篮球群、足球群,他们通过微信群交流经验,互通信息。"(对常州市某社区居委会负责人采访笔录)

二、社区居民共享社区公共体育资源的困境

2017年7月至9月期间,新华社记者就我国城市社区居民参与体育健身活动情况进行了深入而广泛的调查,先后在新华网、《中国体育报》发表了系列文章"城市居民健身之惑"。调查结果表明,目前在我国城市社区居民体育健身活动中,无论是社区公共体育健身政策,还是社区公共体育资源配置和公共体育服务,都不能很好地满足社区居民的健身需求,社区居民日益增长的多元化、多层次体育健身需求与体育有效供给不足的矛盾日益凸显。

1. 社区公共体育活动经费、场所不足,制约了居民体育活动的开展

2017年8月至12月期间,我们通过走访和问卷的方式,对苏南地区社区居委会的体育活动经费来源情况进行了调查。结果表明:78.3%的经费来源于政府拨款,21.7%的经费来源于社会资助,表明目前苏南地区社区公共体育发展资金主要来源于政府财政拨款。通过对政府部门财政预算公开查询,2017年苏南五市(南京、镇江、常州、无锡、苏州)政府财政预算拨款体育总经费69 839.75万元,其中用于群众体育支出6 107.30万元,仅占体育总经费的8.74%,按截至2016年年底五市常住人口3 347.52万人计

算,人均经费 1.82 元,用于社区公共体育活动的经费更是微乎其微。① 体育活动经费的不足,严重制约了居民体育活动的开展。目前,在城乡社区公共体育发展上,政府对社区公共体育发展的财政预算并没有很好地落实到位。②

对苏南地区社区的体育健身场所情况进行了调查,截至 2017 年 12 月底,苏南地区社区拥有大型综合体育活动中心 12 个,体育活动室(馆)78 间,全民健身路径 1 316 个,人均室内体育活动场地面积约 0.37 平方米,人均室外体育运动场地面积约 2.58 平方米。第六次全国体育场地普查数据显示,目前我国建在居民(村庄)委员会的体育场地总数占全国体育场地总数的 36.8%,面积总数占全国体育场地面积总数的 11.4%,全国人均体育场地面积 1.46 平方米。③ 从调查和普查的结果看,目前社区公共体育场所太少,居民无法按照自己的意愿开展健身活动,大多数体育场地建在学校(占总数的 40.2%),而多数学校场地又没有很好地对居民开放。因此,居民健身只能依赖有限的公园、小区绿地,甚至是马路上,造成了"广场舞大妈与篮球爱好者因场地冲突""暴走团遭汽车撞击"等乱象。截至 2016 年年底,我国城镇居民约 7.5 亿人④,按照国家"十三五"发展规划,到 2030 年城镇人口可能突破 10 亿人,随着城镇化步伐的加快,社区居民体育健身场所更加紧缺。

2. 社区公共体育资源配置与管理效率低下,限制了居民对体育资源的高效利用

2017 年 9 月,我们对苏南地区 1 082 名社区居民进行了问卷调研,结果表明:78.2%的居民日常健身场所主要是社区公园、广场和全民健身路径,居民对社区公共体育资源配置的满意度仅为 36.8%。由于目前政府机构缺乏对社区居民体育健身需求进行实时调查和反馈的有效机制,对居民健身需求不清楚,造成资源配置的盲目性和无效性,配置的体育资源与居民实际体育健身活动需求不相符,利用率不高,甚至造成浪费和匮乏并存的现

---

① 常州市 2017 年体育部门预算公开[EB/OL].(2017-03-11)[2019-04-10].http://tyj.changzhou.gov.cn/html/tyj/2017/MOEJONLN_0301/12917.html.
② 仇军. 群众体育发展的困境与出路[J]. 体育科学,2016(7):3-9,48.
③ 国家体育总局体育经济司. 第六次全国体育场地普查数据汇编[EB/OL].(2014-12-26)[2019-01-10].http://www.sport.gov.cn/pucha/index.html.
④ 国家统计局. 我国人口基本状况[EB/OL].[2019-10-15].http://data.stats.gov.cn/search.htm.

象。同时，由于目前社区公共体育管理人员匮乏，管理制度不健全，体育管理者和健身指导员的工作积极性、主动性和创新性没有被调动起来，也影响了居民对社区有限的体育资源的高效利用。

目前政府是社区公共体育资源配置的唯一主体，政府财力有限，社会资本又没有很好地引入社区公共体育资源配置领域，造成社区公共体育资源配置总量不足。同时，由于缺乏社区公共体育资源共享制度，缺乏跨部门无边界衔接的管理机制，造成学校、社会、单位和企业的体育资源很难被社区居民有效地利用，社区居民健身只能依赖政府提供的、有限的公共体育资源。共享机制的缺乏，限制了居民对社区内体育资源的共享和高效利用。

3. 社区公共体育服务体系建设滞后，居民体育健身活动需求得不到满足

通过对苏南地区和上海市部分35个社区居民进行问卷调研，结果表明：目前居民对社区公共体育服务的满意度仅为36.8%，63.2%的居民认为自己没有接受过社区公共体育服务，70.8%的居民认为自己没有参加过社区组织的体育活动。

从社区居民群体日常生活特点看，青少年和青壮年白天在学校和工作单位度过，他们在社区的健身活动大多集中在晚上和节假日。老年人群体平时生活在居住的社区，他们有大量的闲暇时间，其健身活动主要是在社区内进行。不同群体的健身活动时间，要求社区公共体育场馆设施采取不同的开放时间和开放对象，以满足不同群体对健身时间安排的需要，但目前社区内大多数体育场馆设施没有做到很好的规划。错时开放、分段服务势在必行。

从居民健身项目的选择来看，青少年和青壮年更喜欢有对抗性和趣味性的球类项目，以及在健身房内开展的速度、力量型的健身项目；老年人更多的喜欢广场舞、健身操、太极拳、太极剑等团体性的项目，以及在公园内开展的动作慢、运动强度较小的健身项目。不同人群对健身项目的不同需求，要求社区公共体育服务部门提供不同的健身指导服务，但目前从国家政府层面，只能提供"千篇一律"的基本公共体育服务。

由于政府财力不足，投入社区的体育资源有限；政府激励社会投入的政策不力，社会资本投入社区公共体育的环境还没有形成；社区公共体育服务激励机制不健全，社会体育人力资源参与社区公共体育服务的积极性

不高。总体来说，目前社区公共体育服务体系建设滞后，居民体育健身活动需求得不到满足。

4. 社区公共体育信息服务网络平台不健全，居民获取体育信息渠道不畅

对苏南地区社区居民获取体育信息的主要途径进行调查，结果表明：互联网、移动设备（手机）、社区公共体育组织传播、社区宣传栏、居委会公告等是居民获取体育信息的主要渠道。由于互联网信息包罗万象的复杂性、移动设备使用的局限性和社区内宣传内容的有限性，造成社区居民很难通过这些途径获取自己需要的、有针对性的和实用性的体育信息。

通过对苏南地区社区居委会的网站建设情况进行调查，截至2017年12月底，35个社区都没有建立专门的体育信息服务网站，居民只能依赖街道、社区的综合网站获取有限的体育信息。在社区公共体育信息管理方面，35个社区居委会都没有专门的体育信息搜集、整理、发布和反馈的人员，造成体育信息不能及时传播和反馈。在信息来源与共享方面，缺乏社区与社会体育组织、学校、体育服务企业之间的跨部门信息链接和信息共享机制，造成社区内体育信息资源无法实现共享。总体来看，目前社区公共体育信息服务网络平台建设滞后，居民不能及时了解社区公共体育活动信息。体育信息交流渠道不畅，是居民参与社区公共体育活动积极性不高的主要原因之一。

5. 社区科学健身服务体系建设滞后，居民体育健身效果低下

对苏南地区和上海市部分社区居民进行问卷调查，结果表明：98.7%的居民认为体育健身非常重要，但86.8%的居民对如何科学健身不甚了解，对"运动量和运动强度""运动处方""运动效果测试方法"等概念不了解，更谈不上科学健身计划的制订与实施。因此，关节劳损、肌肉拉伤、运动猝死、过度运动等现象时有发生。"如何健身""怎样健身"成了困扰人们的难题。

从目前居民获取健身知识的途径来看，主要通过书本、网络和健身软件，获取的健身知识都是"碎片"化的，缺乏科学性和系统性。有许多居民出于"一时的兴趣""赶时髦"甚至是"一时的冲动"而参加体育健身活动，既没有长期的健身计划，也没有明确的健身目标，更谈不上详细的实施步骤和方法，其结果是"三天打鱼两天晒网"，健身效果也就可想而知。

从社区健身指导员队伍数量、质量来看，截至2017年年底，苏州、无锡、常州3市共有社会体育指导员67 435名，每万人拥有30.9名社会体育指导员。社区公共体育指导员平均年龄42.5岁，专职的占21%，本科及以上学历者占23.3%，其中女性占68.2%。截至2017年1月，国家体育总局注册的社会体育指导员已超过200万人，每万人社会体育指导员数全国有19个省达到了15人。虽然近几年我国社会体育指导员队伍发展迅速，但总量还是较小，队伍建设缓慢，年龄普遍偏大，文化程度较低，专业人员较少，相关知识储备不足，甚至根本不具备体育指导能力，提供的指导服务不能达到科学健身的要求。①

第六节 国外社区公共体育发展的相关经验与启示

一、芬兰社区公共体育发展的状况与启示

芬兰是北欧的重要发达国家之一。有调查显示：当前芬兰每周至少参加2次30分钟以上体育活动的人员，男性占66%，女性占72%。自从20世纪60年代，芬兰就制定了发展大众体育政策。② 芬兰负责国家体育的机构主要是教育和文化部，该部门的职责主要是通过立法和财政手段指导体育政策，为体育活动的开展创造有利条件，并监督体育竞赛活动中的道德行为。

芬兰在社区公共体育发展过程中主要做法及启示如下：

1. 国家体育资金大多数用于建设体育设施，提供体育公共服务

芬兰的国家体育发展资金主要由两部分组成：政府财政预算、彩票公益金。这种状况与当前我国体育发展资金的来源较为相似。至2011年，芬兰国家体育发展资金已经达到2.8亿欧元，其中90%的资金用于建设体育场馆设施，为社区居民提供体育公共服务。充足的体育场馆设施对于促进社区居民的体育参与程度起了重要作用。

---

① 田海燕. 辽宁城乡群众体育发展模式研究 [J]. 沈阳工程学院学报（社会科学版），2015 (2)：262-265.
② 欧秀伶，于宝明. 芬兰体育公共政策及其启示 [J]. 山东体育学院学报，2012 (3)：10-13.

2. 地方体育俱乐部是社区公共体育资源的重要组成部分

芬兰的体育公共服务主要由各种各样的体育俱乐部来提供，体育俱乐部的运营经费主要由地方政府进行补贴。体育俱乐部的快速发展对于促进芬兰大众体育的整体发展起了重要的推动作用。

3. 体育秘书是芬兰社区重要的公共体育资源

体育秘书是芬兰社区公共体育公共服务供给的主要执行者，相当于中国的社会体育指导员。不同的是，芬兰体育秘书一般是专职的，是享受政府专门补贴的，而我国社会体育指导员大多是兼职的，很少享受补贴。芬兰政府专门划拨一部分资金补贴到各地区，用于聘请体育秘书对社区居民进行体育健身指导。

二、美国社区公共体育发展的状况与启示

美国是目前世界上最发达的国家，其体育发展水平代表着目前世界最高水平。社区公共体育建设在美国起步较早，1885年，美国社会活动家玛丽博士就意识到社区公共体育的重要性，她向联邦政府建议在美国社区开展多种体育休闲活动，联邦政府接受了她的建议，颁布了相应的法律法规促进社区公共体育的建设。其中，对美国社区公共体育发展影响最大的是"Mission66"（第66号命令），这是1956年美国联邦政府国家公园服务部、森林服务部两个部门联合颁布的命令，明确规定了社区公园体育配套设施的相应标准[1]，"Mission66"对美国社区公共体育发展起到关键的推动作用。[2]

建设社区公共体育休闲公园是美国政府在社区公共体育建设中的重要抓手。社区公共体育设施建设是和社区公共体育休闲公园建设同步进行的，休闲设施和体育设备相结合的目的是满足社区居民的体育健身和生活娱乐的需求。公园的设置是按照社区规模的大小、人口数量的多少来规划的，体现了不同的层次性，有居民居住地的小型公园、街区范围的中等公园，也有比较大的社区公园。各种类型公园的建设都是在自然景观的基础上配备相应的体育设施。体育设施则根据居民健身需求、并按照一定的比例进

---

[1] 林显鹏，刘云发. 国外社区体育中心的建设与经营管理研究：兼论我国体育场馆建设与发展思路 [J]. 体育科学，2005（12）：12-16，27.

[2] 刘同众，戴宏贵. 日、美社区体育建设与管理的探究与启示 [J]. 西安体育学院学报，2013，(4)：397-401.

行配置。一般公园都配备有常规体育项目场地，也有其他多样化的生活活动设施，如小型商业点、儿童游乐场、野餐区、散步道等。

美国社区公共体育发展的特点与启示如下：

1. 注重社区公共体育设施建设和体育活动服务的层次性

美国非常注重不同层次社区的体育活动服务体系建设，按照不同层次、规模的社区及群体需求，进行不同规格的体育设施配置和提供不同的服务。它能够更好地满足不同范围、层次的社区公共体育活动的组织与开展，满足不同人群的体育需求，诸如年龄、经济条件、文化与社会层次等。

2. 强调社区公共体育的休闲特征

工作和休闲是人类活动的两个重要方面，社区是人们日常生活的地方，更是休闲的重要场所，这一点在美国人的生活中体现得特别明显。社区公共体育活动是美国人生活中的重要休闲方式之一，因此，美国在社区公共体育设施的建设与配置时，同步配备有休闲设施，体现出休闲的生活态度。

3. 加强社区公共体育俱乐部的建设

社区公共体育俱乐部是美国社区公共体育发展的主要形式。据 2005 年的资料显示，美国社区公共体育俱乐部就有 17 800 个，俱乐部会员达到 3 900 万人。[①] 联邦政府和州政府都非常注重社区公共体育俱乐部的建设，在不同时期都出台有扶持政策，以促进社区公共体育俱乐部的发展。美国社区公共体育俱乐部的日常管理基本上都是政府扶持下的自主经营，俱乐部运行经费主要来自政府拨款、会员会费和社会资助，居民根据自己的爱好、需求，选择自己喜爱的俱乐部参加体育活动。

4. 倡导社区公共体育建设的多元化投入

联邦政府出台立法，保障社区公共体育的建设用地。在社区公共体育设施建设方面，是以政府出资主导，同时鼓励提倡社会团体和个人进行投资建设，形成政府、社会、个人共同参与社区公共体育建设的多元化投入方式，保障了社区公共体育建设的快速发展。[②]

5. 推行社区公共体育管理的行政化和制度化

由于美国社区公共体育设施大多建在社区公园，具有休闲与体育的特

---

① 董立红，虞重干. 美、德、日社区体育俱乐部的管理体系及运行机制 [J]. 体育成人教育学刊，2007，23（1）：10-11.

② 刘同众，戴宏贵. 日、美社区体育建设与管理的探究与启示 [J]. 西安体育学院学报，2013（4）：397-401.

征。因此，社区公共体育管理的职能部门一般是公园和休闲委员会，下设三个部门：筹划部、活动服务部和综合部。

美国社会是一个崇尚法治的社会，立法是各级政府的重要工作之一。社区公共体育建设、管理、运行都是以法律和制度为依据的。例如，在社区公共体育建设用地和设施建设标准方面，都有相应的法规规定。为解决社区公共体育活动场地不足的问题，早在1927年就有32个州通过立法，保障社区可使用学校体育设施作为社区公共体育中心，向社区居民开放。①

三、日本社区公共体育发展的状况与启示

日本是亚洲重要的发达国家，日本政府非常重视国民素质的培养。在体育发展方面，1972年颁布的《关于普及振兴体育运动的基本计划》起了巨大的促进作用。在社区公共体育建设中，对社区公共体育的发展规模和场地、器材设施的配置标准及管理机制等方面，在《关于普及振兴体育运动的基本计划》中进行了明确的规定。这些规定有力地促进了社区公共体育的发展，完善了社区公共体育的管理和建设。

日本社区公共体育发展的启示如下：

1. 注重在社区公共体育中传承民族体育文化

日本政府在发展社区公共体育中，非常注重体育项目的民族性特征，大力推行民族传统体育在社区居民中的传承与发扬。柔道、剑道是日本的国粹，棒球和垒球也是日本国民非常喜爱的体育活动，柔道、剑道及棒球和垒球是必须设置的项目。②

2. 实行多元化社区公共体育管理体制

日本在社区公共体育管理方面，政府机构只负责管理社区公共体育的宏观规划与发展；社区公共体育发展的具体事务一般由社区内设立的体育组织来负责，社区公共体育组织包括市区町村级的体育协会、体育指导员协会、休闲协会等；同时，日本政府大力鼓励社会上财团、企业、个人等在社区内投资建设体育中心、体育组织、体育俱乐部等，这类组织有自己的体育设施，经济独立、自负盈亏。

---

① 刘同众，戴宏贵. 日、美社区体育建设与管理的探究与启示 [J]. 西安体育学院学报，2013（4）：397-401.

② 李洪坤，陈立农. 中日美三国大众体育发展的比较研究 [J]. 广州体育学院学报，2000（1）：27-31.

3. 社区公共体育资源使用共享化

在体育设施建设方面，日本和大多数国家一样，大部分体育设施建设在各级各类学校里。为了解决社区居民体育健身实施不足的问题，1976年6月，日本文部省颁发了《关于推进学校体育设施开放》的规定，要求各级各类学校在不影响教学的情况下，向社区居民开放体育设施。规定下达以后，大、中、小学的体育设施开放率超过了70%①，基本实现了社区与学校共享体育资源的良好局面。

四、英国社区公共体育发展的状况与启示

英国是欧洲经济最发达国家之一，英国大众体育是在20世纪60年代开始发展起来的。1960年之后，英国中央政府开始重视大众体育与竞技体育同步发展，先后颁布了《关于全民体育运动的未来计划》《奥运会计划》《新的健康与安全法》。

英国在社区公共体育发展政策制定方面，非常注重实践性和实效性。政策制定之前都要开展广泛的调查，由政府有关部门、各党派、学术机构、运动协会等组织和机构，在广泛征求社区广大居民的建议的基础上，针对具体发现的各种问题，进行总结提炼，最终形成解决方案和发展思路。这种来源于对现实问题解决方案的整合性理念具有前瞻性和现实性。

在社区公共体育建设方面，英国政府认为公民参与社区公共体育活动是每个公民的基本权利，政府必须为公民提供平等的参与体育活动的机会，并以法律形式规定居民健身娱乐活动的权力。因此，在社区公共体育活动场地、设施、公共空间的使用和管理方面由政府提供保障，并以福利方式来推广落实居民的健身娱乐活动的权力。英国是目前世界公认的社区公共体育福利较好的国家之一。

英国社区公共体育发展的启示如下：

1. 社区居民参与到相关公共体育政策的制定与执行中

英国公共体育政策的制定过程，是一种自下而上的民主决策方式。在广泛听取专家和民众建议的基础上，由行政议员们决定，而行政议员的决策权又是由广大的社区民众决定的。

---

① 刘同众，戴宏贵. 日、美社区体育建设与管理的探究与启示 [J]. 西安体育学院学报，2013（4）：397-401.

因此，这种民主化的过程一定程度上促进了政策的科学性、合理性与合法性。在社区公共体育政策的具体执行方面，主要是通过公开招聘的社会团体与组织成员实施，其主要职能是提供公共体育服务，这种社会参与的方式极大地提高了体育政策的执行效率。

2. 英国鼓励第三方参与提供社区公共体育资源

英国地方政府并不直接为民众提供休闲、娱乐的操作性服务，一般由第三方提供服务，政府向第三方支付服务经费，并对第三方提供的体育公共服务过程进行监督与调控，这种管理模式有效地保障了社区居民的利益。

3. 注重社区公共体育发展规划的科学性与长远性

英国体育理事会对社区公共体育发展提供指导性建议，出台一些很具体、操作性很强的手册和指南，以便供应方按照规定要求执行。① 例如，20 世纪 80 年代中期，英国要求每 25 000 人的社区就需要建设一个体育中心②，并且对于场地设施的建设提出了非常详细的流程与建议。如需要先经过大范围的市场考察后，列出体育设施的管理及规格，再考虑选址问题，并对选址做详细的可行性分析，在充分论证的基础上对设施的规格和管理做相应的调整，在这些条件都具备后才能修建设施并投入使用。

---

① 唐胜英，Elizabeth Pike. 英国大众体育场地设施的供给、管理与使用 [J]. 体育与科学，2015（2）：94-100.

② 陈元欣，王健. 我国公共体育场（馆）发展中存在的问题、未来趋势、域外经验与发展对策研究 [J]. 体育科学，2013（10）：3-13.

第四章　互联网时代资源共享型社区公共体育发展模式

第一节　基于资源共享理念下的我国社区公共体育发展思路

一、社区公共体育理论与政策的发展思路

1. 加强新时代体育理论研究，形成中国特色的群众体育理论体系

党的十九大报告指出，我国社会已经迈入新时代，"全民健身""健康中国"成为国家战略，迫切需要对中国特色的群众体育理论体系与实践进行深入探索。立足中国特色群众体育的实际，紧跟群众体育发展的需要，构建全民健身服务体系，实现全民健康的体育目标，是当前我国体育事业发展的重要任务。开展新时代体育理论研究，应该坚持以下基本原则：

第一，要深刻理解习近平总书记"中国梦""体育强国梦""全民健康""健康中国""体育强则中国强""没有全民健康，就没有全面小康"等重要观点及思想；《"健康中国2030"规划纲要》要求"把健康融入所有政策，加快转变健康领域发展方式，全方位、全周期维护和保障人民健康"。中国特色的体育理论研究必须紧紧围绕"健康中国""全民健康"来开展，强化体育在保障、促进全民身心健康方面的重要作用，体育理论研究要成为"健康中国"建设的引领者、先行者。

第二，新时代中国特色的群众体育理论研究，必须立足于当前我国群众体育工作的实际情况，服务于群众体育发展的需要，解决群众体育发展中的实际困难和问题。纵观我国改革开放以来群众体育发展的历程，"中国特色的群众体育"就是：立足中国特色社会主义社会发展的实际情况，以满足人民群众日益增长的体育健身、娱乐需求为根本目标，以全面开展全民健身活动为重要表现形式的中国群众体育发展的理论体系与实践模式，主要包括：方针政策、规章制度、理论体系、实践模式、体育文化等。中

国的基本国情就是人口众多、地域辽阔、社会基本进入小康、地区经济发展不平衡、群众需求多样化，群众体育理论研究必须立足于这些基本国情，从实际出发，分析群众体育发展中的实际情况，探索行之有效的发展策略。

第三，构建中国特色的群众体育理论体系，必须坚持人民性、国家性、民族性和社会性。第一，中国特色社会主义代表的是最广大人民的根本利益，群众体育的发展也因其社会主义本质属性，必须坚持人民性。中国特色体育的发展以人民为中心，依靠人民而发展，为了人民而发展，以满足人民群众日益增长的体育健身、娱乐需求为根本目标。第二，群众体育是国家体育的基础，没有强的群众体育，就没有强的国家体育。《全民健身计划》《"健康中国2030"规划纲要》等的颁布实施，标志着"全民健身"上升为国家战略，中国正由体育大国向体育强国迈出坚实步伐。第三，我国有56个民族，各民族的体育文化丰富多彩，都来自各民族的生产、生活的实践，具有很强的生命力和现代文化价值。只有坚持民族性，群众体育的发展才会有源源不断的源泉和动力。第四，我国有14亿多人口，地区发展不均衡，群众体育健身需求日益多元化，仅仅依靠政府的力量，是很难满足群众的体育健身需求的。因此，必须适应新时代出现的新情况、新要求，探索举国体制与市场体制相兼容、竞技体育与群众体育平衡发展的发展道路。引入市场机制，构建政府主导下的多元主体投入群众体育建设体系。

2. 加强社区公共体育制度建设，完善法治体系，提升制度执行力

社区居民健身对制度的需求决定着制度的供给，制度的制定是为了满足社区公共体育工作的实际需要，制度来源于实践又指导实践，制度只有通过执行人及组织才能发挥作用。对社区居民健身实际的分析是推进社区公共体育制度变迁、创新制度安排的基本依据。第一，社区公共体育发展的当务之急是要制定涉及社区公共体育工作的各个方面都能积极参与的、可持续发展的制度体系，明确规范各有关部门的职责。第二，成立各级政府有关部门配合、社会体育组织和企业积极参与实施的社区公共体育领导协调机构，形成执行社区公共体育制度的合力。第三，加强社区公共体育管理者的培训，提升管理者对政策的理解能力和对制度的执行力。

要构建社区居民健身的法治体系。这个体系包括对社区公共体育的价值定位、法律依据、运行保障、权益救济、权力监督、评估反馈和行业自治等各方面。在价值观念上，将社区公共体育作为推动全民健身国家战略的重要落脚点来认识；在法律依据上，不仅仅强调群众健身的宪法保障，

而且要通过行政法规、地方性法规落实全民健身的法律规定;在运行保障上,从社区公共体育组织、场地、经费、活动等方面合理配置社区公共体育资源,创造条件,有效推动社区居民健身活动;在权益救济上,建立法律咨询工作站和权益保护组织;在权力监督上,实行监督问责制;在评估反馈上,构建基于网络的信息反馈渠道和第三方评估机制;在行业自治上,尊重社区居民体育健身的自治行为,保障社区公共体育组织自由发展。

3. 遵循"渗透""跨界""共享"的理念,提升政策的针对性和有效性

目前我国社区公共体育资源配置主要依赖政府的供给,企业、社会组织和第三方投入不大。多数地方政府在制定社区公共体育资源配置政策时,主要还是依赖体育行政部门根据上级有关要求来制定的,缺乏体育行政部门与其他相关部门(规划局、城建局、文化局、广电局、教育局、社保局、残联、医保局等)之间的"渗透""跨界"协调机制,不能从总体布局的角度充分利用各方资源为社区公共体育资源配置服务。因此,基于"渗透""跨界""共享"的理念,构建多部门参与的共建机制是非常必要的(图4-1)。

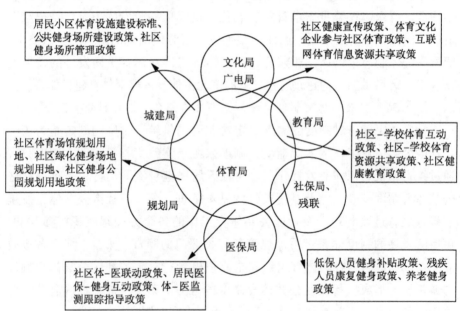

图4-1 社区公共体育发展政策政府部门"跨界协作"联动图

4. 强化政策的目标导向和过程管理,提升社区公共体育政策执行效率

《全民健身计划》指出:各地要把群众体育工作列入政府政绩考核指标。各级社区公共体育管理者在贯彻落实政策的过程中,要明确"谁执行"

"谁监督""谁评价"等细节问题。在社区领导政绩考核中,将社区公共体育政策贯彻执行的实际情况作为考核重要内容之一;除政府自我考核外,可以引入社会第三方进行考核,并将考核过程和结果向社会公开,接受公众和媒体监督。

制度是贯彻执行政策的重要保障。街道社区居委会是制定社区公共体育工作制度的组织者和执行者。在制定制度时,必须以"全面提升居民健康水平"为目标,立足现实调研,协调好居民家庭、社会体育组织、社区企业和单位、体育服务企业、社区内学校、社区体育组织等各方利益,理顺各方关系,保证制度的合理性、针对性和有效性,提升社区公共体育政策的执行效率(图4-2)。

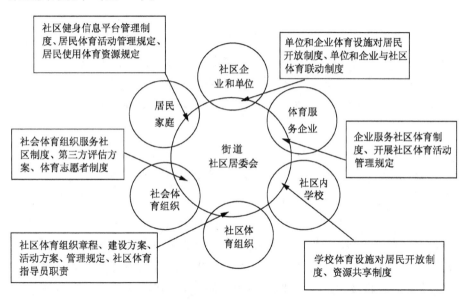

图 4-2 社区公共体育管理制度"跨界协作"联动图

二、社区公共体育资源配置、管理与共享发展的思路

1. 在社区公共体育资源配置过程中遵循"渗透""跨界""共享"的理念

按照《全民健身计划》文件精神要求,各级各类社区公共体育管理组织应将"全面提升居民健康水平"作为社区公共体育资源配置与管理的终极目标。因此,在社区公共体育管理中要贯彻"渗透""跨界""共享"的理念,不仅关注数字,还应关注居民满意度、客户服务水平等。在社区公

共体育资源配置方面，体育局、城建局、教育局、社保局、医保局的关注点应该投向"全面提升居民健康水平"，立足现实调研，构建跨部门的联合、协调、共建机制。在社区公共体育资源管理方面，应该进一步强化政府的主体作用，在政府主导下，积极引入社会组织和企业参与，构建"个人健身与组织服务并重""以政府组织服务为重点，不断提高社会组织和企业参与度"的全员参与的社区公共体育健身服务体系。在管理理念上，社区公共体育管理者不仅仅"关注上级要求"，要以居民为本，以居民的实际需求为出发点，关注居民对健身体育项目的兴趣爱好，研究不同层次居民对健康和体育健身活动的需求，结合政府对开展社区公共体育的目标，有针对性地宣传体育政策、传授体育健康知识、开展体育健身活动。

因此，基于"渗透""跨界""共享"的理念，构建多部门参与的共建机制是非常必要的。各部门之间围绕"全面提升社区居民健康水平"的总目标，在全面布局、控制配置总量的前提下，协商各方的利益关系，构建多部门协助配合、多元主体参与、科学高效的社区公共体育资源配置系统。

2. 加强制度建设，发挥各级领导在社区公共体育管理制度建设中的主导作用

各级各类政府部门在社区公共体育资源配置与管理上，要将社区公共体育资源视为一个"资源共享体"来进行配置与管理，而不是将之分割为多个部门各自所有。在此基础上，立足于实际调研，针对居民实际体育健身需要，政府建立多部门联动机制，协调各部门的利益关系，构建社区公共体育资源、社区内学校体育资源、社区企业和单位体育资源、社区公共体育组织资源、社区个人家庭体育资源和社会体育资源等有机融合的社区公共体育资源共享体，在共建共享过程中，为全面提升居民健康水平创造更大价值。

按照"跨界""渗透""共享"的理念，社区公共体育资源管理者应致力于社区与本区内的学校、单位、社会组织和企业等之间的联动，聘请学校体育教师、民间传统体育传承人、社会体育运动达人和社会健身俱乐部教练员担任社区公共体育活动指导员，学校、单位、企业的体育设施对社区居民开放，社区之间联合组织体育活动，社区公共体育管理者之间交流学习并进行信息共享，等等，实现社区公共体育资源的整合和共享，从而更好地为社区居民体育健身活动服务。

制度是行动的指南，各级社区管理领导在社区公共体育资源管理的制

度建设中，起着对政策导向的引领、目标的定位、措施的实施、结果的考核等方面的决定作用。各级社区管理领导在制定社区公共体育资源管理制度时，应着重考虑两个方面：一是制度的制定必须紧紧围绕"全面提升居民健康水平"这个人本目标。立足现实调研，协调各部门利益，理顺各方关系，打通社区公共体育与医疗、教育、城市建设、文化建设、社会保障、社会组织和企业的沟通渠道，使各方资源都能有效地为"全面提升居民健康水平"服务。二是制度的实施必须强调有针对性、有效性和可考核性。在现实调研的基础上，以问题为导向，制定切实可行的、能解决居民实际困难和需要的制度。利用居民参与和媒体监督，加强制度执行过程中的监督和考核管理，提升制度的执行力度。同时，可以借助新闻媒体宣传，吸纳社会各方良策，进一步完善社区公共体育制度。

3. 建立多元主体投入机制，提升资源配置总量和效率

（1）建立多元主体投入机制，实现资源配置主体多元化

要改变目前社区公共体育资源供给中的政府独担的现象，地方政府就必须明确"谁可以作为资源配置的主体""如何协调资源配置主体之间的关系""如何平衡各方利益分配"等问题。建议以政府为主导，出台相关激励政策，如税收减免政策、荣誉激励政策、运营资金补贴政策等，鼓励个人、社会组织、企业等多方投入社区公共体育资源建设。利用现代媒体宣传倡导体育志愿者、体育专家学者、体育运动员、体育达人等义务参与社区公共体育服务活动。当然，在引入多元主体投入社区公共体育资源建设的同时，不可忽视政府对社区公共体育资源建设的基本投入，在投入总量逐年增加的基础上，确保基本公共体育服务专项经费的具体落实。

（2）建立调研机制，增强社区公共体育资源配置的针对性、实用性，提升资源配置效率

要改变目前社区公共体育资源配置效率低下的现象，资源配置者和管理者就必须明确"社区有多少体育资源""居民有怎样的需求""如何高效率地利用资源"等问题。"共享资源关心的不是哪一种水平职能掌握调动资源的权力，而是组织怎样才能利用流程来调动资源、解决问题、满足客户需要"。① 在社区公共体育资源管理方面，管理者要利用访谈、问卷、网上

---

① 罗恩·阿什肯纳斯，戴维·尤里奇，托德·吉克，等. 无边界组织［M］. 姜文波，刘丽君，康至军，译. 北京：机械工业出版社，2015：69.

调查等方式，征求居民意见和建议，根据调查结果，把目光投向如何提高资源配置和使用效率，整合现有资源，并按照居民实际需要优先的原则安排资源配置。同时，在社区公共体育管理人员队伍建设方面，建议人事局、体育局和街道社区居委会联合制定社区公共体育管理人员引进、管理、激励等相关规章制度，并加强管理人员的业务培训，提升管理水平。

4. 增加社区公共体育资源管理自主权，实现社区公共体育资源无边界渗透交流

（1）充分发挥社区公共体育管理者的智慧，创新社区公共体育管理方法

各级政府要加强社区公共体育工作者理论学习和业务培训，增强岗位责任意识，充分调动他们的工作积极性和创新性；出台激励政策，鼓励社区公共体育管理者创新开展社区公共体育工作，如自主研发体育器材，设计特色体育活动，成立特色体育组织，等等。对自主研发器材利用率高、健身场所设计有特色、健身效果明显的社区和社区公共体育工作者进行奖励和表彰，并利用媒体宣传、报道。

（2）建立社区公共体育分层目标管理机制及跨区域、层级交流制度，实现协同发展的目标

由于各地区经济发展不均衡，对社区公共体育资源的投入存在巨大差异，同一地区的不同社区也存在居民层次、居民需求、建设水平、管理现状等方面的差异性。因此，针对不同社区居民的体育健身需求和体育资源配置的实际情况，建立分层管理的目标机制是十分必要的。地方政府可以依据各社区公共体育发展的实际情况，将社区划分多级层级，并制定各层级的发展目标，出台跨区域、层级交流制度，鼓励各级各类社区之间开展经验交流、活动互动、争先创优、成果展示等活动，实现社区公共体育资源优势互补、共建共享、协同发展的目标。

5. 加强社区公共体育信息交流平台建设，提高体育信息跨界渗透性与透明性

目前，在东部发达地区，社区管理基本上都实现了网络化管理，信息的传播利用率很高；但在西部欠发达地区，社区管理还没有实现网络化。在社区公共体育信息管理方面，无论是东部发达地区还是西部欠发达地区都没能实现体育信息跨界渗透链接。在当今信息化快速发展的背景下，信息时代要求社区公共体育管理必须实现高度信息化，社区公共体育管理者

必须主动适应时代的需要，全面提升信息管理能力，加强社区公共体育信息交流平台的建设，建立社区公共体育信息服务网站；借助网络、微信、邮件等技术，搭建社区居民与社区公共体育指导员、体育场馆设施管理部门、健身组织、健身服务志愿者、体育学科专家等方面的沟通渠道，实现社区公共体育信息跨界渗透交流。政府部门可以通过信息服务平台对跨界服务人员以购买公共服务的形式公布支付相关服务报酬信息，鼓励跨界人员积极参与社区公共体育服务，并接受公众监督，从而确保信息的畅通与透明。

6. 出台社区公共体育资源共享政策，构建资源共享机制，实现资源共建共享目标

（1）建立社区公共体育信息交流平台，实现体育信息资源共享

社区公共体育信息交流平台的建立，有助于居民及时了解社区公共体育活动情况，有助于提升社区公共体育资源的利用效率。针对目前社区公共体育资源管理信息闭塞现状，按照"资源共享"理念，制定社区公共体育信息平台共建共享制度，主要解决"如何实现信息跨界链接""如何确保信息科学、准确、及时""如何实现O2O（线上与线下）的跨界连接"等问题。在社区公共体育信息网络平台建设方面，改变由体育部门单独构建体育信息平台的现状，构建体育和卫生医疗等单位联手、多社区联合或社区学校、体育组织、企业和家庭等共建共享机制。在信息内容方面，既包括体育新闻报道、体育健身知识、医疗保健知识、体育活动计划安排、体育健身指导动态等信息，还应该包括社区公共体育资源配置、管理使用情况、体育健身经验交流、信息反馈等内容。

（2）构建体育人才跨界服务机制，实现社区公共体育人力资源共享

人力资源是社区公共体育工作全面提升的关键因素，出台体育人才跨界服务政策，充分调动体育人才跨界服务的积极性，实现体育人力资源共享，是政府体育行政部门的重要抓手。完善社区公共体育管理人员定额配置制度、定期培训制度，健全社区公共体育管理者之间的跨界岗位学习交流机制、社会体育俱乐部教练共享机制、体育志愿者（体育专业学生、教师、运动员）服务社区机制等。同时，地方政府可以利用电视、电台和网络等媒体，宣传参与社区公共体育服务的志愿者、体育达人和体育专家，鼓励社会各界体育人才跨界服务社区，并制定评优奖励政策，设立专项奖励基金，激励和支持体育人力资源跨界服务。

（3）出台社区公共体育场地设备资源共享政策，实现场地设施资源共享

当前社区公共体育资源管理改革，必须从解决社区管理体制入手。地方政府应该重点考虑如何实现社区与社会、学校、单位、组织和企业之间在体育健身场地器材方面的资源共享，出台"学校运动场地设施向居民开放奖励政策""单位运动场地设施向居民开放补贴政策""企业、组织运动场地设施向居民开放税收优惠政策"等，激励社区公共体育资源拥有者向广大居民开放体育场地设施资源，实现体育场地设施资源共享（图4-3）。同时，建议各级政府在制定大型公共体育场馆建设规划时，充分考虑大型公共体育场馆为群众服务的功能，将大型体育场馆建立在社区内，并积极主动以免费或低收费的形式向社区居民开放。

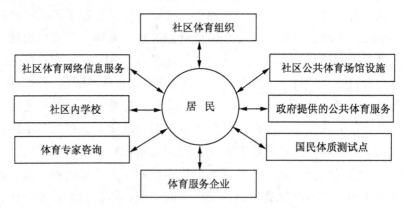

图4-3 社区公共体育资源共享图

三、社区居民共享体育资源的路径思考

1. 加强体育资源配置改革，构建社区公共体育资源多元供给体系，提升社区公共体育资源总量

在目前我国全面推行社会主义市场经济的大背景下，地方政府作为社区公共体育资源配置的主要主体，要以政府为主导，出台相关激励政策，鼓励企业、社会组织和个人等多方投入社区公共体育资源建设，构建社区公共体育资源多元供给体系。

在公共体育服务体系建设方面，由政府主导，运用税收减免政策，鼓励企业开展社区公共体育服务产业的投入；运用资金补贴政策，保障社区公共体育健身组织的建设与发展；运用荣誉激励政策，通过媒体宣传，倡

导体育志愿者、体育专家学者、体育运动员、体育达人等积极参与社区公共体育服务活动；运用政府购买公共体育服务的方式，设立专项资金，确保社区基本公共体育服务的具体落实。

2. 加强科学健身服务体系建设，构建基于社区的科学健身服务体系

（1）改革学校体育教育目标，培养学生（未来居民）科学健身能力

目前学校体育教学更多的是进行体育项目技能的传授，忽视了对学生进行科学健身知识的传授，学生对怎样进行科学健身知之甚少，终身体育健身的能力没有形成，直接影响这些未来居民走入社会后的体育健身生活。教育部、江苏省教育厅和苏南各市教育局颁布了《学校体育课程教学指导纲要》，明确规定体育课程教学和考核中，加大学生体育健身能力的比重。各级各类学校修订《体育课程教学大纲》，贯彻执行以培养学生健身能力为目标的学校体育教学指导思想。同时，在学校体育改革中，应注重培养学生三个方面的体育健身能力：认识与评价自己体质健康水平的能力、改造自己体质健康水平的能力和评价运动健身效果的能力。[①]

（2）构建社区健身教育体系，丰富居民健身知识，提升居民科学健身能力

目前苏南地区社区教育体系还没有形成，居民在社区接受的健身知识教育还仅仅局限于有限的"健康知识讲座""健身知识宣传栏""社区健身指导员的指导"，这些有限的健身知识教育，无法满足居民日益增长的健身需求。建议以政府为主导、社区组织实施、体育（医疗、营养）专家学者参与的方式，构建社区公共体育科学健身教育服务体系。具体措施有：以社区公共体育服务中心为基点，建立社区健身大课堂，系统传授科学健身知识；建立社区健身知识讲座专家库，定期开展科学健身知识讲座，充分发挥体育专家的作用；完善社区公共体育健身指导员队伍建设，提升社区健身指导员的专业水平，加强居民日常科学健身指导；建立居民健身处方库，实现分类、分层次指导；立足社区，设立居民身边的健身指导、体质测试、疑难问题解答等服务站（点），满足居民日常健身知识需求。

习近平总书记指出："体育在提高人民身体素质和健康水平，促进人的全面发展，丰富人民精神文化生活，推动经济社会发展，激励全国各族人

---

① 刘翠萍，易锋. 基于阳光体育运动的高校体育课程拓展与创新［J］. 江苏技术师范学院学报，2012（6）：128-131.

民弘扬追求卓越、突破自我的精神方面，都有着不可替代的重要作用。"①社区公共体育，作为群众体育工作的重要落脚点，关系到"全民健身计划""健康中国"目标的实现，在当前国家将全民健身上升为国家战略的时代背景下，迫切需要全社会的共同参与，构建适应全民健身需要的服务体系，这是当前国家社会治理的重要目标任务。

第二节 社区公共体育服务发展模式

一、"互联网+社区公共体育服务"模式的可行性分析

1. 国家发展政策为"互联网+社区公共体育服务"模式在社区公共体育服务中的应用提供了政策保障

自从2015年李克强总理在政府工作报告中提出"互联网+"的概念后，"互联网+"成为推动中国经济转型的重大战略。2016年国务院制定并颁布了《关于加快推进"互联网+政务服务"工作的指导意见》。党的十九大报告指出，要深化供给侧结构性改革，推动互联网、大数据、人工智能和实体经济深度融合。② 一系列政策的颁布都为"互联网+"技术在公共服务领域的应用提供了政策支持和保障。因此，"互联网+社区公共体育服务"模式具备强大的政策支持，是适应当前我国经济发展和社会治理的需要。

2. "互联网+社区公共体育服务"模式在社区公共体育发展中已经具有生长的沃土

首先，2013年8月，国务院发布了宽带中国战略实施方案，提出到2020年网络宽带全面覆盖城乡，行政村宽带普及率超过98%。随着智能手机、平板电脑等智能终端的普及，实现了移动互联网的全覆盖。固定宽带和智能终端的快速普及与发展，为"互联网+社区公共体育服务"模式提供了网络条件支撑。

---

① 李高华. 习近平体育价值观念对"健康中国"的影响 [J]. 体育世界：学术版，2017 (36)：41-42.

② 习近平. 决胜全面建成小康社会夺取新时代中国特色社会主义伟大胜利：在中国共产党第十九次全国代表大会上的报告 [EB/OL]. (2017-10-27) [2019-10-11]. http://www.xinhuanet.com/politics/19cpcnc/2017-10/27/c_11218 67529.htm.

其次，根据中国互联网络信息中心（CNNIC）发布的第43次《中国互联网络发展状况统计报告》显示，截至2018年12月，我国网民规模达8.29亿，普及率达59.6%，较2017年年底提升了3.8%，全年新增网民5 653万。① 我国手机网民规模达8.17亿，网民通过手机接入互联网的比例高达98.6%。广大的上网群体为"互联网+社区公共体育服务"模式提供了受众基数支撑。

最后，党的十九大报告指出，深化依法治国实践，坚持厉行法治，推进科学立法、严格执法、公正司法、全民守法。公民参与是我国践行依法治国的必然要求，也是人民的意志和利益的根本反映。② 社区居民参与社区公共事务治理是国家法律赋予公民的权利和义务，公民积极践行自身职责义务参与到公共服务建设中，是国家依法治国的重要体现，也为"互联网+社区公共体育服务"模式提供了群众参与的法律支撑。③

二、"互联网+社区公共体育服务"供给的新路径

1. 提高政府和社会对"互联网+"技术应用的重视度

政府是社区公共体育服务供给的"掌舵人"，因此，只有政府提高对"互联网+"技术应用的重视程度，才能有效地推进"互联网+社区公共体育服务"模式的建立。近年来，政府加大了对社区公共体育服务的投资力度，但是社区公共体育设施的建设远不如体育产业表现得"辉煌华丽"，但社区公共体育服务本质上是一项惠民工程。政府要转变"政绩导向""数据导向"的社区公共体育服务理念，以社区居民的实际需求为出发点，更多地关注"需求导向"的基本供给原则，深化推进"互联网+社区公共体育服务"融合。

2. 推行"互联网+社区公共体育服务"模式在社区公共体育服务中的应用

体育设施服务、体育活动服务、体育指导服务和体育监测服务是社区

---

① 中国互联网络信息中心. 第43次《中国互联网络发展状况统计报告》[EB/OL].(2019-02-28)[2019-09-10].http://www.cac.gov.cn/2019-02/28/c_1124175677.htm.
② 习近平. 决胜全面建成小康社会夺取新时代中国特色社会主义伟大胜利：在中国共产党第十九次全国代表大会上的报告[EB/OL].(2017-10-27)[2019-10-11].http://www.xinhuanet.com/politics/19cpcnc/2017-10/27/c_11218 67529.htm.
③ 尹维增,张德利. 对构建和谐社会环境下公共体育服务的基本责任研究[J]. 体育与科学，2009（1）：45-47.

公共体育服务的四大组成部分。① 在体育设施服务方面，可以利用"互联网+"为政府和社区居民搭建一个通畅的平等的沟通交流平台，打破政府在供给过程中的独断性和盲目性，以社区居民的实际体育需求为出发点，推行公共体育服务的个性化、精准化供给，满足社区居民多元化的体育需求，促进公共体育服务的快速发展。② 在体育活动服务方面，充分发挥"互联网+"的天然联结凝聚功能，通过建立各种"群"，为社区居民提供共享体育活动信息，组织社区居民体育活动，加强体育交流，从而推动社区公共体育的发展。在体育指导服务方面，目前，我国的社区公共体育指导服务相对较为欠缺，社区的公共体育活动指导员配置不足，社区居民体育活动的开展难以得到规范系统的指导。依靠"互联网+"可以实现体育活动的远程化指导服务，能够有效地缓解社区居民体育活动缺乏有效指导的局面。在体育监测服务方面，可以通过"互联网+"技术开发可穿（佩）戴式智能运动设备，实时监测社区居民的运动和健康状况，根据数据分析技术制订适合个人的体育锻炼方案，提高社区居民的健康水平。

3. 构建社区公共体育信息共享平台，打通社区公共体育资源共享的信息通道

资源配置效率低下、供给内容单一、不能满足个性化需求，一直是社区公共体育资源配置的诟病。依托互联网技术，建立社区公共体育信息共享平台，能够解决公共体育资源供需不对称的难题。目前，手机是我国居民普遍使用的通信和获取信息的主要工具，社区公共体育信息管理部门可以联合通信、移动、互联网等网络公司，运用现代互联网技术，通过手机链接，实现社区公共体育信息资源的共建共享。例如，上海市、苏州市和常州市，通过互联网平台实现了对市民的体育需求与反馈信息的调查与收集、体育政策和新闻的发布、体育活动的组织与安排、体育场所分布的电子地图与运行使用实时公告、网上咨询交流与专家答疑。上海市还建立了社区公共体育"菜单式"配送和社区联盟赛等特色网络平台，采用"你点我送"供给方式，使居民"足不出社区"就能享受到健身指导服务，实现了居民体育需求与社区公共体育服务有效供给之间的良性互动。

---

① 林政梅，汪君民，许文鑫，等. 我国城市社区体育服务的概念溯源与重新界定［J］. 首都体育学院学报，2014，26（5）：409-413.

② 郝兴华，林致诚，何元春."互联网+"背景下农村公共体育服务有效供给研究［J］. 体育文化导刊，2018（4）：15-19.

4. 创建移动 App 客户端，实现社区公共体育信息资源的共享

App 客户端，是以智能终端——手机和平板电脑为载体向大众群体传播新闻、图片、视频等信息的一种运营程序。① 第一，通过 App，社区居民可以实时查询附近公共体育健身设施使用情况并实现场地、设施预约功能，以便合理安排锻炼时间，减少时间成本。第二，通过 App，社区居民还可以获取健身指导，实现科学健身。第三，通过 App，居民可以实时监测自己的运动情况和健康状况，并通过 App 后台的数据分析结果获取由体育健身专家提供的体育锻炼方案。第四，通过 App，居民可以获取社区公共体育活动信息，在线浏览活动进程，观看活动直播，加强交流互动，促进社区公共体育活动的蓬勃开展。第五，通过 App，政府和群众之间的沟通与交流得到实现，居民可以实时反馈社区公共体育服务的意见和建议，以便政府不断调整和改善供给策略，实现合理供给。

5. 建立互联网评价机制，加强政府行政部门对社区公共体育工作的监管

社区居民是社区公共体育服务的主要对象，居民满不满意是评判服务质量的唯一标准。因此，社区居民对社区公共体育的供给主体具有监督权和评价权。通过互联网技术建立社区公共体育服务综合考评监管制度，是保证社区公共体育服务有效供给的重要机制。政府行政部门，通过建立社区公共体育服务责任制度，明确服务内容、服务标准、责任人职责等。社区居民，通过亲身体验，在网络平台上对服务和管理人员的工作进行评价，实时反馈服务情况和要求。政府体育行政管理部门，根据居民评价和要求，及时改进服务工作，调整服务内容，提高服务质量，切实从居民的实际需求出发，提供给居民喜爱的具有特色的体育服务，确保公共体育资源的合理配置和高效使用。

第三节　社区公共体育指导员培养模式

一、社区公共体育指导员队伍发展中存在的主要问题

我国社区公共体育虽然发展空间大，但是由于多数居民体育健身的动

---

① 周菀苑，罗璇. 体育 App 发展现状与推广策略 [J]. 体育文化导刊，2016（3）：20-24，54.

作不规范，健身方式不科学，造成健身效果不明显，甚至发生健身伤害事故。随着全民健身计划的实施和社区公共体育运动的发展，人们对体育健身功能的认识越来越深刻，参与社区公共体育运动的意识越来越强烈，参与体育锻炼的人数也越来越多，对专业化、规范化的健身技术指导的要求也越来越高。

从社区健身指导员队伍数量来看，《中国群众体育发展报告（2015）》表明，截至2015年，我国注册的社会体育指导员已达182万人，社会体育指导员协会数量达1 774个。每千人社会体育指导员比例全国有19个省份达到了1.5‰，有6个省份在1.00‰~1.49‰，有5个省份在0.50‰~0.99‰。① 与国外发达国家比较，我国每千人社会体育指导员数量太少。例如，日本2002年每千人中就有公认的社会体育指导员1.75人，而且，日本社会体育指导员的类型十分多样化，既包括高级教练员、体育运动程序编制员，还包括少年体育与运动指导员、地域体育运动指导员、健康体力指导员等共10个类别，覆盖了田径、体操、足球、篮球、柔道、剑道等46个大项。② 虽然近几年我国社会体育指导员队伍发展迅速，但总量还是较少，队伍建设缓慢，社会体育指导员提供的服务将在相当长的时间内不能满足居民日益增长的体育健身服务需求。

从社区公共体育指导员队伍总体质量来看，有学者研究表明，目前我国社会体育指导员普遍年龄偏高，文化程度低，专业人员或经过专门培训的指导员人数较少，相关知识储备不足，甚至根本不具备体育指导能力，提供的指导服务数量和质量上都不能达到科学健身的要求。③ 以河北省为例，社会体育指导员年龄集中在40岁以上，大多数没有经过专业的培训和教育，专职的社会体育指员仅占15%，本科及以上学历者也只有19.3%。④

---

① 刘国永，杨桦. 中国群众体育发展报告（2015）[M]. 北京：社会科学文献出版社，2015：14.
② 余方云. 日本社会体育发展现状与趋势 [J]. 中国体育科技，2004（3）：54-55，78.
③ 宋秋喜，纪霄峰，王敬茹，等. 我国社会体育指导员的培养现状及对策研究：以河北省为例 [J]. 科技经济导刊，2016（13）：162.
④ 要鹏韬，卢九星，韩备民，等. 我国社会体育指导员队伍发展状况研究 [J]. 医学教育管理，2017（2）：87-91，103.

二、社区公共体育指导员的发展对策与建议

1. 扩大社会体育指导员队伍，增加社区公共体育健身指导员总量

人力资源是社区公共体育工作全面提升的关键因素，出台体育人才跨界服务政策，充分调动体育人才跨界服务的积极性，实现体育人力资源共享，是政府体育行政部门的重要抓手。健全行政区域社区之间、不同行政区域之间体育人才与社区公共体育管理者之间的跨界岗位学习交流机制，完善社区公共体育指导员岗位机制、社会体育俱乐部教练共享机制、体育志愿者（体育专业学生、教师、运动员）服务社区机制等。同时，地方政府可以利用电视、电台和网络等媒体，宣传参与社区公共体育服务的志愿者、体育达人和体育专家，鼓励社会各界体育人才跨界服务社区，并制定评优奖励政策，设立专项奖励基金，激励和支持体育人力资源跨界服务。

2. 优化社会体育指导员结构，提升社区公共体育健身指导员质量

近10年来，随着我国群众体育的快速发展，社会体育指导员队伍也不不断壮大，总数在快速增加，但从质量上看，还是不尽如人意，社会体育指导员的健身指导不能满足广大群众日益增长的健身指导需求。因此，需要建立长期的培训机制。首先，从国家到地方各级体育行政机构，应将社区公共体育指导员培训工作常态化，建立国家、省、市、县四级培训基地，规定现有的社会指导员每年至少接受1次以上的集中培训，提升其业务能力和学习新的技能。其次，建议在体育院校设置社会体育指导员专业，专门培养全民健身需要的社会体育指导员。最后，鼓励民间体育传承人、社会体育达人、体育爱好者通过培训获得社会体育指导员等级资格。

3. 完善社会体育指导员组织体系，成立社区公共体育健身指导员委员会

从我国社区公共体育发展的需要出发，由各级政府体育行政部门主导成立的社会体育指导员协会，将社区公共体育指导员纳入各级协会进行统一管理。成立由社区行政管理部门——街道管理委员会主导，居民委员会负责，各种体育组织广泛参与的社区公共体育健身指导委员会。将社会体育指导员、社区公共体育工作者纳入政府行政人员编制，建立覆盖城乡社区的健身指导员网络体系。

第四节 社区公共体育设施建设发展模式

一、社区公共体育设施建设中存在的主要问题

目前虽然国家和政府倡导社区公共体育的建设和发展，在社区公共体育的基础设施建设中投入了大量的资源，但是由于我国社区公共体育的起步较晚，基础条件差，体育场地较为狭窄，提供的器材设备等数量极其有限，且功能较为单一。一方面无法激发民众对体育健身的兴趣，另一方面也无法满足人们更广泛的需求。此外，由于我国城市化进程的加快，城市的土地资源更加紧缺，在社区公共体育的场地建设方面更是投入甚少，这直接影响了社区公共体育的发展。同时，我国城市社区的基础设施建设投入一般为国家或政府，要么就是社会企业赞助或公益组织补给，而就财政支持而言，国家和政府对其他领域发展的资金支持力度更大，导致投入社区公共体育的资金就相对较少，社区公共体育的资金投入回报率小，也使得社会资金进入少，这些都导致社区公共体育缺乏发展资金，从而在体育基础设施的建设上投入不足，影响到社区公共体育的发展。

国家体育总局公布的第六次全国体育场地普查数据显示，目前我国共有体育场地164.2410万个，其中建在街道（镇、乡）的43.2142万个，占26.3%，建在居民（村庄）委员会的60.4307万个，占36.8%；体育场地面积总数19.48773324亿平方米，其中建在街道（镇、乡）的5.01638256亿平方米，占25.7%，建在居民（村庄）委员会的2.22720077亿平方米，占11.4%。全国人均体育场地面积1.46平方米。① 2019年，国家体育总局根据国务院关于第四次全国经济普查的总部署，以2018年12月31日为标准时点，组织开展体育场地统计调查工作。调查结果显示，截至2018年年底，全国体育场地316.2000万个，体育场地面积25.94亿平方米，人均体育场地面积1.86平方米。② 虽然4年的时间，人均体育场地面积增长了27.4%，但与国外发达国家人均20多平方米的体育场地面积相比，还是非

---

① 国家体育总局体育经济司．第六次全国体育场地普查数据汇编[EB/OL]．(2014-12-26)[2019-01-10]．http://www.sport.gov.cn/pucha/index.html．
② 全国体育场地统计调查数据[EB/OL]．[2020-01-10]．http://www.sport.gov.cn/n315/n9041/n9042/n9143/n9162/c941782/part/589981.jpg．

常少的。从普查的结果看,目前建在社区居民身边的体育场所太少,居民无法就地就近开展体育健身活动,大多数体育场地建在学校,而大多数学校场地又没有很好地对居民开放,因此,居民只能依赖有限的公园、小区绿地,甚至在马路上健身。

二、社区公共体育设施建设的对策与建议

1. 改革社区公共体育管理体制,实现社区公共体育资源共享

在当前社会全面转型背景下,我国社区管理体制还处于封闭、僵硬的状态,这是造成社区公共体育资源配置效率低下、资源利用率不高、资源共享程度低下等问题的根源。社区公共体育资源管理改革,必须从解决社区管理体制入手。地方政府应该重点考虑如何实现社区与社会、学校、单位、组织和企业之间在体育健身场地器材方面的资源共享,出台"学校运动场地设施向居民开放奖励政策""单位运动场地设施向居民开放补贴政策""企业、组织运动场地设施向居民开放税收优惠政策"等,激励社区公共体育资源拥有者向广大居民开放体育场地设施资源,实现体育场地设施资源共享。同时,建议各级政府在制定大型公共体育场馆建设规划时,充分考虑大型公共体育场馆为群众服务的功能,将大型体育场馆建立在社区内,并积极主动地以免费或低收费的形式向社区居民开放。

2. 加强体育资源配置改革,构建社区公共体育资源多元供给体系

在目前我国全面推行社会主义市场经济的大背景下,地方政府作为社区公共体育资源配置的主要主体,要以政府为主导,出台相关激励政策,鼓励企业、社会组织和个人等多方投入社区公共体育资源建设,构建社区公共体育资源多元供给体系。

在社区公共体育发展资金筹措渠道方面,从目前我国社会经济发展的现状来看,还是以行政拨款为主,政府在增加体育总经费的同时,要调整经费支出结构,设置社区公共体育发展专项经费,提高社区公共体育发展资金的比例,到"十四五"末期,力争社区公共体育发展经费占比15%以上,全国人均体育经费达到10元左右,经济发达地区人均体育经费达到15元左右。同时通过冠名、赞助的形式来吸引社会资金,逐步实现苏南地区社区公共体育经费主要由政府拨款为主到政府、企业、社会和个人联合融资的局面。

在社区公共体育信息服务网络平台建设方面,以社区为单位,建立体

育信息服务网站，安排专职人员保障网站的运行与维护；建立社区公共体育信息沟通网络，将居民、体育组织、体育专家团、体育服务志愿者团等有关负责人纳入社区公共体育信息网络系统；建立社区管理工作站与通信、互联网、广播电视、报刊媒体、软件开发等公司合作机制，运用现代媒体技术，构建多途径、全方位的社区公共体育信息服务系统。

  在社区公共体育资源配置与管理方面，资源配置者和管理者充分运用访谈、问卷、网上调查等方式，征求居民意见和建议，明确"社区有多少体育资源""居民有怎样的需求""如何高效率地利用资源"等问题。整合现有资源，并按照居民实际需要优先的原则安排资源配置。在社区公共体育管理人员队伍建设方面，建立人事局、体育局和街道社区居委会联合培养机制，制定社区公共体育管理人员引进、管理、激励等相关规章制度，并定期开展管理人员的业务培训，提升管理水平。

第五章　社区公共体育资源共享机制

2017年9月,新华社记者对我国城市社区居民参与体育健身活动情况进行调查,结果表明,社区居民对社区内体育资源的配置和使用不满意,有限的体育资源不能实现共享和高效利用,其中最显著的问题是社区居民日益增长的多元化、多层次体育健身需求与体育资源供给不足的矛盾日益凸显。党的十九大报告明确提出"创新、协调、绿色、开放、共享"是我国未来发展的五大理念,其中共享发展是其他发展理念最终结果的具体体现。把共享理念落到实处,必须顺应人民对美好生活的向往,按照人人参与、人人享有的要求,完善制度,注重机会公平,保障基本民生,实现全体人民共同分享现代化成果。

第一节　影响社区公共体育资源共享的因素

建立资源共享机制,首先要明确影响资源共享的因素。从经济学的角度看,影响资源共享的主要因素一般包括:资源拥有者(管理者)的内在动力、资源共享环境和资源共享目标。

一、资源拥有者的内在动力

从经济学的角度看,资源拥有者(使用权管理者)是否选择与其他人共享资源,主要取决于共享成本与收益。如果他认为专有使用资源比共享该资源获益更大时,那么,他可能反对共享;反之,就会寻求有效的共享途径。因此,资源共享存在着一个平衡公式——在一定时间(t)内专有资源者提供资源共享(Ei),成本(C)和收益(B)的关系必须满足以下条件:$B(L,R,A) \geq C(D,T)$,其中,L=使用公共性资源的收入;R=使用他人资源的合法权利;A=取自他人的资源;D=由于资源共享后带来的成本增加；T＝资源共享引起的交易成本。① 也就是说，专有资源者是否愿意将专有资源拿出来共享，关键看共享后的收益是否大于或等于因共享而付出的成本。

对于社区内学校、单位、社会组织和个人的专有性体育资源，能否实现全体居民共享，关键在于这些专有资源拥有者（管理者）是否觉得共享后的收益大于因共享而承担的成本。对于因资源共享带来的收益（好处），我们认为有以下几个方面：资源共享能降低重复建设的成本，避免资源浪费；资源共享能有效地提升资源拥有者（管理者）的社会形象和竞争力；资源共享有利于提升资源拥有者（管理者）的创造力，取得新业绩。② 具体而言，实现社区公共体育资源共享，能够避免政府或企业在社区、学校或单位之间进行的体育资源的重复建设而造成的巨大浪费，政府或企业可以将社区、学校或单位作为一个整体来规划、投入、建设体育资源，实现资源的高效利用。同时，学校、单位、社会组织和个人也可以通过提供体育资源与社区居民共享，达到提升自己的社会形象和竞争力，还可以享受政府出台的资源共享优惠政策，如校园体育设施开放补贴政策、企业单位税收减免政策、社会组织和个人服务社区奖励政策，由此而带来的巨大收益。

二、资源共享环境

从资源使用的角度看，资源共享环境主要包括政策资源环境、设备资源环境、信息资源平台环境和资源使用环境。其中政策资源环境是实现资源共享的根本保证，设备资源环境是资源共享的基础，信息资源平台环境是资源共享的途径，资源使用环境是资源共享的基本条件。

1. 政策资源环境

政策资源环境是指为实现资源共享的目标而制定的一系列政策、法规和制度。就社区公共体育而言，就是国家和地方政府出台的社区公共体育发展政策、法规，社区公共体育资源建设规划、使用制度、管理规定等。政策资源环境，从法律的层面规定了居民参与体育活动的权利、政府提供基本公共体育服务的义务和社区公共体育发展的资金保障、社会体育组织（企业）和个人参与社区公共体育发展的方式和途径，从社会发展和国家需

---

① 冯云廷. 地区性资源共享机制研究 [J]. 天津社会科学, 2006 (3): 61-66.
② 冯云廷. 地区性资源共享机制研究 [J]. 天津社会科学, 2006 (3): 61-66.

要的角度为社区公共体育发展指明了方向、方式和方法，为社区公共体育构建了和谐、高效、持续的良好发展环境。改革开放40多年来，我国社区公共体育飞速发展，取得了巨大成绩，其中起决定性作用的是国家和地方政府在不同时期及时出台了与社区公共体育发展需要相适应的法规、政策。

2. 设备资源环境

设备资源环境是指资源共享的硬件设施，包括设施的数量、质量、分布等情况。就社区公共体育而言，就是分布在社区内，可供居民使用的体育场馆数量与面积、器材数量与质量、健身项目布局与结构等。设备资源环境，直接影响居民参与社区公共体育活动的积极性，决定参加体育健身活动的居民数量和健身效果，是社区公共体育资源实现共享的基础，也是政府、社会和企业投入社区公共体育发展建设的重要方面。"十二五"期间，国家和地方政府投入大量资金加强社区公共体育设施建设，同时运用市场方式，积极引导社会组织和企业投资社区公共体育设施建设，有力地推动了我国社区公共体育的发展。

3. 信息资源平台环境

信息资源平台环境是指基于社区居民体育健身活动的需要，借助互联网而搭建的社区公共体育健身服务网络系统。主要包括网络平台的设计与维护、信息的更新与反馈、交流互动与服务。信息资源平台环境，是社区居民学习体育健身知识、了解国家体育方针政策、熟悉社区公共体育服务现状、合理安排健身计划、交流健身经验、反馈健身需求与建议的重要渠道，是实现社区公共体育资源共享的主要途径。目前基于社区居民健身需要的健身服务网站、健身App、健身QQ群和微信群、手机健身软件等层出不穷，极大地丰富了居民健身信息的来源渠道，为实现社区公共体育资源共享提供了路径。

4. 资源使用环境

资源使用环境是指资源使用过程中的主、客观条件。包括社区公共体育健身的氛围、场馆设施的环保状况、场馆设施使用的便捷程度、人性化的健身指导服务、科学合理高效的管理方式。资源使用环境，直接影响着居民健身活动的积极性和健身效果，决定着社区公共体育资源的使用效率和共享效率。国家"十三五体育发展规划"明确指出，重点建设一批便民利民的健身场地设施，逐步建成县（市、区）、街道（乡镇）、社区（村）

三级群众健身场地设施网络，推进建设"城市社区 15 分钟健身圈"。① 这些举措将会极大地改善我国社区公共体育资源使用环境，促进社区公共体育的发展。

三、资源共享目标

从经济学角度看，资源共享目标是指资源共享主体之间达成的资源共同使用所带来的利益分配。从社会学的角度看，资源共享的目标，是实现资源的高效利用，用最少的资源实现社会整体利益的最大化。就社区公共体育资源共享而言，政府可以通过资源共享，达到社区、学校、企业、社会组织与个人的体育资源有机整合，实现区域内体育资源利用效率最大化，进而达到全面提升人们的体质健康水平，促进社会和谐发展，实现人们美好幸福生活的目标。社区通过资源共享，能够提高体育资源的使用效率，提升社区公共体育服务水平②，实现居民人人享有体育健身的权力、机会和条件，丰富社区居民体育文化生活的目标。学校可以通过与社区公共体育资源共享，达到服务社会、宣传学校、利用社区教育资源的目的，实现提升学校社会地位、扩大教育资源、与社会高度融合、全方位育人的目标。企业可以通过为社区提供体育资源共享，达到树立企业形象、提升企业利润、宣传企业文化的目的，实现企业可持续发展的目标。社会组织和个人通过为社区提供体育资源共享，可以实现提升自身声誉、实现自身社会价值的目的。因此，从资源共享的目标来看，社区公共体育资源的管理者和拥有者，都可以通过资源共享，获得经济的或社会的巨大效益。

总之，实现社区公共体育资源共享是社区公共体育发展的理想目标，但同时我们也要看到，社区公共体育资源共享是有代价的。随着社区居民共享学校、企业、社会组织等体育资源的人数增加、范围扩大，这些资源拥有者因共享而承担的成本将直线上升，共享带来的好处若抵不过共享成本的增长，他们就会抵制共享。因此，需要在制度和管理上加以监控，构建科学的管理与协调机制，从整体上优化社区公共体育资源共享体系。

---

① 国家体育总局. 体育发展"十三五"规划［EB/OL］.（2016-05-05）［2019-01-25］. http://www.gov.cn/xinwen/2016-05/05/content_5070514.htm.

② 孟晓平. 济南市社区体育资源现状与利用研究［D］. 济南：山东师范大学，2011.

第二节　社区公共体育资源共享机制的构建与运行

一、构建社区公共体育资源共享的组织管理机制，实现社区公共体育资源的整合

目前我国社区公共体育工作，主要由社区居委会在市（县）体育局领导下自主开展工作，由于居委会的管理权有限，很难实现社区内体育资源的整合与共享。社区内体育资源所有权（管理权）分别属于不同的系统（组织），要把它们整合成一个有机的整体为全体居民所利用，就必须建立各方参与的联合管理、协调机制。

充分发挥政府部门（体育局、教育局和文化局）的主导作用，联合有关部门，建立社区公共体育资源共享管理机构，可以将其命名为社区公共体育联合委员会，专门负责制定社区公共体育资源共享政策、统筹配置社区公共体育资源、协调社区公共体育活动安排、管理与监督社区公共体育发展事务。其成员由政府相关部门代表、社区公共体育管理代表、学校体育管理代表、企业和社会体育组织代表等构成（图5-1）。

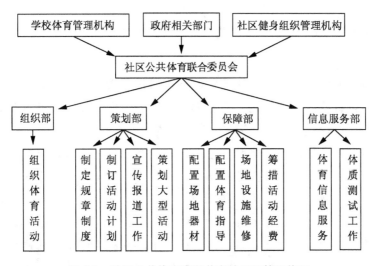

图 5-1　社区公共体育资源共享的组织管理体系

构建社区公共体育联合委员会要注意以下几个方面：① 坚持"政府主导、市场调节"的理念。发挥政府主导作用，做好社区公共体育发展的顶

层设计，运用立法的手段，建立相应的社区公共体育资源配置与共享的法规政策，并协调各方配合实施。发挥市场的调节作用，充分运用市场经济的调节机制，引入企业、社会和个人的体育资源为社区公共体育发展服务。② 建立社区公共体育联合委员会例会制度。定期召开委员会成员工作会议，协调处理社区公共体育发展与资源共享过程中遇到的问题，保障社区公共体育资源共享的顺利进行和协调配合。③ 培育第三方社区公共体育服务组织。社区公共体育健身活动是一个包含有效组织、科学指导、效果评估的综合性活动，必须由专业的人员来完成，必须走专业化发展之路。

目前在社区公共体育管理机构的建立方面，上海市走在了全国的前列，起了示范作用。2014 年 10 月，上海市成立社区公共体育协会，协会的宗旨是不断满足社区居民多样化、多层次的健身需求，推进社区公共体育设施、健身组织、健身活动和健身服务等为内容的公共体育服务体系建设，使之成为集活动组织、健身指导、信息服务和体育设施管理为一体的社区公共体育服务组织。协会的工作任务是管理社区公共体育设施、组织开展社区公共体育赛事和活动、开展健身辅导和健身技能培训、发展社区公共体育志愿者、组织实施社区公共体育服务配送、推广普及社区公共体育健身项目、承接其他政府公共体育服务项目。①

二、构建社区公共体育资源的多元供给机制，提升资源拥有者的内在动力

地方政府作为社区公共体育资源的主要供给者和管理者，要改变目前社区公共体育资源供给不足、总量偏少的问题，就必须建立社区公共体育资源的多元供给机制，提升资源拥有者的内在动力。

以国家体育公共服务建设示范点——常州市为例，市政府出台的《常州市学校体育设施对社会开放补贴》规定，辖区内学校体育设施向社会开放的，按照开放时间、进入学校活动人员数量、开放条件和项目等情况，每年分别给予 5 万~10 万元的补贴，极大地增加了社区居民的健身场所。武进区政府与常州大学共建共享的武进体育中心，成为中国女排联赛江苏赛区主场馆，通过电视转播、新闻媒体报道，有效地提升了常州大学的社会

---

① 于清华. 上海市社区体育服务配送的现状及其满意度研究 [D]. 上海：上海体育学院，2018.

形象和知名度。常州奥体发展有限公司投资建设常州工学院体育场馆，实现了企业减免经营税费、学校利用社会资金建设、社区与学校共用共享的多方共赢的目标。还有上海市，利用社区公共体育协会平台，建立社区公共体育指导专家库、社区公共体育志愿者团队、社区公共体育健身服务网络，运用菜单式派送服务模式，按照居民健身需求，整合各方体育资源，为社区居民提供体育健身服务，实现了"社会体育组织—社区居民—体育专家—体育服务志愿者"之间的良性互动，有效地提升了社区公共体育资源的利用率。

在社区公共体育资源共享方面，上海市社区公共体育协会在体育局主导下，联合市工会、教育局、各体育协会，出台了《关于进一步完善公共资源向社区开放的意见》《关于进一步深化学校体育资源向社会开放工作的通知》《加强社区公共体育健身俱乐部建设的办法》等文件，运用投保意外人身伤害险、建立国家级社区公共体育健身俱乐部试点、委托体育俱乐部作为公共服务中介机构管理、建立社区资源共享经费补贴机制等办法，解决学校和社会体育资源向社区开放的"安全""管理""物耗"三大瓶颈问题。同时，又与区域内复旦大学、同济大学、上海理工大学等十二所大学体育部达成共识，与社区结对，签订开放协议。实现了区域内社区公共体育健身俱乐部、社区体质监测站、社区社会体育指导员站"三个全覆盖"，群众有需求、政府有政策、部门有举措、街道有意愿、社区公共体育协会有作为、俱乐部工作有成效的"六有"上海社区公共体育发展模式。

三、改善社区公共体育资源共享环境，提升资源共享效率和共享目标

1. 完善社区公共体育发展政策体系，提升政策执行力

政策是行动的指南，只有建立完善的社区公共体育发展政策体系，才能全面有效地推进社区公共体育的发展。从资源共享的角度看，政策的对象是资源提供者（管理者）与资源使用者，具体内容应包括：权利与义务、行为与标准、责任与范围等。从目前已有的政策看，《体育法》《全民健身条例》《全民健身计划》从国家层面上规定了政府、组织和公民在社区公共体育资源建设、管理、使用等方面的责任、权利和义务，地方（县、市）政府也出台了相应社区公共体育发展政策，这些政策大多是以政府的名义颁布的，更多体现在指导性；而在社区公共体育工作实际中，具有可操作

性、多部门合作的行动性方案较少。

从资源共享政策的内容和范围看，社区公共体育资源共享政策应包括五个维度：政策法规保障度、体育设施分享度、公共服务协调度、资源环境保障度、弱势群体共享度（图5-2）。

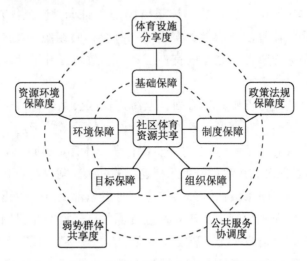

图 5-2　社区公共体育资源共享"五大维度"框架

（1）政策法规保障度

政策法规保障度是社区公共体育资源共享的制度保障，是资源共享的前提条件。首先，要提高社区公共体育资源的总量，就必须建立"多元投入"机制，用政策引导、鼓励各方财力、物力、人力进入社区公共体育资源配置体系，以政策、法规保障各方参与者的权利和利益，并规定其责任与行为规范，接受监督、监管、问责等。其次，由于目前社区内的体育资源的所有权（管理权）属于不同的单位、集体或组织，要想让全体居民都能使用、享用，就必须有政策作为依据，明确居民享有的权利与义务，规范其行为与责任，在政策的引导、指导、规范下，享用社区公共体育资源。最后，要确保社区居民能够充分享用社区公共体育资源，还必须有相应的制度作为保障，社区公共体育设施开放制度、运动场馆管理制度、社区公共体育指导员管理制度、社区学校体育设施开放制度、社区公共体育组织管理制度等，用制度规范各方的行为，保障社区公共体育活动的有序开展。

（2）体育设施分享度

体育设施分享度是社区公共体育资源共享的基础保障，是资源共享的基础。首先，必须有一定的资源总量作为保障，没有资源或资源很少，就谈不上共享了。其次，居民要有分享资源的意愿并形成共识，只有居民有共享资源的要求，并统一按照一定的规则进行共享，社区公共体育资源共享才能够实现。最后，共享规则是资源有效、有序、高效利用的保证，要制定共享规则，这是社区公共体育资源共享的前提条件。

（3）公共服务协调度

公共服务协调度是社区公共体育资源共享的组织保障，是资源共享的关键。从目前社区公共体育资源的种类来看，可以为居民享用的体育资源种类繁多，场地设备方面有全民健身器械、室内外运动场馆、体育健身中心、健身步道、体育公园、学校体育场馆设施、公共广场等。公共体育服务内容主要有体育健康知识讲座、健身指导、体质测试、组织体育活动等。这些场馆设施的有序开放、活动的有效组织，都必须通过社区管理者、体育场馆管理者、体育活动组织者，按照特定的规章制度，制订工作计划，协调各方工作，才能够保证社区公共体育资源的高效利用、有效共享。同时，对社区内体育资源的挖掘、整理、整合，协调居民体育健身需求，也是社区公共体育工作的重要方面。

（4）资源环境保障度

资源环境保障度是社区公共体育资源共享的环境保障，是资源共享的底色。一般来说，资源环境包括资源使用环境和社区人文环境两个方面。资源使用环境是指居民在使用过程中所处的外部环境条件，如设施设备的新旧、场地的卫生、空间的大小、室内的通风、环境的绿化等；社区人文环境是指居民生活的社区的文化、习俗、风气等。社区居民开展体育健身活动，是以一定的体育设施为基础的，资源使用环境影响着居民参加体育健身活动的积极性和资源的使用效率，直接关系到社区公共体育发展的目标是否能够实现。社区人文环境影响着社区居民的价值观、行为方式和生活习惯，是构建团结、和谐、安全社区的重要因素。

（5）弱势群体共享度

弱势群体共享度是社区公共体育资源共享的底线目标，是实现全体公民共享体育发展成果的重要体现。检验社区公共体育资源共享程度的高低，最简单而有效的方法，就是看居住在社区内的弱势群体居民（老年人、妇女、儿童、残疾人、低收入人群）是否能充分享用社区公共体育资源。因此，在制定社区公共体育发展政策、管理制度时，一定要关注弱势群体的体育需求，用政策、法规保护弱势群体的体育健身权利，用制度管理、服务帮助，促进他们积极开展体育健身活动。

从资源共享政策的制定过程与执行来看，社区公共体育资源共享政策的制定应该是政府主导下的社区管理者、社区公共体育组织、体育服务企业、社区内学校和单位、社区全体居民共同参与协商的结果。按照目前我国社区治理模式，社区公共体育制度执行主体应该是多元的，政府组织、各社会团体、有关企业和单位及社区居民都是制度的执行主体。社区公共体育制度能否有效地执行和遵守，关键在制度执行部门的责任人，制度只有通过执行人及组织才能发挥作用。

2. 构建社区公共体育信息共享平台，打通社区公共体育资源共享的信息通道

目前，手机是我国居民普遍使用的通信和获取信息的主要工具，社区公共体育信息管理部门可以联合通信、移动、互联网等公司，运用现代互联网技术，通过手机链接，实现社区公共体育信息资源的共建共享。例如，上海市、苏州市和常州市，通过互联网平台实现了对市民的体育需求与反馈信息的调查与收集、体育政策和新闻的发布、体育活动的组织与安排、体育场所分布的电子地图与运行使用实时公告、网上咨询交流与专家答疑。上海市还建立了社区公共体育"菜单式"配送和社区联盟赛等特色网络平台，采用"你点我送"供给方式，使居民"足不出社区"就能享受到健身指导服务，实现了居民体育需求与社区公共体育服务有效供给之间的良性互动。

3. 构建多元投入、共同管理机制，优化社区公共体育设施的建设与使用环境

近年来，虽然我国社区公共体育资源配置取得了很大的进展，但由于我国城市人口众多，社区居住密度很高，加上政府的财力有限，投入社区建设的人力、物力资源有限，而且引导社会资源投入社区建设的政策、环境条件和社会氛围都没有形成，因此，真正能被社区居民使用、享受的体育资源还很有限，仍然无法满足社区居民多样化的体育健身需求。要改变这种状况，必须采取"政府配置+市场配置"的方式。政府财力只负责基本的公共体育设施建设和管理人员的配备，保障基本的公共体育服务。同时，以政策引导、市场监管的方式，利用减免税费、优惠土地使用费、政府补贴等政策，积极引导企业、个人、社会团体进入社区公共体育资源配置领

域，努力实现"多主体、多途径、多方式"的配置模式，拓展社区公共体育资源配置的融资渠道，丰富社区公共体育资源的体量和质量。同时，引入"购买服务"机制和竞争机制，形成政府组织、社会机构和私营组织"并存、竞争"的格局，按照"谁建设、谁管理、谁受益"的原则，推进社区公共体育资源配置的深化改革。

地方政府行政部门要改变传统政府包办、统一配置的管理观念，要运用政策的杠杆，充分激活市场的活力，以政策的制定者、市场的监督者、资源的组织者的身份，通过制度创新，积极营造"多元投入"的制度环境和社会氛围，鼓励市场组织、社会团体和个人等社会力量参与社区公共体育资源配置，运用官方媒体宣传、报道、表彰等手段，对在社区公共体育资源配置中做出成绩者给予物质和精神奖励，激励其继续为社区公共体育服务做出更大贡献，从而实现政府、企业、体育组织和团体、社区居民等多方共赢的社区公共体育资源共享环境。

社区公共体育资源是稀缺的，更是宝贵的，只有高效地利用社区公共体育资源，才能充分发挥其在"全民健身""健康中国"建设中的价值。在一个日益互相依存的时代，需要我们构建社区公共体育资源共享机制，来共同面对社区公共体育发展过程中的资源短缺和不均衡的巨大挑战。资源共享不是一件容易的事情，共享机制也不存在一劳永逸的方案，任何有效的资源共享机制都是来自有目的的动态选择。

第六章 基于"互联网"的社区公共体育发展模式

习近平总书记在党的十九大报告中指出,实施网络强国战略,积极推进"互联网+"行动。《体育发展"十三五"规划》明确指出:积极推动"互联网+体育",这一切表明我国体育事业的发展全面进入了"互联网+"的新时代。社区公共体育是我国群众体育的出发点和落脚点,因此,系统研究互联网对我国社区公共体育的影响,探索基于互联网的社区公共体育资源共享路径,不仅是积极推进"互联网+"的具体行动,而且能为网络时代发展社区公共体育工作提供实际指导。

第一节 "互联网+社区公共体育"的发展模式

《国务院关于积极推进"互联网+"行动的指导意见》[1] 指出:"互联网+"是把互联网的创新成果与经济社会各领域深度融合,推动技术进步、效率提升和组织变革,提升实体经济创新力和生产力,形成更广泛的以互联网为基础设施和创新要素的经济社会发展新形态。通俗地说,"互联网+"就是"互联网+传统行业",是指各个传统行业利用现代通信技术,借助互联网平台,创造新的发展方式,实现行业发展的新业态。

一、"互联网+社区公共体育"的内涵

"互联网+社区公共体育",是指在社区公共体育事业发展中,利用现代

---

[1] 中华人民共和国中共人民政府.工业和信息化部关于印发贯彻落实《国务院关于积极推进"互联网+"行动的指导意见》行动计划(2015—2018年)的通知[EB/OL].(2015-11-25)[2019-08-10].http://www.gov.cn/zhengce/2015-11/25/content_5042926.htm.

通信技术，依托互联网平台，创新社区公共体育发展方式，实现社区公共体育的快速发展。充分发挥互联网的连接互通作用，建立社区居民与政府体育行政部门、体育组织、体育服务企业之间的联系，促进社区公共体育服务行业的转型升级，实现社区公共体育服务的有效供给。借助互联网平台，整合各方体育资源，优化社区公共体育资源配置体系，实现社区公共体育资源供给总量的最大化。建立线上交流平台，拓展居民沟通渠道，实现O2O（线上与线下）交流互动，提升社区公共体育的综合效益。

二、"互联网+社区公共体育"的时代背景

任何事物存在和发展的基本动力均是外因和内因交互作用所致。"互联网+社区公共体育"的产生并非从天而降，而是有其特定的时代背景。

1. 国家政策为"互联网+体育"的发展指明了方向

2015年3月，李克强总理在政府工作报告中首次提出"互联网+"行动计划，此后，国务院出台了《关于积极推进"互联网+"行动的指导意见》。体育界积极响应中央的政策，因势利导地结合体育发展的实际，进行"互联网+体育"的探索。2018年的政府工作报告中，提出"在医疗、养老、教育、文化、体育等多领域推进'互联网+'行动"。可见，党和国家已经将"互联网+体育"作为政府工作的要点。

2016年5月颁布的《体育发展"十三五"规划》[1] 明确了"互联网+体育"的发展趋势，指明了"互联网+"与体育可能的结合模式，如"以具有自主知识产权的装备器材、新型体育服务技术、'互联网+'产品为重点，着力推动科技创新和成果转化"和"实施体育领域的'互联网+'战略，加速体育信息化建设进程。"

综上可知，我国政府紧紧抓住"互联网+"这一历史机遇，谋划了我国体育事业发展的新蓝图、新领域。这些政策的出台势必对社区公共体育产生重大影响。

2. 企业参与为"互联网+体育"的发展注入了动力

没有任何一个群体比企业家更加精准地领会政府的政策。随着国家"互联网+"和体育产业发展系列政策的出台，无论是互联网企业，还是体

---

[1] 国家体育总局. 体育发展"十三五"规划[EB/OL]. (2016-05-05)[2019-01-25]. http://www.gov.cn/xinwen/2016-05/05/content_5070514.htm.

育产业企业,都看到了"互联网+体育"市场的巨大商机。互联网企业纷纷涉足"互联网+体育",传统体育企业积极寻求与互联网企业合作,"互联网+体育"的产业发展正成为我国新时代经济发展的快速增长点。

《2016互联网体育,创业投资发展白皮书》指出:百度公司与英国数字体育传媒集团 Perform Group 洽谈合作,双方有意在中国成立合资子公司,共同布局体育产业,开发线上体育产品营销和O2O服务功能;阿里巴巴、腾讯、乐视等著名互联网企业也纷纷开发聚健身、体验、娱乐和观赏为一体的新的体育产品。①

当前,国内外网络和体育企业的积极参与,推动了"互联网+体育"产业市场的快速发展,势必会对社区公共体育的发展带来重大的变革和空前的影响。

3. "互联网+"为社区公共体育的发展提供了新路径

社区公共体育是群众身边的体育,是落实"全民健身"、实现"全民健康"的基础单元。要实现"人人能健身、人人会健身"的目标,就必须大力发展社区公共体育。当前,国家将"全民健身"提升到国家战略的高度,人们对体育健身的需求出现了爆发式增长。日益增长的多元化、多层次体育健身需求与体育有效供给不足的矛盾非常突出。"我国社区公共体育基础设施不能满足人们日益增长的运动需求""体育资金投入不能满足社区公共体育均衡发展的需求"。②要解决群众健身难的问题,就必须统筹规划建设、整合各方资源、激发市场活力,实现共建、共治、共享。互联网为人们建立了快速沟通渠道、信息共享平台、跨界联合路径,能够为政府、社会组织、企业、居民之间建立起互联互通的桥梁,从而做到对居民健身服务的有的放矢,实现体育资源的合理分配和高效利用,"互联网+社区公共体育"为解决我国社区公共体育发展面临的主要问题提供了有效途径。

三、"互联网+社区公共体育"的特征

互联网对社会的影响力正持续升温,它对人们的生活方式和思维认知

---

① 2016互联网体育,创业投资发展白皮书[EB/OL].(2016-05-30)[2019-03-21].http://www.sohu.com/a/78328200_334205.

② 易锋,陈康.我国苏南地区社区居民体育参与困境及对策[J].体育文化导刊,2018(8):59-63.

有很大的影响。2015年，国务院颁布的《关于积极推进"互联网+"行动的指导意见》中明确提出，"互联网+"是互联网创新与经济社会领域深度融合，推进技术进步、效率提升和组织变革，增强实体经济的创新力和生产力，形成更广泛的经济社会发展新形式。① 因此，在当今社会，"互联网+"代表的是一种跨界、开放、共享、互融的形态和创新机制，是一种科学技术的进步和升华、领导生产力的提高和转变。"互联网+"使用信息通信技术和互联网平台，与传统产业深度融合，在改造传统产业的同时，让我们的社区生活也经历巨大的变化。② 社区是政府行政机构的最低机构，具有较强的可控性和管理性，"互联网+体育"想要落实到实践，就必须向社区发展。互联网与社区公共体育的结合主要有共享性、便捷性、社交性、数据化和个性化五个方面的特征。

1. 共享性

社区公共体育在互联网上的共享主要是在互联网的作用下实现社区公共体育设施、信息资源、体育活动资源和健身指导资源等共享。其通过缩减信息传播渠道的环节，实现社区内各种体育资源的共享。例如，苏州市打造的一站式体育服务平台——"苏体通"，为社区居民提供了包括体育赛事报名、体育场馆预订、体育指导员预约与体育培训报名等多种个性化公共体育服务，完美诠释了"互联网+社区公共体育"的共享性特征。

2. 便捷性

随着大数据、云计算、量子信息等通信技术的迅速发展，互联网通过相关软件与硬件的链接，实现操作的便捷性。同时，智能硬件、健身设备的不断更新换代也让社区居民参与运动变得极为便利。社区公共体育的管理者也能通过互联网技术的应用提高社区公共体育的管理效率，降低管理的运营成本，有效提升社区居民在时间、空间上对信息的获取便捷性，对于社区公共体育服务的供给效率具有较强的实践意义。

---

① 中华人民共和国中央人民政府. 工业和信息化部关于印发贯彻落实《国务院关于积极推进"互联网+"行动的指导意见》行动计划（2015—2018年）的通知[EB/OL].（2005-11-25）[2019-08-10]. http://www.gov.cn/zhengce/content/2015-11/25/content_5042926.htm.

② 肖瑶. "互联网+"背景下企业融入城市居住社区的途径探析[J]. 中国高新技术企业，2016（9）：192-193.

3. 社交性

由于互联网具备互动性与传播性，通过互联网在社区内部的传播能够激发社区公共体育的长尾效应，达成社区居民的体育社交效应，社交应用极大地迎合了社区公共体育用户在体育活动中的社会需求，反过来又成为人们重要的运动动机。例如，社区居民通过微信、QQ等网络社交软件，与志同道合的健身爱好者开展"暴走团""广场舞""驴友""跑团"等多元化体育活动，极大地提升了社区公共体育活动的社交性，实现了社区居民对社区公共体育服务的自主管理，有效拓展了社区公共体育服务的供给渠道。

4. 数据化

体育活动数据化是指利用"互联网+"工具或手段在体育活动中实现个人健康管理。① 此外，互联网平台能对用户的体育活动数据进行汇集、沉淀，大数据的反馈将进一步提升社区公共体育管理部门的管理效率，帮助社区公共体育管理部门对社区公共体育用户进行精准的健康定位、指导和决策。例如，运动App借助互联网技术，通过智能手环、运动鞋等穿戴设备采集运动数据并及时反馈给用户，运用其数据化的特征科学指导用户的健身行为。

5. 个性化

互联网的发展模式是一种满足个性化需求的新型模式。"互联网+社区公共体育"能够根据社区公共体育用户的特点订制适合不同用户需求的体育服务，提供更加多样化的健身渠道、终端和丰富的体育信息组合手段，从而对他们的生活产生深远的影响。

四、"互联网+社区公共体育"的发展机遇与面临的挑战

1. "互联网+社区公共体育"的发展机遇

（1）互联网的快速发展和普及为"互联网+社区公共体育"的发展提供了用户基础

根据中国互联网络信息中心（CNNIC）的统计，截至2018年年底，我国网民数量达到8.29亿人，普及率达到59.6%（图6-1），超过全球平均

---

① 邹月辉，谭利."互联网+"对居民体育生活方式的影响及其引导路径［J］.山东体育学院学报，2016，32（4）：39-43.

值,网民规模持续稳步增长。同时,智能软件、可穿戴智能设备、AR、VR、大数据、人工智能等创新技术的应用范围越来越成熟,与体育行业也有着天然的联系。这些创新技术将直接提升"互联网+社区公共体育"的服务水平,增强社区居民的体育体验。

图 6-1 中国互联网网民规模及普及率

(2)国家政策的支持促进了互联网和社区公共体育的深度融合

2014 年,国务院颁布《关于加快发展体育产业促进体育消费的若干意见》,明确提出将全民健身上升为国家战略。[①] 作为全民健身落脚点的社区公共体育也迈入了快速发展的重要阶段。随着《体育发展"十三五"规划》《全民健身计划(2016—2020 年)》《体育产业发展"十三五"规划》等文件的相继出台(表6-1),具体提出了互联网技术与体育共同促进的发展模式。在相关政策扶持的同时我国正面临着产业消费升级的良好机遇。2016 年中国人均国内生产总值(GDP)超过 8 800 美元,根据国际公认的研究标准,当人均国内生产总值达到 5 000 美元时,体育产业的发展将呈现井喷式的趋势[②],但目前中国人均体育消费仅为全球平均水平的 1/10。因此,通过互联网与社区公共体育的融合,引导社区公共体育居民消费方式逐渐转变,进而推动体育消费逐步升级,这是拓展体育强国外延的一个重要途径。

---

① 国务院关于加快发展体育产业促进体育消费的若干意见[EB/OL].(2014-10-20)[2019-09-02].http://www.gov.cn/zhengce/content/2014-10/20/content_9152.htm.

② 范旭东. 城市发展背景下长春市休闲体育圈构建研究[D]. 长春:吉林大学,2016.

表 6-1 国家政策支持"互联网+体育"内容汇总

时间	机构	名称	相关内容
2014 年 10 月	国务院	《关于加快发展体育产业促进体育消费的若干意见》	将体育产业、全民健身上升为国家战略,加快互联网与体育产业的融合发展
2016 年 5 月	国家体育总局	《体育发展"十三五"规划》	鼓励开发以移动互联网为主体的体育生活云平台,加速体育信息化建设进程
2016 年 6 月	国务院	《关于印发全民健身计划(2016—2020 年)的通知》	建设全民健身管理资源库、服务资源库和公共服务信息平台。利用大数据技术及时分析经常参加体育锻炼的人数、体育设施利用率
2016 年 7 月	国家体育总局	《体育产业发展"十三五"规划》	鼓励开发以移动互联网技术为支撑的体育服务,提升场馆预订、健身指导、交流互动、赛事参与、器材装备订制等综合服务水平
2016 年 10 月	国务院	《"健康中国 2030"规划纲要》	规范和推动"互联网+健康医疗"服务,加强社会体育指导员队伍建设,到 2030 年,实现每千人拥有社会体育指导员 2.3 名

资料来源:公开资料整理。

2. "互联网+社区公共体育"的发展面临的挑战

(1)"互联网+社区公共体育"的相关智能体育产品的本身需要突破

大多智能体育产品还只是处于概念发展阶段,功能较为单一,只拥有一个检测的功能,比如检测运动步数、运动时间等,而无法将这些关键数据与运动者的个体特征相结合,形成有针对性的运动建议或运动处方,其本身很难对用户形成真正的黏性。通过硬件与软件融合打造合理、良性发展的"互联网+社区公共体育"生态布局,才能提升社区智能体育产品用户的黏滞性和活跃度。

(2)"互联网+社区公共体育"规模总产值还较小

互联网体育用品年消费额从 2014 年的 973 亿元增长至 2016 年的 1949 亿元,两年的时间消费额增长了一倍,同时 2016 年较 2014 年人均消费增长 43%。虽然我国互联网体育用品消费正处于上升阶段,但是互联网与社区公共体育的结合还不够紧密,其规模总产值还较小,这就导致在"互联网+社区公共体育"领域内能够容纳的互联网企业或体育企业生存空间相对较小，同时企业在社区公共体育运营的营利效益也不够突出，竞争将会非常激烈。因此，其市场化、商业化的道路也相对困难。

(3)"互联网+社区公共体育"市场培育过程缓慢

目前，大多数的社区居民对智能体育产品没有明确的概念，直接购买智能体育产品的意愿也不强烈。除智能手环普及率比较高以外，其他智能体育产品销售收入不高。而且，如今的智能体育产品科技元素并不多且价格普遍偏贵，也严重打击了一些体育消费者的购买欲望。最重要的是，购买智能体育产品的消费者大多以年轻消费群体为主，收入来源不稳定，不利于培育"互联网+社区公共体育"市场。

五、"互联网+社区公共体育"对社区公共体育发展的积极影响

习近平总书记指出："推进网络强国建设，推动我国网信事业发展，让互联网更好造福国家和人民。"[1] 随着科学技术的发展、5G时代的到来，人们的生活越来越离不开互联网，体育健身活动与互联网的联系也越来越紧密，社区公共体育将在以下几个方面发生积极变化。

1. "互联网"能有效改善社区公共体育人口社会学结构

2019年2月28日，中国互联网络信息中心（CNNIC）发布的第43次《中国互联网络发展状况统计报告》[2]（以下简称《报告》）指出，截至2018年12月，我国网民规模达8.29亿人，普及率达到59.6%；10—39岁群体占整体网民的67.8%，其中20—29岁年龄段的网民占比最高，达26.8%；40—49岁中年网民群体占比15.6%；50岁及以上的网民群体占比12.5%。互联网已经对居民生活产生了巨大的影响。

2015年11月16日，国家体育总局发布的《2014年全民健身活动状况调查公报》[3]（以下简称《公报》）表明：20—39岁年龄人群中经常参加体育锻炼的人数百分比较低，20—69岁人群呈现出随年龄增大经常参加体育

---

[1] 习近平. 习近平谈加快建设网络强国[EB/OL].（2019-09-11）[2019-12-11]. http://www.cac.gov.cn/2019-09/11/c_1569738113999057.htm.

[2] 中国互联网信息中心. 第43次《中国互联网络发展状况统计报告》[EB/OL].（2019-02-28）[2019-09-10]. http://www.cac.gov.cn/2019-02/28/c_1124175677.htm.

[3] 国家体育总局. 2014年全民健身活动状况调查公报[EB/OL].（2015-11-16）[2019-03-20]. http://www.sport.gov.cn/n16/n/077/n1422/7300210.html.

锻炼的人数百分比逐步上升的趋势。

对比网民群体和经常体育锻炼的人数发现，20—39岁的群体中网民人数最多而经常参加体育锻炼的人数最少，这部分人群是我国体育人口增长的目标群体，是开展全民健身的目标人群。在"互联网+体育"的积极影响下，我国社区公共体育人口必定会增加。《报告》指出："网民中以中等教育水平的群体最大。"这部分低学历人群在"互联网+体育""互联网+健康"的积极推动下，可以提升网民对体育的认知水平。同时《报告》指出：截至2018年12月，我国网民的学生规模最大，占25.4%；如果占网民1/4的学生群体能成为经常参加体育锻炼的主力军，我国全民健身活动的状况将大为改观。

2. "互联网+社区公共体育"将拓展社区公共体育锻炼空间

传统的社区公共体育，无论是有组织的社区公共体育活动，还是居民自发的健身锻炼活动，大多选择在本社区内进行，参加活动的人员也大多是本社区范围内的。《公报》指出，在20岁及以上参加体育锻炼的人群中，有18.4%的人选择在公共体育场馆进行体育锻炼，人数占比最高，其次有15.5%的人选择"健身路径"为锻炼场所，其他依次为"广场和场院空地""自家庭院""单位或社区的体育场所"等。

互联网的重要特征就是开放性和共享性，它将大大拓展社区公共体育锻炼空间。QQ群、QQ空间、微信群、微博等网络联系方式等被人们广泛使用。截至2018年12月，微信朋友圈、QQ空间用户的使用率分别是87.3%和64.4%；各类社交平台深受人们的喜爱，知乎、豆瓣、天涯用户等使用率分别达到14.6%、12.8%、8.8%。这些互联网平台将兴趣一致、目标相同的人群紧密地联系在一起，在网络社交平台可以互通有无，资源、信息共享。随着国家对社区、学校、政府控制的体育场地的管理权下放，老百姓可以按照自己的意愿去喜欢的健身场所健身。加之空间技术与互联网的结合，人们可在手机上查询，对附近范围的体育场馆的信息一目了然，不必耗时等待，能最快满足大家健身的愿望。传统社区公共体育的空间在互联网的引领下得到了广泛拓展。

自2016年开始，支付宝城市服务上海体育服务板块上线。上海600余家体育场馆和诸多赛事资源将共同构成该板块，为1 200万名上海地区支付宝用户提供预订体育场馆、体育培训和赛事报名等服务。此举将大大整合上海市的体育培训、体育场馆和体育赛事等资源，优化社区公共体育资源配置和空间布局，也为其他城市提供借鉴的范例。

3. "互联网+社区公共体育"将促进社区居民体育学习的个性化

（1）体育学习内容个性化

随着人们对体育的认识不断深入，加之互联网和传媒的推波助澜，越来越多的新兴体育项目进入大众的视野，这些项目不仅能刺激感官，而且有传统体育项目难以比肩的优势，能唤起人们的体育热情，最大限度地引发群众参与体育锻炼的兴趣，因此，新兴体育项目符合现代人们心理的需求。通过网络培训、远程教学、爱课程、在线教学等项目平台，政府和企业开发了大量的新的体育资源，互联网将整合这些教学资源，以满足大众的不同学习要求。

（2）体育指导个性化

由于每个人的体育基础、运动能力、体育爱好、体育需求各异，人们对体育指导的方式、教师的特点、体育学习评价的要求同样有巨大的差异；由于网络的空间私密性，学习者能放开包袱进行咨询，从而提高讨论的积极性和针对性。这些体育学习方式与传统面对面传授的体育学习方式有很大的区别，体现出学习的个性化。"互联网+社区公共体育"将促进传统体育学习的变革。

（3）体育评价个性化

"互联网+社区公共体育"通过最大限度地收集社区成员的学习信息，利用大数据技术，制订出适合每个人的学习计划、锻炼计划、评价方式，能够有效地激发每个社区成员的体育参与热情。

4. "互联网+社区公共体育"将优化社区公共体育管理

《全民健身计划（2016—2020年）》指出："互联网+"与全民健身服务融合。"推动移动互联网、云计算、大数据、物联网等现代信息技术手段与全民健身相结合，建设全民健身管理资源库、服务资源库和公共服务信息平台，使全民健身服务更加便捷、高效、精准。利用大数据技术及时分析经常参加体育锻炼的人数、体育设施利用率，进行运动健身效果综合评价，提高全民健身指导水平和全民健身设施监管效率。"[1] 这将极大地促进"互联网+社区公共体育"的快速发展，全面提升社区公共体育管理的科学化

---

[1] 国家体育总局. 全民健身计划（2016—2020年）[EB/OL].（2017-01-05）.http://www.sport.gov.cn/n317/n344/c784197/content.html.

水平。

《全民健身计划（2016—2020年）》指出："支持企业利用互联网采集技术对接体育健身个性化需求，鼓励新型体育器材装备、可穿戴式运动设备、虚拟现实运动装备等的研发。"人的需求有一定共性，也有特殊的需求，个性化的社区公共体育服务，是互联网应用于社区公共体育的又一重大拓展。《体育产业发展"十三五"规划》明确了"互联网+"融入体育服务，鼓励开发以移动互联网技术为支撑的体育服务，积极推动在线体育平台企业发展壮大，整合上下游企业资源，形成体育产业新生态圈。[①] 全民健身活动是一个巨大的体育消费市场，是新时期体育产业新的增长点，体育组织和企业进入社区公共体育服务行业，将会推动"互联网+社区公共体育"的快速发展，将整合社区公共体育资源，形成社区公共体育新的生态圈。

体育场馆管理智能化就是互联网促进社区公共体育管理的具体体现。无线射频识别技术（Radio Frequency Identification，RFID）被认为是21世纪最具发展潜力的信息技术之一。RFID在体育场馆设施管理、大型体育活动管理、人员互动管理等方面的应用前景巨大。此外，还有开发管理软件系统、体育场馆监控系统、LED显示系统等也被应用于社区公共体育管理。

5．"互联网+社区公共体育"将促进社区公共体育融资

社区公共体育的开展需要一定的资金投入。"互联网+"可以大大促进社区公共体育消费，经营所得可以作为社区公共体育的储备资金。《体育发展"十三五"规划》明确指出，鼓励开发以移动互联网为主体的体育生活云平台及体育电商交易平台。推动体育企业与移动互联网的融合，积极利用大数据、云计算、智能硬件和各类主题App拓展客户，提升体育营销的针对性和有效性。[②] 体育企业、社会组织可以与社区公共体育管理部门联合开发社区公共体育生活网络平台和体育电商平台，既满足不同人群的体育需要，又能创造利润，促进体育营销。

《全民健身计划（2016—2020年）》指出："充分利用'互联网+'等技术开拓全民健身产品制造领域和消费市场，使体育消费在居民消费支出中

---

① 国家发展改革委员会. 体育产业发展"十三五"规划[EB/OL].（2017-08-10）[2019-11-11]. http://www.ndrc.gov.cn/fzggzz/fzgh/ghwb/gjjgh/201708/t20170810_857370.html.

② 中国互联网信息中心. 第43次《中国互联网络发展状况统计报告》[EB/OL].（2019-02-28）[2019-09-10].http://www.cac.gov.cn/2019-02/28/c_1124175677.htm.

所占比重不断提高。"《体育产业发展"十三五"规划》指出："支持企业利用互联网采集技术对接体育健身个性化需求，鼓励新型体育器材装备、可穿戴式运动设备、虚拟现实运动装备等的研发。"以此推动体育消费。随着越来越多的企业和组织参与到"全民健身"产业市场的开发与推广，社区公共体育产业将会得到爆发式发展，社区公共体育发展资金也会越来越充实。

6. "互联网+社区公共体育"将改善社区公共体育指导员的知识结构

社区公共体育指导员是社区公共体育的重要组成部分。随着社会发展的日新月异，居民的体育需求也有很大的变化，传统的体育项目已经不能满足所有社区居民的体育需要。随着运动科学知识的普及，社区居民对体育运动有了新的认识，这必然会产生更多不同的需求。例如，有的人认为自己的体重增加了，需要保持健康的体型；有的人是办公室人员，长期伏案工作导致颈椎、腰椎出现问题，体育养生成为他们的首选；还有的人需要通过体育运动达到家庭美满和谐，亲子体育活动应运而生。这些都对社会体育指导员的知识结构提出了新的挑战。

"互联网+体育"使体育终身学习成为可能。国家近年来开办了很多体育社会指导员培训班，极大地丰富了体育社会指导员的知识结构。"互联网+体育"将使体育学习变得更加主动，网络技术和手机智能化使得体育学习随时随地都可以进行。在网络空间里，大家的学习交流变得更加顺畅自然，学员们可以自主交流，各种问题都可以在网络平台顺利找到答案，体育学习更加高效。国家和政府还可以通过信息技术开设各种培训班、教研活动、案例分析，扩大体育学习的范围和层次。这一切都将有效地改善社区公共体育指导员的知识结构和水平。

六、"互联网+社区公共体育"发展模式面临的问题

任何事物的存在均有其两面性，互联网对社区公共体育的影响既有其积极的一面，同样也有消极的一面。正视互联网的消极影响，可以预先采取一定的措施进行规避，从而扩大互联网对社区公共体育的积极影响。

1. "互联网+社区公共体育"可能增加社区居民体育知识的选择困难

诚然，互联网带给我们海量的体育信息，各种门类的体育视频、游戏、体育技术等扑面而来，为社区居民和社会体育指导员带来了学习的巨大便利。面对诸多体育信息，居民如何选择？依据什么标准来判断是否适合自

己呢？同类体育网站，孰是孰非？同一个动作，哪一位教师的教学是正确的呢？这些都将造成学习者的选择困难。选择困难最终有可能导致选择放弃，不学了；或者选择学习不适合自己的项目，错误练习导致身心俱疲，损害健康。目前，最为常见的是手机跑步软件应用问题。不同的跑步软件中计时公里的标准存在很大差异，同样是1万步，多快的速度适合练习者？跑步爱好者如何选择一款适合自身健身需求的跑步软件？打球、跑步和骑自行车等不同项目锻炼存在哪些差异？这些问题如何有效地解决都是影响锻炼者健身效果的根本。尤其是部分老年病患无视医生的嘱托，妄图通过体育锻炼来延年益寿、增强体质，盲目听信网络中的健身经验，增加运动负荷，不仅不能达到增进健康的目的，还可能导致不良后果。

掌握科学的体育知识是增进健康、提升健康水平的重要途径；反之，不仅不能达到增进健康的目的，还会伤害身体，挫伤锻炼的积极性。有人说，互联网可以取代教师，取代学校。事实却不然。教学相长，体育社会指导员要依据社区居民的身心发展规律科学实施指导。在网上虚拟空间，无法了解社区居民掌握体育知识技能的程度，也无法判断社区居民的心理接受程度，从而无法采取进一步措施强化学习效果。网络学习导致师生互动的断裂，必然使教学效果大打折扣，甚至导致伤害事故的频发。体育课堂则完全能最大限度地减少这一弊端。体育教师或社会体育指导员会依据居民的体育基础、掌握程度，有选择性地进行体育教学。基于此，"互联网+社区公共体育"不能完全取代体育社会指导员的地位和作用。

2. "互联网+社区公共体育"可能威胁民族传统体育文化传承

对非英语国家和发展中国家来讲，使用网络更多的是接受信息，这意味着这些国家将比以往更多地受到国外，特别是西方媒体的影响。现代体育同样也是舶来品，体育同样承载不同的价值观和意识形态。当前，在东、西方意识形态激烈博弈的背景下，西方发达国家无时无刻不在宣传自己文化的优势和长处。通过体育文化侵略和渗透中国是完全可能的。放眼互联网媒体，涌入眼帘里多为篮球、足球、棒球、橄榄球等西方体育项目。对于美国职业篮球联赛（NBA），媒体评论员杨华称："真正健康成熟的体育生态链，是不可能让一项运动独大的。NBA遮天蔽日的文化入侵，是扼杀中国体育多元化发展的罪魁祸首。"

与此形成鲜明对照的是，我们国家的民族传统体育的推广显得力不从心，尤其是在互联网上，鲜见系统、规范的技术支持和运作。中华传统体育文化蕴含着深厚的民族智慧和道德情怀,对于塑造国民的良好心态和践行社会主义核心价值观具有不可替代的重要作用。中华优秀传统文化的传承,是民族的血脉延续,是理论自信和文化自信的源泉。民族传统体育是中华传统文化的重要组成部分,是中华民族的宝贵遗产,大量西方体育文化占领着互联网,对中华民族传统体育文化的传承是重大威胁。作为世界"普通话"的现代体育,承载着西方国家的价值观、意识形态,正冲击着我国意识形态领域的安全。

3. 网络成瘾直接影响社区居民的体育参与

戈德堡(Goldberg)提出"互联网成瘾障碍"(Internet Addiction Disorder,IAD)的概念,也称为病理性网络使用(Pathological Internet Use,PIU),并将其定义为:因为网络过度使用而造成身体、心理、人际、婚姻、经济或社会功能的损害。① 我国学者刘志军等人经研究认为,网络成瘾的突出表现为:一是在行为上和心理上对网络有强烈的依赖感;二是在一定程度上丧失自我约束和自我控制的能力;三是正常的学习和生活秩序出现紊乱。② 薛文等人研究指出:一旦减少上网时间,社区居民就会烦躁不安,产生孤寂失落感。③

网络成瘾者终日沉湎于网络,不仅放弃体育锻炼的时间,甚至睡觉、用餐的时间也让位给网络。为了满足网瘾,正常的饮食简单应付了事,方便面、快餐等垃圾食品成为首选,因生活方式的严重混乱导致身体出现问题的报道屡见不鲜。长时间的视屏,眼睛病变在所难免,长期保持单一的身体姿势易引发颈椎、腰椎、肩部劳损等问题;由于长期沉迷于网络,神经系统处于亢奋状态,容易滋生严重心理健康问题,如易怒、亢奋、强迫症等。有人称网络成瘾的危害不亚于毒品。网络成瘾者引发的诸多问题越来越成为阻碍社区公共体育发展的原因之一。

4. 互联网将颠覆社区公共体育的部分传统功能

我国学者张洪潭将社区公共体育的功能分为:"显见功能,包括强身健体、移易情感、信仰代偿、向心聚合;隐喻功能,包括颐养天年、战备预

---

① 刘彦. 青少年网络成瘾问题与对策研究 [D]. 沈阳:辽宁大学,2007.
② 刘志军,张宝运. 大学生安全教育图鉴 [M]. 山东人民出版社,2015:145.
③ 薛文,蔡春雷,邱秀宇,等. 浦东新区某乡镇居民网络成瘾症的调查分析 [J]. 广东医学,2016,37(Z2):169-172.

役、博彩赢利、技术传习。"① 王凯珍将社区公共体育的功能概括为一般功能和特殊功能两部分。"一般功能指任何体育形式对于参加者个体所具有的共同的功能，包括健身功能、健心功能和社会化功能；特殊功能则指社区公共体育形态所具有的独特功能，包括促进居民参与，改善居民生活方式，加强社会整合，增强社区凝聚力，发展社区文化。"② 其中，得到大多数学者认同的是，社区公共体育具有社会整合的功能。学者们主要认为通过社区公共体育这个中介，可促进社区居民交流，形成融洽的社会关系，促进社区凝聚力。

随着互联网时代的到来，人与人之间的交流演变成"人机交互"。人机交往的增多，使得人与人的交流逐渐较少，人们遇到问题更多地依靠百度，甚至辅导学生作业还出现了作业帮，等等。过去，人们遇到体育锻炼的问题，通常焦急地等待体育社会指导员，或者其他体育专业人士。如今，互联网可以提供多而全的体育信息资源，于是，体育面对面的交流相对减少。

另外，随着"互联网+社区公共体育"的模式成熟，传统的社区概念即将颠覆。帕克和麦坚齐指出："社区是社会团体中个人及其社会制度的地理分布，每个社区都是一个社会，但每一个社会并非是一个社区。"③ 互联网的本质特征之一为共享性。传统社区的地域范围将被拓宽，微信、微博等各种社交平台将不同地区，甚至海内外有共同目标、相同志趣的人联系在一起。2015年3月，蔡昭华创立斑马邦。这是一个以业余足球为切入点的体育社群平台，目前已经涵盖球队和赛事管理、足球社群、电商三大块。上线一年，斑马邦已积累20万用户，聚合了全国100多个城市的600多个足球业余赛事。④ 可见，互联网完全有可能颠覆传统社区公共体育的部分功能。

5. 互联网对传统社区公共体育指导员的培养提出挑战

目前，我国社区公共体育社会指导员的培养、培训工作主要由政府体育行政部门和高校体育院系负责。国家体育总局2004年颁布的《社会体育

---

① 张洪潭. 试论社区体育的称谓、特点及功能 [J]. 体育与科学，2001（2）：25-30.
② 王凯珍. 对北京市城市社区体育现状的研究：兼论社区体育的定义及构成要素 [J]. 体育科学，1994（5）：17-24.
③ 樊炳有. 社区体育论 [M]. 北京：北京体育大学出版社，2003：3.
④ 赛迪网. 连接1万多支球队，他的体育社群平台不烧钱玩足球 [EB/OL].（2016-08-12）[2019-03-10]. http://www.ccidnet.com/2016/0812/10169360.shtml.

指导员技术等级培训大纲》的培训内容中并没有包含"互联网+体育"的内容。①在高校,传统的社会体育专业课程也没有涉及"互联网+体育"的内容。因此,在当今社会全面迈入互联网时代,社会体育指导员能否胜任网络化的社区公共体育工作的实践,是社区公共体育发展中必须面对的问题。

"互联网+体育指导"是通过信息技术、计算机技术、网络技术融入体育指导,强调线上线下结合,实现体育指导的新思路和新理念,这与传统的体育社会指导有着本质区别,如果社会体育指导员还是墨守陈规、按部就班地按照老套路进行指导,新时代的社区居民必定难以接受。这对传统的社会体育指导员的培养模式提出了挑战。

七、"互联网+社区公共体育"发展模式的现实困境

1. 基层社区公共体育信息化基础薄弱

虽然我国目前已进入新型城镇化建设的阶段,社区服务的配套设施水平也明显提升,但是目前我国社区公共体育信息化还存在信息化人才缺乏、信息资源缺乏和基础设施薄弱等问题。②另外,绝大多数基层社区公共体育管理工作者都没有专业的互联网专业背景,对信息化的应用也不够成熟,社区也很少建立结构完整、布局合理的网络社区公共体育管理系统。基层社区公共体育设施信息化、智能化的转变过程也比较漫长,《全民健身计划(2016—2020年)》中提到新的居住区和社区要严格按照"室内人均建筑面积不低于0.1平方米或室外人均用地不低于0.3平方米"的标准建设全民健身设施。③由此可见,基层社区公共体育设施建设标准仍然运用国家政策文件中的传统方式,在新建体育与设施的智能化方面关注度还不够高,不利于实践中社区公共体育智能化、信息化的发展。

2. 社区公共体育活动参与人群、项目不均衡

社区公共体育参与者和体育项目的开展是社区公共体育工作的关键因素,尽管2015年我国体育人口已达到4亿人,但是群众体育人口年龄结构大多集中两端,即青少年和老年人占到了体育人口的很大一部分比例,中青年比例

---

① 国家体育总局. 社会体育指导员技术等级培训大纲(2011年版)[EB/OL].(2011-08-09)[2019-03-10].http://www.sport.gov.cn/n/315/n14443/c588205/content.html.
② 田烈. 社区公共体育信息管理系统的结构设计[J]. 体育文化导刊,2014(4):16-19.
③ 国务院. 国务院关于印发全民健身计划(2016—2020年)的通知[EB/OL].(2016-06-23)[2019-03-20].http://www.gov.cn/zhengce/content/2016-06/23/content_5084564.htm.

较低。社区公共体育活动以舞蹈、拳击、武术等为主，表现出保健、非竞技、表演和场地要求低的特点。① 因此，社区公共体育活动的参与者和体育活动的单一化使得"互联网+社区公共体育"呈现出一种不平衡的状态。社区青少年和老年体育人口还不具备很强的互联网体育消费能力，社区单一的体育活动项目不能满足未来"互联网+社区公共体育"的发展模式。

3. 社区公共体育发展经费不足

目前，社区公共体育发展经费主要来源于地方政府体育行政部门的拨款，经费来源渠道比较单一，体育行政部门的财政经费总量和地方经济的发展水平密切联系。用于开展社区公共体育工作的经费相对不足，严重制约了我国社区公共体育的发展。互联网与社区公共体育的融合在前期属于一个培育规划的过程，仅仅依靠传统的行政拨款模式会严重阻碍互联网与社区公共体育的融合的真正落地。因此，其需要专门的政府财政拨款来扶持并探索多元化资金的来源渠道，协调利益机制，引入社会资本参与"互联网+社区公共体育"的建设中来。

4. 社区公共体育管理机制构建不完善

目前，我国社区公共体育的行政管理权主要属于社区居委会。虽然许多社区成立了社区公共体育协会来具体管理社区公共体育活动，形成了以社区公共体育协会为核心，辅以基层单位和团体、早晚培训指导站、企事业单位协会等共同管理社区公共体育的管理机制，但真正参与社区公共体育的骨干主要还是社会体育指导员和体育积极分子，各主体单位的主要领导和行政人员很少过问体育事务。这种管理体制缺乏政府对社区公共体育的宏观调控，缺乏主要行政领导的积极参与与推动，使得社区公共体育发展乏力。社区居民体育意识薄弱、体育参与度较低，社区公共体育资源配置效率低下，社区公共体育组织尚未形成完善的发展机制，企业和社会组织参与社区公共体育发展的热情不高，总之，这些因素极大地限制了社区公共体育的进一步发展。

八、"互联网+社区公共体育"发展的对策与路径

1. 构建"互联网+社区公共体育"网络服务平台

社区公共体育网络服务平台的建设，其核心内涵是利用现代的计算机

---

① 胡海坡. 社区体育多元化服务体系建构 [J]. 体育文化导刊，2017（2）：17-19，24.

云技术和大数据处理，实现社区公共体育资源的线上与线下的有机整合利用，通过社区公共体育网络服务平台的有效运转，实现社区公共体育资源共享机制，最大限度地提高社区公共体育资源的利用效率，满足社区居民日益多元化、多层次的体育需求。

在具体的平台构建链接方式上（图6-2），体现的是政府、企业、媒体、运营方、社区居民等多方参与、交流、反馈的过程，这种生态过程只与企业、用户、内容和互联网相联系，是"互联网+体育"产业的较好模式。"互联网+社区公共体育"网络服务平台主要由三个核心模块组成，分别是社区公共体育智能管理平台、社区公共体育居民健身服务平台、社区公共体育居民体质健康监测平台。

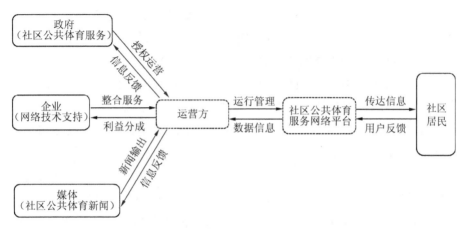

图6-2 "互联网+社区公共体育"网络服务平台的链接方式

（1）社区公共体育智能管理平台

社区公共体育智能管理平台的建设要突出政府的主导作用的角色，政府将移动终端分配到各个社区指定的体育管理员手中。社区公共体育管理员通过对社区公共体育智能管理平台的运行操作，对每个社区日常体育活动的开展、重要群众性体育赛事的监控和各类体育场地设施的维修保养等各类信息在社区公共体育智能管理平台上的反馈，系统将自动识别、转化和备份社区公共体育管理人员以文字、语音、图片形式提交和上传的信息，实现远程网络监控，提高对整个社区公共体育管理的效率。

（2）社区公共体育居民健身服务平台

社区居民的体育生活以基本的休闲健身为主，社区健身服务平台的建设应采用"线上线下"的体育消费形式，使社区公共体育场地设施、健身服务咨询培训、健身人群的交流三方面完整地结合，居民通过登录健身服务平台，可以实现线上社区公共体育场馆的预约使用和周边体育赛事活动的线上报名，节约了时间和管理成本。

通过活动的开展、群体性体育赛事的举办，汇聚社区居民参与社区线下赛事，然后通过赛事举办的兴趣，引起社区居民购买各种运动智能装备，并参与到社区的体育运动中去，进一步强化运动量和运动兴趣，社会公共体育居民健身服务平台采集运动大数据，为用户提供健康指导和康复的各种服务。

（3）社区公共体育居民体质健康监测平台

"健康中国 2030 计划"的颁布实施，使健康成为社会着重关注的问题，通过社区公共体育居民体质健康监测平台的建设，对社区居民的健康状况进行阶段性的监测。社区居民可以实现自我了解，根据自己的健康状况科学健身，尽量避免盲目的体育锻炼。

社区公共体育居民体质健康监测平台可以让社区居民定期或阶段性地参与测试，在基本的体重、身高的基础数据上，测定体脂含量、骨密度、肌肉含量、柔韧性、灵敏性等。根据测试出来的数据，开出个性化的运动处方，根据处方的信息，制订有效、合理的健身指导方案，指导社区居民科学地进行体育健身活动。社区居民在根据运动处方进行科学健身后再进行体质健康测试，通过前后的测试数据对比来发现问题，更好地进行健身。同时，社区公共体育居民体质健康测试平台会保存居民的体质测试数据，定期汇总，反馈给上级大数据中心，大数据中心再通过对居民体质健康数据的对比凝练，得到有价值的数据，为政府有关部门制定宏观上的全面健身政策和指导意见提供依据。

2. 秉持"以人为本"的理念，推动社区公共体育的发展

社区公共体育的立足点是"以人为本"，"互联网+社区公共体育"发展模式必须以促进社区居民的身体健康为出发点。社区居民是"互联网+社区公共体育"模式的主体，他们既是参与者，同时也是受益者，只有"以用户体验为中心，以服务为基础"，不断汲取社区居民的反馈和需求来创新发展，才能推动传统社区公共体育服务的转型升级。通过对社区不同年龄、性别、职业群体居民体育需求的调查分析，对社区公共体育的建设提出一些有针对性的建议；并根据不同社区的特点，遵循因地制宜的原则不断进行改进；做好不同时间段锻炼人群的引导、不同项目的开发，场地设施除

了符合标准外，增加与特色人群如残疾人和幼儿身体相适应的体育设施。通过挖掘"互联网+社区公共体育"的价值，不断增强社区居民的体育体验，丰富其社区公共体育生活。

3. 强化行业标准，引入评估机制

现行的"互联网+社区公共体育"发展模式还没有形成一个成熟的标准体系，迫切需要对"互联网+社区公共体育"服务行业的标准、行为规范制定统一的国家标准，指导"互联网+社区公共体育"各项工作的开展。同时，其长期健康发展需要更具有独立性和公正性的第三方评估机构及社会多元力量的参与，设计针对社区公共体育的层级考核评估管理体系，通过搭载在工作终端的体育管理考核评价机制，定期对各社区的"互联网+体育"服务的内容、形式、质量、种类、满意度、平台更新效率、信息反馈管理等服务工作进行统计排名，激发体育管理人员工作的积极性，避免故步自封和发展的停滞，保持创新性。

社会多元力量参与评估也是促进"互联网+社区公共体育"发展模式健康持续发展的重要组成部分，评估工作一般由第三方评估机构展开，但离不开社区居民的参与，因为社区居民既是"互联网+社区公共体育"发展模式的主体，又是直接受益者，他们对于自己需要什么样的社区公共体育及需求标准最清楚。最重要的是，行政部门要及时通过QQ、微信等网络平台将"互联网+社区公共体育"的供给绩效评估标准、评估内容、评估过程等信息及时向社区居民公开，社区居民对绩效评估过程进行"线上"或"线下"的监督反馈，确保绩效评估的公平性、公正性、公开性和规范性。

4. 完善管理机制，构建"互联网+社区公共体育"的管理体系

要实现"互联网+"与社区公共体育的高度融合发展，就必须建立"互联网+社区公共体育"的管理体系。在政府体育行政部门的主导下，做好"互联网+社区公共体育"发展模式的顶层设计，成立包括政府、相关企业和社会组织、居民代表等组成的"互联网+社区公共体育"管理机构，明确各机构的职能，做到分工明确、责任到位。大力发展社区公共体育组织的服务功能，提高社区居民的体育参与率，使社区公共体育服务真正落实到位。建立和完善社区公共体育管理调控机制和监督管理机制，充分发挥政府部门的宏观调控作用和社区公共体育组织的微观指导作用，将民主监督、核心监督和专业化监督三者有机结合起来，通过互相促进与约束，推进社区公共体育管理有序进行。

5. 加强互联网宣传引导，建设社区公共体育文化

互联网具有整合性、高效性的特征，行政部门可将事业单位、企业、体育社会组织、体育爱好者等社区公共体育服务供给方协调成一个整体，有效整合各方资源为社区公共体育服务。建立社区公共体育服务供给、共享的互联网大数据平台，提高社区公共体育服务供给方的科学决策能力与管理水平。"互联网+社区公共体育"的共享性、社交性和数据化等特征本身就具备天然的宣传引导功能。通过互联网的宣传和引导，丰富社区公共体育文化的形式和内容，不断增强社区的体育氛围，从而建立起有社区特色的"互联网+体育"文化，营造一种健康、文明的体育发展环境，更好地促进"互联网+社区公共体育"的发展。

第二节 社区公共体育服务网络平台的构建

随着社会的快速发展及互联网技术的普及应用，人们的生活越来越离不开互联网，网络服务平台应运而生。随着"全民健身"上升为国家战略，社区公共体育成了各级政府和社会组织重点建设的内容之一。"社区公共体育健身服务体系"的建设与完善，直接关系到社区居民的健身效果。国外学者萨利斯（Sallis）和欧文（Owen）提出的影响运动行为的生态模型认为：运用互联网技术，帮助人们更好地去发现和认识所在社区的运动资源，能够有助于增加人群的运动行为频率。①② 因此，基于互联网技术，建设社区公共体育健身服务网络平台，推动全民健身活动的全面开展，是实现由"全民健身"到"全民健康"的重要途径。

一、社区公共体育服务平台建设的必要性

随着我国城镇化进程的不断推进和经济的不断发展，城镇居民人口数量不断增加，城镇居民的物质生活水平有了质的飞跃。社区居民不再仅仅期待于物质上的满足，越来越多的人开始重视自身的健康状况，全民健身

---

① 周婷，李宇欣.基于互联网的运动干预项目：提升大众体育行为的新途径［J］.体育科学，2015，35（6）：73-77，82.
② 牛峥，孙得朋，战鹏，等.公共体育服务满意度研究综述［J］.体育世界：学术版，2017（27）：44-45.

的热潮一浪高过一浪，参与健身的人越来越多，因此，对体育健身服务也提出了更高的要求。在公共体育服务领域，近年来，国家和政府不仅在政策上给予了较大程度的倾斜，在资金投入上也有了极大的改观。社区公共体育服务项目数量和种类不断增加，以求满足不同人群的健身需要；社区公共体育服务的内容不断增加，以期满足社区居民多元化的公共体育服务需求。但是，社区公共体育服务过程中仍然存在着许多亟待解决的问题，导致公共体育服务不能满足公众的实际需求，造成公众对体育公共服务的实际感知低于之前的相关期望，公众失望、沮丧和郁闷的心理由此产生，进而对公共体育服务产生"比较不满意"或"非常不满意"等的心理反应。①② 政府单一的线下公共体育服务导致了公共体育服务资源的利用率低下，资源浪费现象严重。人们缺少一个信息获取渠道，准确地知晓哪些体育场馆可以预订，哪个场馆的价格更为低廉，如何针对自身实际情况科学地选择健身方式和项目，等等。而这些信息恰恰是大众的真实需要。线下服务存在的"壁垒"，往往让政府的公共体育服务工作无法快速地收获成效。互联网时代的到来，互联网技术被广泛地应用到了各个领域，它在社会资源优化配置中发挥了举足轻重的作用，因此，为有效解决社区公共体育服务中的现存问题，政府急需建立一个基于互联网的公共体育服务平台，通过该平台实现公共体育服务信息的全面、及时、准确推送，更好地服务于广大社区居民，提高公共体育资源的利用率和公共体育服务的满意度。

二、社区公共体育服务平台建设的基本原则

社区公共体育服务平台建立的目的是为了服务于广大社区居民，因此社区公共体育服务平台的建设应该坚持以居民用户为中心，以服务为宗旨的基本原则，此外，还应确保服务信息及时快速、真实可靠、丰富多样，具备反馈机制。

1. 坚持以居民用户为中心，以服务为宗旨

首先，当前公共信息服务信息化过程中普遍存在"信息孤岛"，政府、用户、企业与组织、社会舆论联系相对薄弱，难以满足居民用户个性化的

---

① 张嘉璐，张伟. 太原市居民公共体育服务满意度的调查与分析：以万柏林区光华街社区为例［J］. 体育科技，2018，39（1）：63-65，67.
② 程亦炜. 基于网络的公共体育服务平台建设研究［J］. 当代体育科技，2017，7（12）：226-228.

需求。在社区公共体育服务平台建设过程中,应该充分考虑居民用户的实际需要,优化平台界面和服务内容,确保平台的模块设计和功能设置能够方便居民用户使用。其次,公共体育服务平台在建设过程中,必须强调地方政府的主体责任。政府不仅仅是公共体育服务政策的制定者、执行者,还是公共体育服务资金的保障者,更是公共体育服务全过程的监督者。只有明确定位,才能为社区公共体育服务平台建设和运行提供宽松有效的环境。最后,政府应该充分考虑社区特殊人群的公共体育服务需求,针对残疾人和外来务工人员等弱势群体,指定倾斜性的服务政策,确保社区人员人人都能享受到公共体育服务平台带来的便利,实现服务效益的最大化。对此,我们提出了社区公共体育服务平台的公共体育服务信息交互方式,如图 6-3 所示。

图 6-3 公共体育服务信息交互方式

2. 确保服务信息的及时快速推送

传统的"上传下达"的信息传递方式,不仅时效性较差,而且需要耗费巨大的人力、物力,甚至在传达过程中由于每个人对信息的理解存在偏差,信息失真的现象普遍存在。利用互联网技术,将所要传达的公共体育服务信息发布到社区公共体育服务平台上,便于人们随时浏览并关注。因此,及时、快速是社区公共体育服务平台建设的基本原则之一。此外,政府可以通过该平台及时地将所做工作展现给广大社区居民,不仅有利于社区居民对政府的公共体育服务工作进行有效监督,而且可以提高政府在广大人民群众中的公信度,有利于政府工作的顺利开展,提高政府工作效率,一举多得。

3. 确保服务信息的真实可靠

不管是传统的"上传下达"的公共体育服务信息传递方式,还是基于互联网的社区公共体育服务平台信息传递,政府始终处于主导地位。因此,确保社区居民获得真实可靠的信息是社区公共体育服务平台建设的又一基本原则。虚假信息不仅会影响社区公共体育服务的质量，还会造成人们对政府公共体育服务工作的质疑，严重影响政府的社会形象。为此，在实践中，政府应制定相关的审核制度和监督惩罚机制，规范平台的监管和评估机制，严把服务平台信息的质量关，确保信息的真实性。①②

4. 服务信息要丰富多样，分门别类

不同的人群对公共体育服务信息的需求不一样，因此，社区公共体育平台提供的服务信息不应仅仅局限于体育场所和体育活动信息，还应该包括人们需要的体育文化信息，如各种体育健身知识、运动处方、体育项目竞赛规则等，这就要求社区公共体育服务平台所提供的信息一定要丰富多样，确保"有需要就有供给"。政府应该花大力气通过多种渠道对社区居民的公共体育服务需求进行不同维度（年龄、性别、工作性质等）的调研，最大限度地做到供给与需求相匹配。另外，服务信息不仅要在内容上丰富多样，而且要在形式上丰富多样，文字说明搭配精美图片和视频，使信息表现更为生动直观。③ 在确保信息内容和形式丰富多样的前提下，要对信息的具体内容分门别类，以方便人们查看和检索。人们可以根据自己的兴趣爱好和关注点，选择性地关注相关类别的信息，提高获取信息的效率和信息的传递效率。

5. 服务信息要有利于反馈

任何事情都不可能十全十美，毫无漏洞。为了确保社区公共体育服务平台的持续高效运行，政府应及时收集人们对平台的意见和建议，取其精华，去其糟粕，不断对平台进行优化。如在平台建设中可以专门设置相应模块，通过该模块人们可以进行在线咨询、留言、投诉等。此外，可以在平台设置链接，利用微信群、QQ 群、微博公众号等，建立信息反馈渠道，实现政府与居民在公共体育服务问题上的沟通与交流。

三、基于互联网的社区公共体育服务平台的构建与运行

1. 基于互联网的社区公共体育服务平台现状

社区公共体育是群众体育的重要组成部分，社区公共体育服务平台在

---

① 杜丽洁."互联网+"新常态下信息化体育公共服务平台的构建研究 [J]. 福建质量管理，2017（17）：274.
② 郑宏伟. 苏北地区社区体育公共服务体系的发展与对策研究 [J]. 体育文化导刊，2016（11）：71-75，106.
③ 陆天一. 互联网下的我国体育服务平台战略构成分析 [J]. 科教导刊，2015（1）：120-120.

促进社区公共体育事业发展、实现"健康中国"中发挥着重要的作用。努力建设社区公共体育服务平台，积极寻求新的突破与发展，对于我国当前正在积极开展的社区公共体育健身事业的发展具有重要的意义。

通过调查发现，现有的公共体育平台大多通过引进赛事、自制比赛等形式不断输出内容，吸引并汇聚更多的用户进行线下活动，然后再通过各种兴趣引导用户通过O2O模式购买各种智能运动装备，再通过智能运动装备获取海量的运动、兴趣爱好、行为癖好及健康等各种大数据，进一步为用户提供从运动健身到健康医疗的各种增值服务，但是缺少对于具体社区的场地及器材使用情况的更新，无法为社区居民带来切实的便利，要以此为切入点，建设在互联网时代背景下的新型社区公共体育服务平台。①

2."互联网+社区公共体育服务"平台的构建

以社区居民的实际公共体育服务需求出发，从理论视角分析政府（政策指导和监管）、居民（需求与参与）、企业与组织（产品与服务）三者在社区公共体育服务平台建设和发展中的责任、权利和义务。并且突破从单一体育学科的视角研究社区公共体育发展中存在的问题，在全面解析互联网时代社区居民生活特征复杂性的基础上，借助对社区居住环境建设和体育资源建设的微观技术研究、经济学和管理学的社区发展宏观制度研究、政策引导与监管和法规保障的社会学研究，构建多学科研究方法融合创新的"环境—经济—社会"综合研究系统。②

社区公共体育服务平台是一种以服务社区居民，实现资源共享为主要目的，结合基础技术架构和业务应用模型的复合框架，该平台以资源共享为导向，抽象各类资源的共同特征，通过构件建模满足社区居民不同的个性化需求，形成一个集成化的统一技术支撑环境。③ 社区公共体育服务平台需要针对类型复杂的居民体育需求，采用层次与模块划分的方法，建立社区公共体育服务平台"体育生活云平台"，其总体框架结构如图6-4所示。系统主要分为两类功能模块，即前端用户功能模块和后台管理员功能模块。

---

① 陈惜娜，蔡夏飞，申培新. 构建体育文化特色社区促进社区建设的研究［J］. 安徽体育科技，2016（1）：1-4, 12.

② 魏婉怡. 困境与破解：现阶段我国社区体育发展的多元审视［J］. 北京体育大学学报，2017, 40（12）：14-19.

③ 刘钊. 社区服务信息资源共享平台构建研究［D］. 湘潭：湘潭大学，2009.

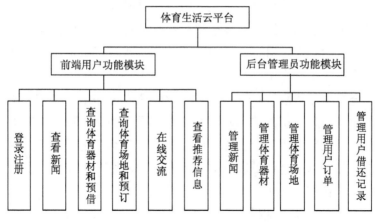

图 6-4 "体育生活云平台"系统结构图

（1）前端用户功能模块

用户功能总体突出了"共享"的观点，主要体现政策的共享、设施的共享、产品信息的共享。其中，"查看新闻"模块体现了政策的共享；"查询体育器材和预借""查询体育场地和预订"模块体现了设施的共享；用户"查看推荐信息"模块体现了产品信息的共享。前端用户的六个主要功能模块如下：

①"登录注册"模块。"登录注册"模块为用户提供登录及注册服务，用户登录与管理员登录有所区别，在登录时只需选择相应的身份即可进入模块。

②"查看新闻"模块。"查看新闻"模块为用户提供查看最新发布的体育新闻服务，其内容主要是管理员发布的体育新闻、国家的政策法规、群体组织的相关赛事等，用户根据兴趣点击新闻标题的超链接，便可查看新闻详情，进一步浏览相关内容。

③"查询体育器材和预借"模块。用户通过"查询体育器材和预借"模块可以查看社区所有的体育器材并进行预借。进入相关页面，点击"预借"按钮，即进入预借页面，在预借的数量和时间允许的情况下进入订单页面并提交，提交成功后，管理员即可查看相关信息。

④"查询体育场地和预订"模块。"查询体育场地和预订"模块为用户提供体育场地的查询和预订功能，用户可在该页面查看社区运动场地的使用情况，并根据自身计划预订，提交预订场地编号及预订时间即可。

⑤"在线交流"模块。"在线交流"模块可以提供给用户一个在线聊

天、沟通、交流心得的平台，使得社区居民之间沟通更紧密，也可方便社区居民相约一起运动。同时在该模块中用户还可以对平台使用过程中存在的问题给出反馈，提出自己的意见和建议。政府可以根据用户的可行性的建议对平台进行不断优化。

⑥"查看推荐信息"模块。"查看推荐信息"模块作为该平台的一项重要功能，是对信息共享的推广和深化。在该平台中，用户可以查看来自网络的运动教学视频及资源，查看平时一些常见疾病的运动处方疗法，查看几款由企业提供的综合评价较好的产品及服务，用户可在推荐页面查看相关信息，也可在相应页面进行消费。

（2）后台管理员功能模块

后台管理员主要负责日常的维护管理工作，其功能主要有：① 登录系统后，对发布的新闻进行管理，包括新闻的增加、删除、修改工作；② 对社区现有的体育器材和场地进行管理，主要工作是在社区引进新的器材或者构建新的场地时进行添加，当报废一批器材时进行删除；③ 对网络视频资源、运动处方、产品信息及服务等推荐信息进行审核及管理；④ 对用户提交的订单进行批复，并在用户借出、归还时对记录表进行管理，记录借出的时间、数量，最后归还时是否有损坏，若有，则记录损坏的数量。

3. "互联网+社区公共体育"服务平台的服务宗旨

（1）合理布局体育企业，整合体育资源，构建供给网络

努力促进周边体育企业向"互联网+体育"企业转型，整合体育企业所能提供的不同种类的体育资源，依托平台所提供的推荐共享这一功能，在保证体育企业发展规模的基础上，不断优化产品与服务，让社区居民能够获得更加翔实、便捷的信息，居民足不出户就可以选购自己喜爱的产品，这为居民选购优质放心的体育器材提供了便利。"互联网+体育"企业则获得了社区居民的认可，社区居民的认可又可进一步推动企业发展，实现社区居民与体育企业的双赢。①

（2）积极响应国家政策，推进政策实施，实现信息共享

当前人们的日常生活已与互联网密不可分，借助平台的信息共享功能，

---

① 张广俊，李燕领，邱鹏. 江苏省体育产业公共服务平台建设研究[J]. 体育文化导刊，2017（5）：137-142.

可实现政策信息的进一步推广,增强政府公信力,提高行政效率,充分发挥信息资源共享在深化改革、转变职能、创新管理中的重要作用,为全面建成小康社会、促进社区和谐打下良好的基础。

(3) 努力服务社区居民,提高生活质量,提供健身便利

随着社会的发展,社区居民的体育需求呈现多元化趋势,依托该平台的在线交流及体育资源预订等功能,可以促使社区居民形成一个个小型的体育活动团体,在社区教练或者网站相关视频的指导下进行竞赛、锻炼等。对于社区居民而言,这样的健身方式更加便捷,也更加受人欢迎,社区居民可以督促社区公共体育的建设,进而推动社区的和谐和可持续发展。

互联网技术的飞速发展与广泛应用为社区公共体育服务工作的开展提供了新的途径,"互联网+社区公共体育"服务新模式为社区发展注入了新的活力,对促进"健康中国"建设计划的顺利实施具有重要而深远的意义。同时,"互联网+社区公共体育"服务平台建设过程中应该做好硬件、数据、系统、信息等的安全工作,保障平台的稳定安全运行。

第七章　基于"互联网"的社区公共体育资源配置路径

社区公共体育资源是居民开展体育健身活动的基本条件,是社区公共体育发展的基础。当前我国社区公共体育资源配置存在供给落后于需求的矛盾,社区公共体育资源配置改革迫在眉睫。如何对社区公共体育资源配置进行改革,提高社区公共体育资源配置的效率与质量是摆在各级政府部门面前的难题。国务院印发的《关于积极推进"互联网+"行动的指导意见》中明确提出要探索新的公共服务供给方式,在此背景下所产生的"互联网+社区公共体育"对于政府提高社区公共体育资源配置改革提供了新的发展思路。政府可以利用互联网的信息化、便捷化、快速化的优势创新社区公共体育资源的配置模式,减少社区公共体育资源配置的无效供给,扩大社区公共体育服务的有效供给,优化供给结构,提高供给质量,使社区公共体育资源配置的供给和需求趋于平衡,提高社区公共体育资源的共建能力和共享水平。因此,有效实施"互联网+社区公共体育",对社区公共体育资源配置进行改革,对于提高社区居民的身体素质和健康水平,推动全民健身事业的深化发展,具有重要的现实意义。[①]

第一节　社区居民对体育资源需求的现状

社区居民开展体育健身活动是以一定的资源为基础的,这些资源统称为社区公共体育资源。社区公共体育资源一般包括:设施资源、财力资源、人力资源和信息资源。社区公共体育资源配置就是按照社区居民参与体育活动的需要,有针对性地安排或供给体育资源的过程。配置的体育资源的

[①] 董新军,易锋."互联网+"时代社区公共体育服务供给侧改革研究[J].体育文化导刊,2018(2):43-46,57.

多少、类别及配置的方式，都会直接或间接地影响着居民的体育参与意愿和行动。因此，社区公共体育资源配置，必须是在充分调查、广泛征求居民意见的基础上，经过科学论证，有针对性地配置居民真正需要的体育资源，做到资源配置的科学性、合理性和高效率。

一、制约社区居民参加体育活动的因素

调查结果显示，2018年，在制约社区居民体育参与的因素中，排在前五位的依次为"没时间""没兴趣""缺乏场地设施""经济条件限制""惰性"（图7-1）。根据《2014年全民健身活动状况调查公报》的数据显示：在制约全国20岁及以上城乡居民体育参与因素中，排在前五位的依次为"没时间""没兴趣""缺乏场地设施""惰性""身体弱"。[①] 两组调查结果表明，"没时间""没兴趣""缺乏场地设施"是制约我国社区居民体育参与的主要因素，其中"没时间"这一因素可能与我国城乡居民的职业类型分布、工作时间要求和家庭角色分工有关，对于这一因素的干预需要国家在宏观层面上进行，利用政策限制每周工作时间、调整节假日休息时间等来提高居民可以支配的休闲时间。"没兴趣""惰性"这两个因素可能更多的跟居民的健康意识和对体育的认知有关，这也提示我们在未来的全民健身工作中要进一步加大宣传，普及体育健身知识，提升居民的健康意识和体育认知水平。"缺乏场地设施"说明政府和社会投入社区公共体育基础设施建设不足，需进一步加大社区公共体育场地设施建设，提升社区居民的体育参与率。

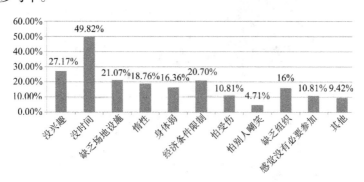

图7-1 制约社区居民参加体育活动的因素

---

① 国家体育总局. 2014年全民健身活动状况调查公报[EB/OL].（2015-11-16）[2019-03-20]. http://www.sport.gov.cn/n16/n/077/n1422/7300210.html.

二、社区居民对公共体育服务及相关指标的满意度评价

1. 社区居民对公共体育服务的满意度

调查结果显示，2018 年，社区居民对所在社区公共体育服务给予肯定的评价（评定为"很满意""满意"）的人数百分比为 54.25%，给予"一般""不满意""很不满意"评价的人数百分比为 45.75%，整体上看，满意度一般（图 7-2）。根据《全民健身计划（2011—2015）实施效果公众满意度调查报告》的结果显示：我国城乡居民对公共体育服务满意度的评价指数得分为 68.7 分[①]，总体满意度评价为"一般"。特别是本次调查中居民对公共体育服务的满意度低于全国平均水平，本次调查的社区又属于我国经济发展比较发达的地区，居民收入和生活条件应该高于全国平均水平。由此说明，随着居民生活水平的提高，居民对公共体育服务质量要求更高，公共体育服务的发展速度赶不上居民对健身需求和期望的提升速度。两组调查结果表明，目前我国社区居民对社区公共体育服务不是很满意。这一结果提示我们在未来的全民健身工作中，需要加大社区公共体育服务建设，进一步完善社区公共体育服务供给模式，以更好地满足社区居民对公共体育服务的需求。

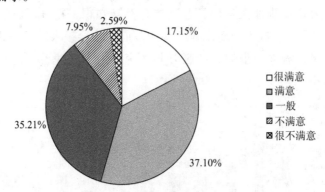

图 7-2　社区居民对公共体育服务的满意度

2. 社区居民对公共体育服务相关指标的满意度评价

调查结果显示，2018 年，社区居民对公共体育服务相关指标给予肯定评价（"很满意""满意"）的指标依次为全民健身政策与知识宣传

[①] 刘国永，杨桦. 中国群众体育发展报告（2015）[M]. 北京：社会科学文献出版社，2015：51.

（61.69%）、体育场地设施（53.71%）、体育健身类社团发展（52.01%）、体育健身类活动开展（49.81%）。给予消极性评价（"不满意""很不满意"）比例最高的是体育健身类活动开展（11.29%），其他依次是体育场地设施（11.26%）、体育健身类社团发展（10.33%）、全民健身政策与知识宣传（8.86%），如图7-3所示。根据《全民健身计划（2011—2015）实施效果公众满意度调查报告》的结果显示：体育场地设施满意度指数的平均得分为70分；体育组织满意度指数平均得分为69.8分；体育活动满意度指数平均得分为69.8分。① 这提示我们在未来社区公共体育服务建设中要更加重视体育场地设施建设，积极组织开展体育健身类活动，加大对社区公共体育健身社团发展的扶持力度。

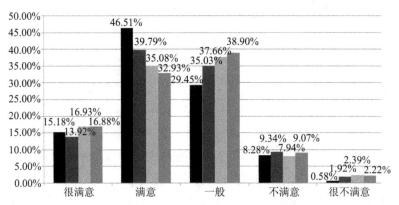

图7-3 社区居民对公共体育服务相关指标的满意度

三、社区居民对社区更好地促进其参加体育活动的建议

在社区居民对社区更好地促进其参加体育活动的建议调查中，排在前五位的依次为"组织开展丰富的体育活动""优化治安、交通、绿化环境""增建与改善体育场地设施""加强全民健身政策与知识宣传""培育发展更多的体育社团组织"（图7-4）。同时，有30.59%的居民期望得到更多的健身指导。

---

① 刘国永，杨桦. 中国群众体育发展报告（2015）[M]. 北京：社会科学文献出版社，2015：51-52.

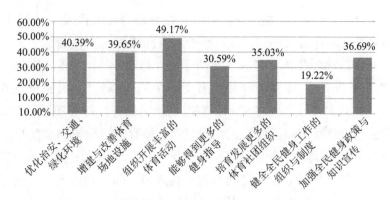

图 7-4　社区居民对社区公共体育发展的建议

四、社区居民对体育资源需求的现状

1. 社区居民对健身场地设施资源需求情况

调查结果显示，2018年，社区居民对健身场地设施需求排在前五位的依次为"健身步道""健身广场""全民健身组合器械""室内羽毛球场""室内乒乓球场"（图7-5）。这与居民选择健身项目有直接的关系。调查结果显示，目前社区居民在体育健身项目的选择上排名前五位的依次为"健步走""跑步""广场舞""乒乓球、羽毛球或网球等小球类项目""骑自行车"。由于大多数居民选择的健身项目相对集中在这些入门技术要求不是很高的项目上，又喜欢将健身时间集中在下午4点后到晚上的时间，因此，造成这些项目的场地设施非常紧缺，场地设施的建设速度跟不上居民健身活动的需要。

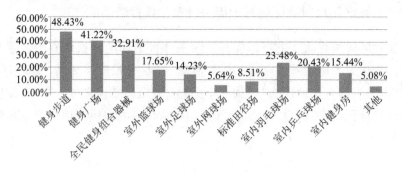

图 7-5　社区居民对体育健身场地设施资源的需求

2. 社区居民对体育健身指导服务内容需求情况

调查结果显示，2018年，社区居民对体育健身指导服务内容需求排在

前五位的依次为"健身方法指导""健身理论咨询与讲座""健身计划与监督""专业的健身指导员辅导""其他"（图7-6）。期望得到健身方法指导的比例最高，达到84.38%，期望掌握健身理论知识的达到78.19%，期望得到健身计划与监督的达到77.54%，期望得到专业的健身指导员辅导的也达到62.94%，这说明目前社区居民普遍认识到了体育健身的重要性，但又不知道怎样开展健身活动，特别是对怎样科学健身知之甚少，非常期望学习到科学健身知识和得到专业健身指导员的指导。这也提示我们在未来的全民健身工作中不仅要加强体育场地设施等硬件建设，还要加强体育健身科学知识的普及，提升居民体育科学素养，更要加大体育健身指导人员队伍的培养，全方位地满足广大居民体育健身活动的需要。

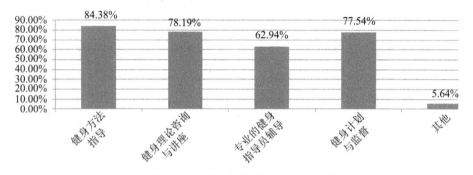

图7-6 社区居民对体育健身指导服务内容的需求

3. 社区居民对体育健身指导服务项目需求情况

调查结果显示，2018年，社区居民对体育健身指导服务项目需求排在前五位的依次为"体质测试评价类""健身计划指导类""乒乓球技术和竞赛类""羽毛球技术和竞赛类""全民健身组合器械健身类"（图7-7）。对"体质测试评价类"需求最高，达到89.65%，对"健身计划指导类"需求达到74.21%，对"乒乓球技术和竞赛类""羽毛球技术和竞赛类"的需求分别为54.81%和54.44%。这说明目前社区居民期望对自己的体质健康状况有一个基本的认识和评价，并且希望针对自己的体质健康状况制订一个科学的健身计划。同时，社区居民更喜欢乒乓球、羽毛球等小球类项目。这提示我们在未来的全民健身工作中，要进一步加强全民体质测试工作，并指导居民科学制订健身计划；加大小球类场地设施建设，有计划地安排小球类技术培训和指导。

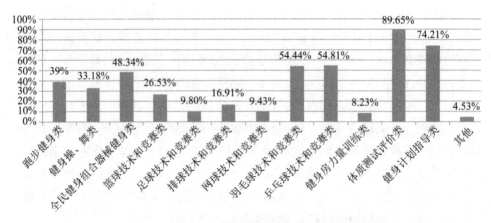

图 7-7　社区居民对体育健身指导服务项目的需求

4. 社区居民对体育健身信息资源建设的需求

调查结果显示，2018 年，社区居民对体育健身信息资源建设的需求排在前五位的依次为"健身微信群""健身 App""健身 QQ 群""健身网站""健身场地网约"（图 7-8）。"健身微信群""健身 App"是居民最期望建立的，人数比例都达到了 97.78%，希望建设健身网站和健身场地网约服务的也分别达到了 57.02% 和 52.03%。这说明目前广大居民都期望得到更多的健身信息，居民间有更多的交流，能分享健身经验。从目前居民建立的健身微信群来看，大多是健身伙伴、好友之间自发建立的，其次是社区健身组织的会员之间建立的，其管理非常松散，微信群中体育信息的准确性、科学性都有待加强。同时，对目前健身 App 的开发与应用，国家也没有统一的标准，其科学性、实用性、针对性都有待提高。

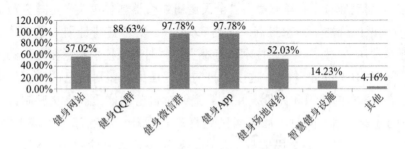

图 7-8　社区居民对体育健身信息资源建设的需求

第二节　社区公共体育资源配置中存在的问题

当前，社区居民对于身体健康的重视与日俱增，越来越多的社区居民投入全民健身的大潮中，社区居民对运动场地、运动器材、运动装备、运动赛事信息、运动技能培训、运动健身指导等要求逐步提高，过去那种单纯依靠政府提供的保障性的社区公共体育服务已经很难满足社区居民的健身需求，出现了运动场地严重不足、科学健身指导缺乏、健身项目单一、健身器材短缺、健身装备不足等现实问题。因此，相对于当前日益旺盛的体育需求，公共体育资源的供给短缺一直是制约体育发展的难题。[①] 社区公共体育资源配置与需求的失衡、社区公共体育服务供给效率不高、社区公共体育资源共享程度有待加强，这些问题都是制约社区公共体育资源合理配置的瓶颈。

一、社区公共体育资源配置缺乏针对性、实用性

《全民健身条例》规定，"县级以上地方人民政府应当将全民健身事业纳入本级国民经济和社会发展规划，有计划地建设公共体育设施，加大对农村地区和城市社区等基层公共体育设施建设的投入""地方各级人民政府应当依法保障公民参加全民健身活动的权利"。[②] 社区公共体育资源配置与管理的目的是为了保障居民参加全民健身活动的权利，促进全民开展体育健身活动，全面提升居民健康水平，但从现实的调查情况看，表面看随着经济的快速发展，各级地方政府也加大了对社区公共体育资源建设的投入，社区公共体育资源配置似乎得到优化，但是与社区居民爆发式增长的体育健身需求还相差甚远，不同体育群体的多元化体育需求还是不能得到满足。分析其原因，首先，由于目前政府机构缺乏对社区居民体育健身需求进行实时调查和反馈的有效机制，对居民健身需求什么、需求多少不清楚，造成体育资源配置的盲目性和无效性，配置的体育资源不能很好地满足居民

[①] 刘亮，王惠. 供给侧改革视角下我国公共体育资源供需矛盾的消解与改革路径［J］. 武汉体育学院学报, 2016, 50（4）：51-55.
[②] 国家体育总局. 全民健身条例［EB/OL］.（2019-09-07）［2019-12-30］.http://www.sport.gov.cn/n16/n1092/n16834/1417788.html.

健身需要，甚至造成浪费和匮乏并存的现象。其次，目前社区公共体育管理人员匮乏，管理制度不完善，管理方法不科学，也是造成社区公共体育资源利用率不高的主要原因。最后，现实中在过度行政化压力下，一些社区公共体育管理者主要按照上级要求去管理，工作中忽视了居民的实际需要。现行社区公共体育管理体制本身具有条块等级权力系统、非人性化等特征。《全民健身条例》要求社区公共体育资源管理应服务于"促进全民健康，全面提升居民健康水平"这个人本目标，但在当前条块的权力系统中，该目标在细化为具体任务时，根据职能部门逐级进行任务分解，其结果是地方体育局只负责统一政策的制定，街道居委会按政策组织实施，社区公共体育指导员按计划执行，多数居民被动接受；而非人性化特征的统一政策计划，则易造成体育管理者的服务与居民的需求相背离，体育指导者专业权威不足，场地器材配备不合理，不能满足社区不同层次居民的体育健身需求。同时，在现行的社区公共体育管理体制下，社区公共体育资源配置与管理主体缺乏多样化、管理机制单一、评定方式缺乏他评等，造成管理主体在实现目标管理过程中事倍功半。

二、社区公共体育资源管理缺乏共享机制，资源使用效率低下

张莹等学者对我国各省、市、区的群众体育资源配置效率进行了分析与评价，结果表明：群众体育资源配置达到有效的地区仅占 16.7%，绝大多数地区存在资源配置不合理现象，并且绝大多数地区不合理是由规模效率的低下引起的。① 陈华伟通过对全国各个省份的社区公共体育资源配置效率的测度分析，发现只有北京、吉林、山东等几个省份的配置效率较高，多数省份的配置效率普遍较低。由测度结果可知，经济较好但配置效率不高的省份，资源投入相对充裕，但产出不足，资源配置过程中存在着资源浪费和配置结构非优化的问题。②

当前，地方政府在政绩驱动下，对社区公共体育资源配置出现"求新""赶时髦"的现象，造成社区公共体育资源"浪费"和"匮乏"并存的局面。资源浪费是低效率的表现，而有限的资源不能共享也是低效率的另一

---

① 张莹,秦俭,董德龙,等. 我国不同地区群众体育资源配置效率研究 [J]. 山东体育学院学报, 2011 (12): 7-11.
② 陈华伟. 社区体育资源配置理论与实证研究 [D]. 福州：福建师范大学, 2014.

种表现。现实中一些地区的社区没有按要求配备社区公共体育工作者，一些社区公共体育资源行政管理者缺乏对社区公共体育资源深入调研，进而影响了社区公共体育资源的管理，这也是造成资源配置盲目与低效率问题的原因之一。另外，社区公共体育资源共享制度建设滞后于实际需要，也影响了社区公共体育资源管理效率的提升。由于社区管理体制的行政性、学校管理体制的封闭性、社会组织管理的松散型和企业管理的独立性，学校、社会和企业的体育资源很难被社区居民有效地利用。

三、社区公共体育资源配置过度依赖政府，多元投入机制不健全

第六次全国体育场地普查数据显示，目前我国体育场地建设经费各级政府财政拨款占总经费的55.84%，单位自筹占总经费的35.88%，社会捐赠和其他投入建设经费只占8.28%。[①] 表明我国社区公共体育场地资源的配置主要依赖各级政府。究其原因，第一，目前我国社区公共体育资源配置主体单一，社区公共体育资源配置主要依赖政府供给，企业、社会组织和第三方投入不大。第二，在鼓励市场参与社区公共体育资源配置方面政府缺乏有效的激励政策，造成企业、社会组织和第三方参与社区公共体育资源配置的积极性不高。第三，多元投入制度不健全，不能很好地吸纳社会、企业、家庭等参与社区公共体育资源的配置。第四，社区公共体育资源共享制度不完善，造成社区和学校、企业、家庭、个人等资源不能共享，社区居民健身只能依赖政府提供的公共体育资源。

四、社区公共体育网络平台不健全，信息服务沟通渠道不畅通

目前社区居民获取体育信息的主要途径是互联网、移动设备（手机）、社区公共体育组织传播、社区宣传栏、居委会公告等渠道。由于互联网信息包罗万象的庞杂性、移动设备使用的局限性和社区内宣传内容的有限性，造成社区居民很难通过这些途径获取自己需要的、有针对性的实用的体育信息。主要原因：第一，目前大多数社区还没有建立专门的体育信息服务网络平台，有关社区公共体育信息都只能依赖街道、社区的综合网站，其有关体育的信息量有限，不能满足社区居民的需要。第二，没有专门的体

---

① 国家体育总局体育经济司. 第六次全国体育场地普查数据汇编[EB/OL].（2014-12-26）[2019-01-10]. http://www.sport.gov.cn/pucha/index.html.

育信息搜集、整理、发布和反馈的人员，造成信息不能及时传播和反馈，信息沟通渠道不畅、滞后，也是造成社区公共体育资源不能高效利用的主要原因之一。第三，缺乏社区与社会体育组织、学校、体育服务企业之间的跨部门信息共享机制和信息共享平台，造成社区内体育信息资源无法实现共享。在当前社区公共体育管理体制下，社区公共体育信息资源跨界渗透性不强、透明度不高，是造成社区公共体育信息利用率不高、反馈沟通渠道不畅的重要原因。

第三节 基于"互联网"的社区公共体育资源配置路径

随着互联网、大数据、云计算、通信技术的飞速发展，人们对信息的获取越来越便捷、越来越精确，移动互联网及物联网技术在社区公共体育资源配置领域的运用能够解决时间和空间上的便捷，提高公共体育资源供给的时效性、便捷性，利用"互联网+"技术创新社区公共体育资源配置模式势在必行。

一、利用互联网技术拓展社区公共体育资源配置渠道

1. 社区居民由公共体育资源消费者向提供者转变

在信息化飞速发展的今天，随着"众筹"、移动互联网、物联网及移动智能终端的广泛普及，在互联网领域公共服务出现了新的模式，我国的社区公共体育资源供给主体范畴正在发生着巨大的变化。社区居民通过微信、微博、QQ等社交网络建立各种各样的运动健身群，通过这些健身群号召、组织兴趣相同的健身爱好者进行一系列的健身活动，发起者往往为了确保这些活动的顺利完成进行精心的组织准备，他们的组织活动完全是自愿、免费的。越来越多的社区居民积极参与到这些活动当中，社区居民由传统意义上的公共体育资源消费者向公共体育资源提供者转变。

2. 政府供给公共体育资源向多主体协同供给转变

移动互联网的飞速发展及智能终端的广泛普及，可以实现公共体育资源供给参与主体的广泛协同合作，政府部门作为传统社会中公共服务的核心提供者，正从单一的公共体育服务提供者向多角色转变。一方面，政府部门利用自身的资源优势联合企业开发能够提供给社区居民公共体育服务

信息的 App，在健身场馆场地寻找选择方面，社区居民能够及时跟踪各社区、学校、企业的体育场馆、场地设施的使用情况，然后根据自己的时间安排，预约体育场馆、场地设施；在体育赛事、体育活动参与与欣赏方面，社区居民能够及时掌握相关赛事、活动的组织情况，或者报名参加比赛、活动或者去欣赏体育比赛、体育活动；在科学健身指导方面，社区居民能够详细了解相关运动项目的科学健身知识、得到"线上"技术指导。另一方面，社区居民把在共享公共体育服务成果的过程中所遇到的问题、困难、不足之处及自己对于提高社区公共体育服务质量的好的建议通过这些 App 及时反馈给政府部门。在这个过程中社区居民既是反馈数据的提供者，又是 App 软件的消费者，在社区公共体育服务的管理上政府、企业、社区居民等多个主体共同参与，真正实现了社区公共体育服务的协同。政府部门还可以联合相关企业开发社区居民急需的体育装备，提高居民进行体育锻炼的物质保障。政府、企业、社会等多主体"协作供给"模式，彻底解决了由政府"独家垄断"所导致的供给不足问题。[①]

二、利用互联网技术提高社区公共体育资源配置效率

1. 利用互联网技术提高社区公共体育服务供给的精准化

在"互联网+"时代，政府部门可以利用信息化技术使社区公共体育服务供给与社区居民的公共体育服务需求及时匹配，而如何及时匹配就需要解决社区公共体育服务供给的精准化问题。社区公共体育服务的精准供给主要通过问题的精准识别、精准供给、精准实施三个步骤来实现。精准识别需要从社区公共体育服务众多内容中识别出社区居民急需的服务，避免社区公共体育服务供给与社区居民实际需要错位，以提高社区公共体育服务的针对性和有效性；精准供给需要社区公共体育服务提供方，特别是政府部门要依托大数据，及时掌握不同地区、不同性别、不同年龄、不同职业人群对社区的公共体育服务的迫切需求，有针对性地提供公共体育服务，避免无效公共体育服务供给；精准实施是指社区公共体育服务提供方在具体提供社区公共体育服务过程中根据社区居民的切实需要，在公共体育产品提供、管理、维护、反馈等方面做好安排，确保公共体育服务供给的效

[①] 马铮，刁庶. 信息化视角下公共服务供给侧改革路径分析 [J]. 领导科学，2016 (12)：4-6.

率，提高公共体育服务产品供给的精准化。

2. 利用互联网技术提高社区公共体育服务供给的智慧化

在"互联网+"时代，移动互联网、物联网、云计算、数字通信等信息技术不但大大提高了政府部门在社区公共体育服务方面的效率，而且使公共体育服务供给向智慧化方向发展，政府部门可以将政府、企业、学校、社会团体、个人等公共体育服务提供方的资源有效整合起来，建立公共体育服务供给、共享的大数据平台，这不但能够精简人员、节约资金，而且可以使社区公共体育服务供给、管理、监督等服务自动化和智能化，从而有效排除人为情感因素的困扰，客观、公正、及时、准确地对社区公共体育服务进行管理，大大提高了公共体育服务提供方的科学决策能力和管理水平。

三、利用互联网技术提高社区公共体育资源的共享程度

1. 开发社区公共体育服务共享资源

随着现代社会经济的快速发展，社区居民对公共体育服务的需求呈现多元化趋势，由于目前社区公共体育资源匮乏，人均公共体育资源占有量少，已不能满足社区居民日益增长的健身需求。社区居民日益增长的多元化体育需求与社区公共体育服务有效供给的不足是社区公共体育服务发展过程中存在的主要矛盾，政府部门需要开发新的公共体育资源去解决这一矛盾。与此同时，积极共享社会闲置资源，也是解决这一矛盾的切实有效的方法。一方面，社会企业、社团、个人可以把闲置的体育场地、设施、器材等体育资源通过互联网发布，对社区居民提供公共体育健身服务；另一方面，政府机构、学校、医院等事业单位在满足自身正常需要外，也要在空余时间把体育资源向社会开放，同时把体育场地、器材、运动项目培训、健身指导等信息通过网络向社会公开。需要注意的是，政府部门要给予这些向社会提供公共体育服务共享的主体提供一定的资金补偿，以提高他们提供共享资源的积极性，同时准许这些提供公共体育服务共享的主体进行其他经营性的后勤服务，维护相关的公共体育服务共享资源的有效运行。

2. 拓宽社区公共体育资源的共享渠道

在互联网信息技术革命的推动下，越来越多的社区居民体会到网络的便捷。特别是随着移动客户端智能手机的普及，传统的公共体育服务供给

渠道出现了新的变化，越来越多的政府部门、社会团体、企业、个人利用信息化技术通过微信公众号、App 等线上公共体育服务平台为社区居民提供多样化的"线上"服务，社区居民进行"线下"体育锻炼。线上公共体育服务平台可以为社区居民提供场馆器材预约、实时运动数据检测、科学健身指南、运动项目视频技术指导、运动处方制定、运动医疗恢复科普、公共体育服务反馈等公共体育服务，社区居民通过移动客户端实时掌握公共体育服务信息，为线下的科学健身锻炼提供保障。这种线上的公共体育服务平台快捷、便利、全面、科学，它是对传统公共体育服务渠道的有益补充。

四、利用互联网技术推进社区公共体育资源配置的绩效监督

1. 利用互联网技术推进公共体育服务绩效评估标准

为确保公共体育服务供给体系的正常运行，需要对公共体育服务供给绩效评估标准进行明确界定，"评估标准主要包括服务供应方的资质、服务质量标准、服务计量标准、服务成果评价标准等"。[①] 公共体育服务供给标准的制定应该由政府部门和社区居民代表根据社区公共体育服务供给特点一起制定。因为社区居民是公共体育服务的直接受益者，他们对于自己需要什么样的公共体育服务、需要提供多少、达到什么程度等问题最清楚。政府部门和社区居民代表一起制定公共体育服务绩效评估标准，能够发扬民主，联系实际，避免无效供给。政府部门要及时通过网络、微信公众号等平台把公共体育服务供给绩效评估标准的制定参与成员、制定过程、评估标准内容等信息及时向社区居民公布，社区居民还可以把对绩效评估标准的不足之处及时通过网络、微信公众号等平台进行"线上"反馈，确保公共体育服务绩效评估标准的规范性和合理性。

2. 利用互联网技术完善绩效监督机制

目前，政府购买公共体育服务的评估和监督机制还不完善，公共体育服务的购买、承接、供给都是由政府进行全程监管和评估，缺乏"第三方力量"和专门机构履行监管和评估职能。[②] 公共体育服务绩效评估监督机制

[①] 曹海青，苏丽亚. 公共服务购买与政府监督职责落实 [J]. 人民论坛，2016（2）：65-67.

[②] 张丽萍. 政府向体育社会组织购买公共体育服务的路径之选 [J]. 南京体育学院学报（社会科学版），2017，31（1）：98-103.

急需进一步完善。一方面，政府部门要积极引入第三方和专门机构参与公共体育服务绩效评估监督；另一方面，政府部门、第三方和专门机构借助互联网技术，利用大数据建立公共体育服务绩效评估监督网络平台、移动客户端，社区居民利用手机就可以共享公共体育服务绩效评价信息，还可以对公共体育服务供给情况进行监督，对发现的问题及时通过网络平台进行反馈，使公共体育服务绩效评估接受全社会的监督。由于互联网技术具有方便、快捷、高效的优势，在进行公共体育服务绩效评估监督时可以作为传统的公共体育服务绩效评估监督机制的有益补充，使公共体育服务绩效评估监督机制更加科学、高效。

3. 利用互联网技术明确绩效评估结果

政府部门要出台公共体育服务供给绩效评估处罚条例，然后利用公共体育服务绩效评估监督网络平台、移动客户端对绩效评估处罚条例进行通报，使公共体育服务提供商、社区居民知晓处罚条例，预防公共体育服务提供商违规操作。政府部门、第三方和专门机构、社区居民等部门通过密切协作，对公共体育服务供给情况进行综合评价。对于评价不合格的公共体育服务供给供应商要视具体情况做出 1~5 年的施禁期，被施禁的供应商在施禁期内禁止参与政府投标或获得投标裁决。政府部门要通过公共体育服务绩效评估监督网络平台、移动客户端对绩效评估结果进行通报，社区居民利用手机就可以共享公共体育服务绩效评价结果信息，确保公共体育服务绩效评价的透明度和公正性。公共体育服务绩效评估既能倒逼公共服务决策和过程的科学性、效益性，也有益于下一年度公共服务立项和资源分配的科学性与合理化。①

---

① 容志. 公共服务监督体系的逻辑建构：决策、过程与绩效［J］. 中国行政管理，2014（9）：37-40.

第八章 基于"互联网"的社区公共体育服务供给

社区是社会的基本单元。社区公共体育是全民健身的基础和落脚点。提高社区公共体育服务水平,确保社区公共体育服务的合理、高效供给是实现全民健康目标的关键。"互联网+"时代的到来为传统行业转型升级提供了新动力,社区公共体育发展也进入了"互联网+"时代。研究"互联网+社区公共体育"服务的发展模式,是适应新时代社区公共体育发展的需要。"互联网+社区公共体育"服务对于政府推进社区体育服务供给侧改革提供了新的发展思路。政府可以利用互联网的信息化、便捷化、快速化的优势创新社区公共体育服务的供给方式,优化供给结构,提高供给质量,使社区公共体育公共服务的供给发展趋于平衡和充分,提高社区公共体育服务的共建能力和共享水平。因此,有效实施"互联网+"社区公共体育服务供给侧改革,对于提高社区居民的身体素质和健康水平,推动全民健身事业的深化发展,具有重要的现实意义。

第一节 公共体育服务的概念、特征及内容

一、公共体育服务的概念

我国学者李军鹏研究认为,公共服务是指政府为满足社会公共需要而提供的产品与服务的总称。它是以政府机关为主的公共部门生产的、供全社会所有公民共同消费、平等享受的社会产品。[1] 肖林鹏等人研究认为,所

---

[1] 李军鹏. 公共服务学:政府公共服务的理论与实践 [M]. 北京:国家行政学院出版社,2007:9.

谓公共服务是指公共组织为满足公共需要而提供的公共物品或混合物品。①尽管公共服务的概念尚未完全明朗化，但以下几点是被普遍接受的观点：第一，公共服务是满足社会公共需要的社会产品。公共服务是政府运用公共资源，根据权力、正义、公平等公共价值，积极回应社会公共需要，为实现社会福利最大化而提供的社会产品与服务。第二，公共服务是公民平等享受的社会产品。公共服务的目标是平等地解决社会成员的基本生存、基本生活问题，平等地改善公民的生活状况、提高公民的生活质量、造就身心健康且有生活和工作能力的公民。

对公共体育服务的概念和内涵，国内学者持有不同的观点，存在诸多争议，而外文资料几乎没有对"公共体育服务"概念的专门讨论，仅有外文"体育和公共服务""公共体育和娱乐服务"的称谓。公共体育服务是由中国学者提出的。

公共体育服务是公共服务体系不可或缺的重要组成部分，两个概念之间是属种关系。公共体育组织为满足公民公共体育需要而提供公共物品或混合物品，可以是公民最需要也是最基本的公共体育物品，也可以是高层次高成本的公共体育物品。但根据《国家基本公共服务体系"十二五"规划》的基本精神，公共体育服务范畴应该仅仅限于公民最关心、最直接、最需要、最现实的公共服务要求，即为公民提供基本的公共体育场所和优质的基本的公共体育服务，而不包括高层次、高成本、高消费的体育需求。因此，本研究界定的公共体育服务的概念仅限于以政府部门为主的、公共部门提供的、以满足公民基本体育需求为目的、向全体公民提供的公共体育产品与服务。

此概念有两层含义：其一，公共体育服务的提供主体是政府部门，但不限于政府，其他组织提供的营利性体育服务形式是公共体育服务的组成部分和必要的补充；其二，公民最直接、最现实和最基本的公共服务需求不是一成不变的，随着社会的发展和生活水平的提高，公民的公共体育需求在提高，公共体育服务的基本标准也在发生相应变化。

---

① 肖林鹏，李宗浩，杨晓晨. 公共体育服务概念及其理论分析 [J]. 天津体育学院学报，2007（2）：97-101.

二、公共体育服务的基本特征

既然公共体育服务是以满足公民基本体育需求为目的,那么它就必须是面向全体公民的,不断地满足公民体育活动的需要,适应公民体育健身活动的发展趋势。从公共体育服务的性质和功能来看,主要表现为以下五个方面的特征。

1. 公平、均衡性

公平、均衡性是指公共体育服务要均等公平分配,均衡布局,以保障和服务于全体公民,保障人人享有基本公共体育服务的权利、条件和机会。例如,要对公共体育建设经费公平分配,公共体育设施和活动场所均衡布局,体育活动同步开展,使得所有人都能同时平等地享受到政府和体育组织提供的同等程度的公共体育服务。"保基本,全覆盖",是构建公共体育服务体系的基本准则。

2. 便利性

便利性是指政府或体育组织提供的公共体育服务应该是近距离的、身边的、日常化的服务,随时随地可以获得,很方便地就能享受,易于满足公民的基本体育服务需求。例如,居民区的绿地健身设施、社区健身中心、街道健身组织等。

3. 多样性

多样性是指公共体育服务在提供的服务种类、产品类型、服务对象、服务组织管理形式、服务信息渠道等方面的多种多样。提供的服务种类和产品类型的多样性,是指提供的服务和产品能基本满足所有成员各种各样的体育需求。服务对象的多样性,是指要求服务要惠及不同群体,对社区居民、白领、外来工、未成年人、老年人、残障人等,都能提供不同需求的体育服务。服务组织管理形式的多样性,是指建立健全以政府部门为主导、以多种体育协会为基础、以社会体育指导员和志愿者为骨干、以各种健身场所为依托的多元化组织管理系统。服务信息渠道的多样性,是指政府和体育组织可以通过互联网、广播、电视、报纸、宣传栏、杂志等多种媒体,多渠道地提供体育信息服务。[①]

[①] 王才兴. 构建完善的公共体育服务体系 [J]. 体育科研, 2008 (2): 1-14.

4. 公共福利性

公共福利性是指政府提供的公共体育服务主要是公共福利的，表现为政府对纳税人的福利承诺和在公共利益维护方面的责任。从发展的趋势来看，政府提供的公共体育服务总体是免费的，但并非完全福利性的。不排除一些服务要收取一定的费用，但经过政府补贴，也具有公共福利的性质。

5. 增值性

公共体育服务投资于人，并且是对全体国民的投资，具有人力资本再生产的特征。与一般的资本再生产相比，公共体育服务的投资收益往往是潜在的，非直接的，并且不容易量化，但并不妨碍它的整体效果的存在。

三、公共体育服务的体系结构、基本内容

1. 公共体育服务体系的结构

公共服务体系是政府和社会组织基于社会公平、公正、公益原则，为满足全社会公共需要而建立的服务体系。公共体育服务体系就是为广大公民提供基本体育需要，促进公民体质和健康水平得到普遍提高的服务体系，是一个由政府主导、部门组织、行业合作、社会兴办的多元系统，其实质是把影响公共体育服务的相互作用、相互制约的多种事物整合成一个有机整体，使资源配置最优化、管理工作规范化、服务效益最大化，从而保障广大公民享有基本的体育服务。① 通过查阅现有的研究成果，目前许多学者从不同的角度对公共体育服务体系结构进行了分类构建，总体上看，公共体育服务体系结构至少包括：公共体育服务管理系统、公共体育服务规划系统、公共体育服务融资系统、公共体育服务供给系统、公共体育服务监督与绩效评估系统（图8-1）。②

2. 公共体育服务的基本内容

（1）体育活动场地设施的规划与建设服务

加强对各级各类公共体育场地设施的规划、建设与管理。制定建设标准、服务内容和服务标准。建立包括居住区、街道、社区、体育中心、学校、体育公园等公共体育设施的体育服务网络，实行多区域、多层次、多

---

① 于晨. 2007年上海市体育社会科学研究成果报告 [M]. 上海：上海大学出版社，2008：50-51.

② 樊炳有，高军. 公共体育服务：内涵、目标及运行机制 [M]. 北京：人民体育出版社，2010：172-173.

时段、多种优惠的多元化体育健身活动服务，为居民提供便利。

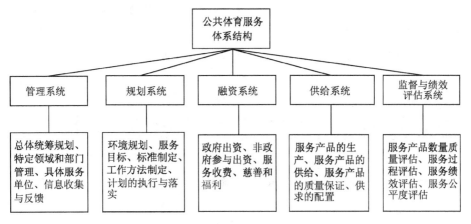

图 8-1　公共体育服务体系结构图

（2）体育活动组织的建设与发展服务

建立各种体育组织，特别是街道、社区的基层体育组织，发展和增加体育组织的规模和数量，扩大有组织活动的体育人口。提高体育组织的服务质量和工作效率，培育和发展体育社团，建立体育骨干培训、培养体制，鼓励有组织地进行体育活动。

（3）体质的监测与监控服务

建立居民体质监测服务系统，加强对居民体质的研究和体质监测服务，实施体质监控和追踪研究，定期公布体质监测结果，形成居民体质监测的预警机制，引导居民关注体质和身体健康。

（4）科学健身的宣传与指导服务

推行公益性和职业性社会体育指导员制度，加强体育健身指导工作，大力开展体育健身咨询、体育健康促进和科学健身的宣传教育，提高居民健身科学化水平。加强社会体育指导员培训，实行分层培养和分类指导的制度，提高社会体育指导员的数量和质量。

（5）体育活动的组织与宣传服务

组织开展多种形式的、丰富多彩的群众性体育活动，积极宣传、举办各种体育竞赛、展示、表演活动，吸引广大居民参与，提高体育活动效果。大力提倡体育项目创新，积极创编和引进适合不同人群的新型体育活动项目，对深受群众欢迎、有较好健身作用的体育项目进行推广和资助。

(6) 体育信息网络的构建与咨询服务

加强公共体育服务信息化建设，构建体育服务平台，建立包括互联网、电话热线、居民信箱、宣传栏、广播电视、报纸杂志等多渠道信息沟通网。强化体育宣传教育，为居民提供体育情报及咨询服务。

第二节 我国社区公共体育服务供给现状分析

一、社区公共体育服务供给现状调查

1. 网络调查系统设置

随着信息化时代数据采集方式的不断多样化，传统纸质调查问卷成本花费大、效率低的弊端日渐凸显。因此，本网络调查系统在多种技术的支撑下，搭建了网上问卷平台，进行问卷回收、分析等工作，辅助以新闻发布、运动处方、专家预约访谈等模块，以便于调查目前公共体育服务供给与需求的差额问题。

对社区公共体育服务要实现的功能进行归纳与分析，确定本系统的整体结构图，分成用户端与管理员端，共计三个层次。用户端包含查看新闻、查看体育设施分布图、查看专家库、查看体育服务问卷、查看运动处方问卷模块。管理员端包含管理问卷修改、管理专家库、管理新闻、管理体育问卷、管理运动处方问卷模块，如图 8-2 所示。

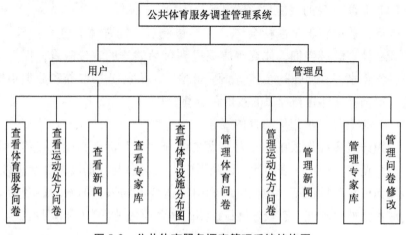

图 8-2 公共体育服务调查管理系统结构图

2. 调查范围与对象

本次调查以"苏南地区"为调查范围,将此系统链接到苏南地区 5 个地级市(南京、镇江、常州、无锡、苏州)的体育局网站,同时通过电信和移动公司发布在 QQ 空间、微信、微博等,让苏南地区居民查看、填写、转发。

3. 调查方式

本次调查方式包括问卷调查方式和实地考察方式。通过系统进行问卷调查,问卷设计主要包括调查对象性别、年龄等基本问题和对于体育公共服务的需求、质量、效率等的调查。共计回收有效问卷 5 820 份。实地考察方式通过系统提供的"查看体育设施分布图"模块,提供调查地点,实地考察公共体育设施、公共体育服务等情况。

4. 调查结果分析

调查结果显示,在 5 820 名被调查者中,男性 2 806 名,女性 3 014 名,分别占比 48.21%和 51.79%。被调查者分成 4 个年龄段,0—14 岁有 46 名,占比 0.79%;15—35 岁有 4 722 名,占比 81.13%;36—50 岁有 541 名,占比 9.30%;50 岁以上有 511 名,占比 8.78%。

通过对苏南地区 5 市"体育场地设施""体育组织""体育活动""体育信息咨询""科学健身指导与培训""体质监测""体育政策法规修订""其他"8 个方面的调查结果进行分析,其中对于"体育场地设施"的需求量最高,其次是"科学健身指导与培训"的需求量。我们将人们对于公共体育服务的需求量,按照 10 分制进行衡量,其中 10 为需求量最高,0 为需求量最低。按照性别对上面 8 个需求量进行了分析、统计,得到了需求的平均值,如图 8-3 所示。

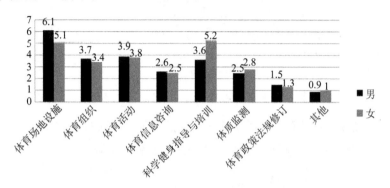

图 8-3 不同性别的被调查者对于公共体育服务的需求情况

通过图8-3可以看出：不同性别的被调查者对于公共体育服务的需求也是不同的，个别项指标差异明显，男性对于"体育场地设施"的需求量最大，女性对于"科学健身指导与培训"的需求量最大。

通过图8-4可以看出，不同年龄的被调查者对于公共体育服务的需求也是不同的，对各项指标差异不明显，除了50岁以上的被调查者对于"科学健身指导与培训"的需求量最大，其他年龄段的被调查者对于"体育场地设施"的需求量最大。

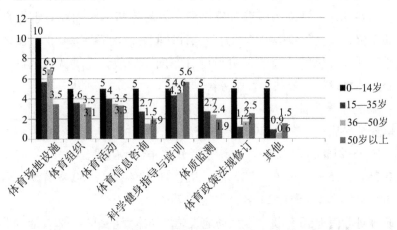

图8-4　不同年龄的被调查者对于公共体育服务的需求情况

此外，本次调查对当地提供的公共体育服务供给决策和程序、产品数量和质量、效率这三方面的满意程度进行分析，满意度评分10分为最高分，0分为最低分，结果如图8-5所示。

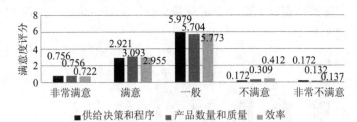

图8-5　被调查者对于公共体育服务的满意度

通过图8-5可以看出，对于这三项，总体满意度都处于"一般"，因此，我国总体的社区居民体育服务满意度仍然具有较大的改善空间。

二、社区公共体育服务供给中存在的问题

1. 供求信息不对称导致供需失衡

调查结果表明，目前社区居民获取体育信息的主要途径是互联网、移动设备（手机）、社区公共体育组织传播、社区宣传栏、居委会公告等渠道。由于互联网信息包罗万象、移动设备使用的局限性和社区内宣传内容的有限性，造成社区居民很难通过这些途径获取自己需要的、有针对性的实用的体育信息。① 社区公共体育服务的供给和需求是社区公共体育服务的两大重要组成部分，实现供给侧和需求端信息的无缝对接是保证社区公共体育服务质量的重要一环。② 近年来，随着政府公共体育服务经费支出的增加，我国社区公共体育服务供给数量和质量都有了大幅度的提高。但是受以政府为主导的社区公共体育供给方式的影响，在社区公共体育服务供给过程中，政府和社区居民之前的沟通渠道尚未形成，政府行政部门对社区居民关于公共体育服务的实际需求缺乏调查分析，导致目前社区公共体育服务供给存在盲目性。本次调查结果显示，居民对现有社区公共体育服务的满意度仅为36.8%，63.2%的居民认为自己没有接受过社区公共体育服务，70.8%的居民认为自己没有参加过社区组织的体育活动。在社区公共体育设施建设方面，75.2%的居民希望建设社区综合健身活动中心，97.3%的居民希望将健身场所建在社区人口集中区域，86.5%的居民希望在健身过程中得到专业人员的指导。上述数据表明社区居民对社区公共体育服务的需求在不断提高，但是目前的供给情况很难满足社区居民的需求，供需严重失衡。

2. 社区居民对公共体育服务的满意度和获得感不高

网络调查和实地考察结果表明，目前设立在社区的公共体育设施，主要是政府利用财政资金购买的各种简单的体育设施和体育公益彩票基金购买的健身设施，如单双杠、吊环、荡椅、攀高环等器械设备。64.2%的居民对社区公共体育服务不满意。这是由于我国社会、市场参与公共体育服务

---

① 易锋，陈康. 我国苏南地区社区居民体育参与困境及对策［J］. 体育文化导刊，2018（8）：59-63.

② 刘亮，王惠. 供给侧改革视角下我国公共体育资源供需矛盾的消解与改革路径［J］. 武汉体育学院学报，2016，50（4）：51-55.

供给程度低，多元公共结构尚未有效形成。① 同时，以政府为主导的社区公共体育服务供给方式是一种无偿供给。无偿性必然会导致"政绩导向""数据导向"的社区公共体育服务理念，忽略了"需求导向"的基本供给原则。由于政府为主导的社区公共体育服务供给方式是一种"有经济投入无经济产出"的模式，短期内也不可能获得明显的社会效益，因此，政府也无心深入挖掘社区居民的真实需求。

3. 信息化手段的运用欠缺

调查结果显示，目前大多数社区管理部门没有专门的体育信息搜集、整理、发布和反馈的人员，造成信息不能及时传播和反馈，信息沟通渠道不畅、滞后。缺乏社区与社会体育组织、学校、体育服务企业之间的跨部门信息共享机制和信息共享平台，造成社区内体育信息资源无法实现共享。②

当今社会是一个信息社会，互联网技术在各个领域都得到了广泛应用，在社会资源的配置中发挥了积极的作用。实现互联网技术与社区公共体育的有机融合，是解决我国社区公共体育服务供给失衡的有效措施。供给侧可以利用互联网技术构建社区居民公共体育服务需求调查系统，有效获取社区居民的实际需求，再针对需求，利用互联网技术给出科学合理的供给方案，实现公共体育资源的高效配置，满足社区居民的体育服务需求，实现供需平衡。

4. 公共体育服务平台尚未完全建立

根据我们对苏南地区城市居民健身状况的调查，结果显示，经常参加体育锻炼的居民中76.8%的人是从来不到收费健身场所进行健身活动的。关于健身服务场所收费问题的调查显示：43.9%的居民认为目前健身场所收取的费用偏贵，22.3%的居民认为适中。居民对政府体育部门和社会体育健身服务组织的门户网站的评价"总体满意"率为46%，"不满意"率占40%。由于服务业在我国的发展还不够成熟，存在着政府、市民和相关组织之间的信息不对称问题，服务者与被服务者之间信息沟通的渠道不健全，因此，政府和有关组织对于市民需要什么服务，应该给市民"提供什么""提供多少""如何提供"等并不能做到胸中有数。与此同时，由于社会信

---

① 尹维增，张德利. 对构建和谐社会环境下公共体育服务的基本责任研究[J]. 体育与科学，2009（1）：45-47.

② 易锋，陈康. 我国苏南地区社区居民体育参与困境及对策[J]. 体育文化导刊，2018（8）：59-63.

用体系尚未健全，服务市场的质量与信誉度也面临着极大的挑战。市民对目前公共体育服务市场的服务内容并不了解，对服务方式、服务质量并不满意。一方面，表明政府在体育场所的公益性建设方面还应该继续加大投入力度，重点建设公益性的、方便市民的、免费的健身场所。另一方面，表明政府和体育健身服务组织在体育健身服务工作中应大力加强宣传，让市民了解政府和体育健身组织提供了哪些公共体育服务，怎样享受这些公共服务，同时在服务收费项目方面还有待改进。

第三节 基于"互联网+"的社区公共体育服务供给

一、拓展社区公共体育服务供给渠道

拓展供给渠道是指鼓励社区居民积极参与社区公共体育活动，积极参与公共体育服务供给，开创社区公共体育服务联动供给、协同供给，通过探索不同的供给渠道，丰富供给方式，优化公共体育资源配置，扩大公共体育服务有效供给，提高公共体育服务水平，最终提高社区居民的生活质量，使供给侧改革进一步深入。将"互联网+"技术运用在社区公共体育服务中可提高信息的精准性，方便居民更快、更便捷地获取体育信息，提高社区公共体育服务的灵活性、实效性，使其服务更加便捷、适应性更高。建立"互联网+社区公共体育公共服务"平台，社区居民可以利用平台评论区等加深交流，寻找相同爱好者组织体育活动，既可节省资源，又可增加体育服务的趣味性。利用"互联网+社区公共体育公共服务"平台，可提高社区居民的协同合作能力，将以政府为核心的单一化体育服务转变成多元化、多角色共同参与。政府联合体育企业共同为社区居民提供搜集、分析信息的App，居民能够随时随地了解各社区、事业单位等地体育设施使用情况，了解体育健身流行趋势，然后参与体育活动。社区居民也可根据在线指导学习体育知识、科学健身及标准动作，提高体育健身活动的质量和效率。

1. 鼓励社区居民积极参与公共体育服务供给

随着互联网技术的飞速发展，移动互联及物联网技术在社区公共体育服务领域的运用能够解决时间和空间上的便捷，提高了公共体育服务的质量。社区居民通过微信、微博、QQ等社交网络建立起各种各样的运动健身

群,"暴走团""跑族""驴友""运动帮""广场舞大妈"等由民众自己组织的"草根"体育群体正在吸引着越来越多的社区居民积极参与这些活动当中,社区居民由传统意义上的公共体育服务消费者向公共体育服务提供者转变,实现社区居民对公共体育事业的自主管理和自主服务,灵活有效地拓宽了社区公共体育服务产品的供给渠道。

2. 开创社区体育公共服务的协同供给

从政府职责和行政角度出发,社区体育公共服务的供给方式可以分为直接供给与间接供给两种模式。直接供给即由专门的主管部门直接与社区居民发生联系,直接生产或者提供公共服务。间接提供即通过激励政策或措施由另外一方提供公共服务,一般把竞争机制引入公共服务的供给过程中,让私营部门及社会力量参与公共服务的供给,政府则承担更多的管理及监管职能。建立由政府部门、事业单位、社会团体及私营部门共同组成的社区体育公共服务供给体系,承担社区体育公共服务基础设施提供与维护、服务信息传播、体育健身指导及管理保障(图8-6)。

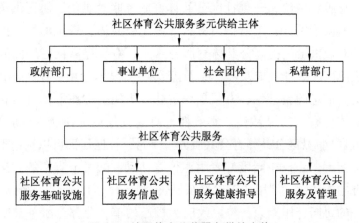

图8-6 社区体育公共服务供给主体

3. 丰富社区公共体育服务线上平台的供给双向信息

拓宽社区公共体育服务供给渠道,满足社区居民多样化的健身需求,通过"互联网+"平台的资源信息建设,使社区居民可以通过微信、QQ客户端、App等方式自发组织体育活动,改变由政府和社区统一管理为社区居民自主管理,达到增加供给方式的目的;同时,政府作为主导部门,可以出台相关激励政策,鼓励学校、社会体育俱乐部、企事业单位、私有企业等拥有体育设施的单位,为社区居民开放体育活动场地资源,以满足社区居民的多样化健身需求。此外，通过对社区公共体育基础设施资源进行统计，并在互联网平台上实时公布使用情况，可以弥补体育场地设施不足的现状，提升现有场馆的利用率，实现体育场地设施资源共享。在"互联网+"背景下运用大数据，根据供需信息反馈来调整供给方案，逐渐优化各方面的服务水平，形成社区自主、形式多样、积极参与的社区体育发展模式，推动全民健身事业发展。

二、提高社区公共体育服务供给效率

1. 推动社区公共体育服务供给的精准化、智慧化

在互联网时代，体育服务部门可以利用信息化技术使社区公共体育服务供给与社区居民的公共体育服务需求及时匹配，而如何及时匹配就需要解决社区公共体育服务供给的精准化问题。提高社区公共体育服务供给效率的具体做法是实现精准化供给，推动体育公共服务智能化、智慧化发展。可利用物联、互联、通信等技术及时匹配社区居民对体育服务的需求，精准识别体育服务存在的问题，然后运用"互联网+"技术进行快速分析，以最快速度制订供给的最佳方案，实现精准供给。精准供给可避免需求与供给的错位，提高社区公共体育服务的针对性、有效性、灵活性。体育服务部门可在社区居民宣传栏、体育器材上张贴客户端二维码，拓展居民用户，然后通过"互联网+"技术构建的体育平台反馈信息了解居民的体育需求，根据需求及时调整供给，实现社区公共体育服务供给的精准化、智慧化。目前，为了紧跟"互联网+"的发展步伐，国家体育总局体育科学研究所成立了智慧体育创新研究中心，该研究中心致力于科研所科技创新成果的应用转化，重点工作包括健身物联网标准建设、运动大数据技术研发、智慧体育专项软硬件开发、智慧化场馆建设管理研究，加速物联网在运动健康方面的推广应用，以创新科技建立科学运动服务体系。

2. 提高社区体育资源共享程度

提高社区体育资源共享程度的具体措施是拓宽体育资源共享渠道，推动体育资源拥有者参与共享。当前社区公共体育服务供给逐渐呈现多元化趋势，引进"互联网+"技术后多元化特征更加突出。多元化既带来了优势，也带来了矛盾，多元化会使日益增长的需求和供给不平衡，这需要政府、社会、企业开发新资源去均衡供给，解决矛盾。一方面，政府出台激励政策将社会上闲置的体育资源引入社区，增加体育健身服务；另一方面，

鼓励学校、体育企业、社会体育俱乐部、健身指导人员等将体育健身信息通过"互联网+社区公共体育服务"平台向社区居民公开，为社区居民提供线上指导、线上体育服务，实现体育资源共享。

3. 完善社区公共体育服务绩效评估机制

社区公共体育服务绩效评估机制可以激发社区体育服务管理人员工作的积极性、主动性，提高其工作质量和效率，进而提高体育服务的质量和效率。具体做法是：建立并完善体育服务绩效评估标准，完善激励、惩罚、监督机制。政府行政部门对社区公共体育服务绩效评估制定出标准、规范，并对相关标准划出范围，标准应包括体育器材供应商服务质量、体质检测标准、服务成果评价标准等。目前，我国社区公共体育服务供给主要由政府主导，这不能满足社区居民的需求，也无法激发社区居民参与的积极性。针对这种情况，政府可以建立多方参与的评估机制，引导社区居民、体育专业机构、社会第三方参与对社区公共体育服务进行监管、评估。

4. 完善社区公共体育服务供给反馈机制

社区公共体育服务的目标是满足社区居民对体育健身的多样化需求，这就需要对社区的体育健身需求、社区内的体育健身场馆、健身活动组织者和健身指导人员等进行调查，获取实际数据资料，整合调查对象的主要健身项目和划分适合全民参与的体育项目，并整理现有的城区公共体育设施资源、可开放的盈利性体育场馆，统筹划分社区范围，使不同年龄段、不同性别、不同消费水平的社区居民都能够方便快捷地参与体育运动中来。社区居民可以通过"互联网+社区公共体育服务供给平台"参与社区公共体育服务的讨论，反馈信息、发表建议。互联网的信息化、便捷化、快速化的优势可以使政府行政部门、社区居民、第三方供给部门通过线上与线下互动监管的方式，实时反馈供需双方的信息，均衡社区公共体育发展，提高社区公共体育服务的共建能力和共享水平。

第九章　互联网时代社区居民体育消费升级模式

随着时代的发展、社会的进步，信息、网络的快速普及，社会发展的速度加快。在经济快速发展的盛况下，"信息爆炸"成为经济发展的最强动力，移动互联网、云计算、物联网、智能化等新产物新科技，使信息急速运转，编织成了巨大的数据网。大数据成为新时代的宝贵能源。海量数据的产生、采集、储存及应用将为体育消费升级带来前所未有的机遇和挑战。互联网、大数据将为社区居民体育消费带来哪些影响，如何运用大数据开拓社区公共体育消费市场，怎样解决体育消费升级发展中的问题，这些对于促进我国社区公共体育健康稳定发展具有重要的现实意义。

第一节　社区居民体育消费现状

一、社区居民体育消费现状

通过对江苏省南部地区、上海市等经济发达地区 35 个社区的居民进行问卷调查，了解社区居民体育消费的现状。调查结果显示，2018 年，上海市、江苏省城镇居民人均支配收入分别为 64 183 元、47 200 元，人均体育消费支出 2 382 元，体育消费支出分别占人均可支配收入的 3.7%、5.0%。①2018 年，居民体育消费项目排在前五位的是"购买运动服装""购买运动器材""观看体育比赛""购买体育彩票""参加体育俱乐部培训和会费"。全年人均居民体育消费总金额主要集中在 2 001~3 000 元，占消费人群的

---

① 数说江苏 70 年：走向增收致富路　谱写生活新篇章[EB/OL].(2019-09-06)[2020-03-10]. http://tj.jiangsu.gov.cn/art/2019/9/6/art_4031_8705049.html.

70.2%（图 9-1）。

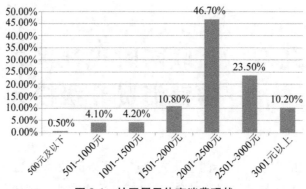

图 9-1　社区居民体育消费现状

二、社区居民体育消费的倾向选择情况

调查结果显示，2018 年，社区居民"购买运动服装"排在体育消费的首位，"支付锻炼场租和聘请教练"排在末位（图 9-2）。根据《2014 年全民健身活动状况调查公报》的数据显示：在全国 20 岁及以上城乡居民中，"购买服装"也排在其体育消费的首位，"支付锻炼场租和聘请教练"排在倒数第二位。[①] 两组调查结果表明，目前我国社区居民体育消费倾向大部分集中在购买运动服、运动器材等实物型消费上，在体育服务消费上占比相对较低。有研究显示：英国居民在运动装备上的消费仅占其体育总消费的 27%，在体育服务上的消费占比在 60% 以上；澳大利亚居民体育服务消费占其体育总消费的比例也在 50% 以上。[②] 在发达国家的体育产业结构上，以体育服务业为主体。与发达国家居民体育消费比较，我国社区居民的体育消费还处在物质消费的低级阶段。这些比较数据，提示我们在当前的体育产业发展上，要出台政策积极鼓励居民参与体育服务消费，在享受体育运动带来健康的同时，去体验高品质的健身服务过程。从国际经验上看，选择参与型体育消费能够让居民得到更专业的健身指导，选择观赏型体育消费则能够让居民更好地了解运动项目文化，得到愉悦的精神体验，这两种消

[①] 国家体育总局体育经济司. 第六次全国体育场地普查数据汇编［EB/OL］.（2014-12-26）［2019-01-10］.http://www.sport.gov.cn/pucha/index.html

[②] 刘国永, 杨桦. 中国群众体育发展报告（2015）［M］. 北京：社会科学文献出版社，2015：281.

费有助于激发居民参与体育锻炼的积极性。①

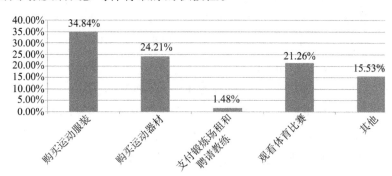

图 9-2　社区居民体育消费倾向

第二节　互联网与大数据对社区居民体育消费的影响

党的十九大报告提出，我国社会主要矛盾已经转化为人民日益增长的美好生活需求与发展不平衡、不充分之间的矛盾。可以将满足人们日益增长的美好生活需要概括为：吃、穿、住、行、用、健康、教育、娱乐各方面全面升级，生活由物质消费过渡到精神消费，由传统消费观转化到现代消费观，由有形的物质到无形的服务转变，从生存型向享受型转变。② 这预示着消费升级在各个领域都亟须解决，体育消费升级势在必行。大数据正在影响消费者、生产者及营销活动，这将为体育消费升级带来新的机遇与挑战。

一、互联网与大数据为体育消费升级增添新动力

消费是人们满足物质、精神生活的重要过程，是国家拉动经济增长的主要动力，是反映社会经济发展的主要指标之一。从 2014 年以来，我国经济的持续健康发展与国民的消费水平密切相关。消费升级使我国的经济发展产生了历史性的变化，连续 4 年成为我国经济增长的第一动力，2016 年

---

①　马德浩，季浏. 阶层构成多元化背景下促进中国不同阶层体育消费市场开发的策略［J］. 成都体育学院学报，2015，41（5）：60-65.
②　钟陆文. 新时代消费升级与消费品供给创新：第 20 次全国消费经济理论与实践研讨会综述［J］. 消费经济，2018，34（1）：91-96.

更是占到中国经济发展的 64.60%，达到了近些年来的最高值。① 据统计数据显示，2013 年，我国体育产业增加值占 GDP 比重仅为 0.56%，美国达到 2.93%，英国为 2.00%，日本为 2.54%，巴西为 2.10%。2015 年，我国也仅占 0.7%。我国与其他国家存在着巨大的差距，也预示着我国体育产业蕴藏着巨大的潜力。在近些年全民健身的大好形势下，体育消费逐年攀升，高品质的体育生活更被人们所追求。2014 年，国务院印发的《关于加快发展体育产业，促进体育消费的若干意见》，将全民健身上升为国家战略，积极部署体育产品和服务供给，不断满足人民日益增长的体育需求。2016 年，国家体育总局发布的《体育产业发展"十三五"规划》中，把推进体育供给侧结构性改革，挖掘和释放消费潜力，作为体育发展的新形势、新任务、新要求。一系列政策出台为优化体育消费结构、推动体育消费升级、适应消费需求，提供了发展动力和保障。

在网络信息技术的推动下，大数据在体育产业发展中日益重要。体育数据的挖掘、采集、分析与运用已逐渐渗入体育消费中。2015 年，国务院印发《促进大数据发展行动纲要》，更多的企业、科技团队参与到大数据的研究中。如乐视体育与搜达足球开发"网络大数据"，阿里体育进军"精准营销大数据"，腾讯体育发力"社交媒体大数据"，等等。大数据使体育更加互联网化，拉近了人们的生活，更能满足人们的体育需求，也为体育消费升级搭建了更大的平台。

二、互联网与大数据对体育消费主体的影响

数据消费对消费者的消费观念、消费欲望、消费选择等产生了潜移默化的影响。消费者的消费行为是满足消费欲望的最终表现形式，而消费欲望的激发是产生消费行为的基本条件。② 供需双方传统的消费信息传递方式、传递量、传递的有效值有很大的局限性，消费欲望的激发基本靠传单、店面陈设、商品发布会、电视广播等手段，远未挖掘潜在的消费需求欲望，而且消费者对商品深度信息了解也会受到限制，从而直接影响人们消费行为的产生。局限的信息流动会使商品的选择面缩小，商品选择被动，影响

---

① 黄隽，李冀恺. 中国消费升级的特征、度量与发展 [J]. 中国流通经济，2018，32（4）：94-101.

② 王风娥. 网络消费与传统消费的比较分析 [J]. 经济师，2005（8）：107-108.

消费者的最终满意度。

21世纪人们的生活节奏越来越快，时间在互联网时代成为宝贵资源，数据消费带来的最明显的变化就是消费者的时间变得更加有效。消费者通过互联网可以随时随地浏览所需商品信息，而互联网琳琅满目的商品信息又会激发消费者的消费欲望，其购买效率大大提升。在体育消费领域，大数据技术的应用得到了很好的体现。现今，参与体育的运动人口不断增加，他们对体育产品的需求量骤增，需求层次不断提升。在体育消费过程中，数据渗透到体育消费的各个环节，移动终端的出现为体育消费升级带来了前所未有的机遇，各种软硬件产品的开发为体育O2O模式的形成提供了前提条件，如小米手环等可穿戴设备、悦运动、咕咚跑等一些手机App，人们可以通过移动工具使用App提前进行运动场地的预订、教练的预约，避免了参与运动时无场地、无教练的尴尬局面，节省了消费者的宝贵时间。[1] 反过来，可穿戴设备、手机App等移动终端能够收集到参与运动者的运动时间、运动喜好、运动频率、身体状况及消费后的效果反馈等基本信息，通过数据的筛选、分析，根据消费者具体情况，提供更多的适合、有效、多样化、个性化的服务，更精准地为消费者提供有效需求。不仅如此，大数据应用在整个体育行业中，无论是体育管理、竞赛表演、体育教育培训，还是休闲体育、体育中介及体育传媒等信息服务，已经慢慢形成一种趋势，大数据体育公共服务移动平台建设成为经济发展的必然选择，从而更好地促进体育消费。[2] 在良好的平台环境中，潜在体育群体的消费欲望也能够得到更充分的激发。随着大数据应用越来越广泛，人们传统的消费观念也会产生新的化学反应，对体育行业而言，将成为加快消费升级的主要动力。

三、互联网与大数据带来体育消费产品供给的变化

供给侧结构性改革要求体育用品转型升级，提供高品质服务，以体育产业转型升级带动体育事业快速发展[3]，体育产品质量是体育产业发展的生命线。可见，体育产品升级在体育产业升级道路上占据着重要位置，这也

---

[1] 张会敏. 体育产业中的O2O模式研究 [J]. 体育文化导刊，2017（3）：123-126.
[2] 黄菁，黄晓灵. 大数据时代体育公共服务移动平台建设的必要性与可行性研究 [J]. 西南师范大学学报：自然科学版，2016，41（12）：122-126.
[3] 周萌. 以体育产业转型升级带动体育事业跨越发展 [N]. 中国体育报，2017-05-23（01）.

是体育消费升级的前提。① 但是，体育产品供给存在诸多问题亟待解决：产业生产要素短缺、产品比较粗放、产品质量不高、产品的个性化短缺等。大数据技术可以为体育产品供给构建更新、更大、更便捷的平台，将需求与供给链接起来，使供与需精准对接。传统的体育产品供给一般比较被动，由于信息的缺乏，有些产品供给常产生不足、过量、错位等现象，大数据将扭转这一格局。在产品供给过程中，借助数据技术的日益成熟，通过移动终端将线上与线下消费者的信息进行收集、整理、分析、共享，深入挖掘消费群体潜在需求，针对消费者的消费偏好、不同需求，生产端供给多方面、多层次、多样化产品，使产品供量合理、供质保障、供接对应，减少产品的无效供给。在生产端，通过体育公共移动平台将生产者联系起来，进行梳理、协调、互动，形成一个丰富多样、交织有序的生产大网络，让生产信息公开、流动、共享、共建，进而有效地调整各生产要素，优化企业结构，提高体育服务质量。在产品供给的职责分配中，大数据体育公共服务移动终端将生产组织、市场管理和政府部门联合起来，明晰不同角色在大环境中应当起到的作用、应该担起的职责。政府发挥引导作用，指引产品供给的大体方向，保障供给健康发展；市场管理者维护秩序，使供给有序进行；生产组织应脚踏实地进行生产，保证产品供给质量，不断创新，满足消费者的不同需求。在体育消费升级的形势下，大数据技术的应用可使体育与其他行业信息相互共享，如体育旅游、体育金融、体育传媒等，形成产业融合，体育与各行业互相促进发展，为体育消费人群提供更精准的产品，更好地把消费环节、生产环节、管理环节融合到统一平台，加快消费升级步伐。

四、互联网与大数据促进体育市场营销的变革

在当今时代发展形势下，市场营销应顺应大数据发展主流，将现代化的网络技术应用于现代市场的发展中。② 传统的营销存在着大量有价值信息淹埋的现象及销售形式粗放、时效性差等问题，大数据包含了巨大的商业信息，营销人员通过分析大数据，改善产品，展开精准的营销活动，不仅

---

① 戴平. 体育产业供给侧改革的理论思考与基本设想[J]. 北京体育大学学报，2017，40（8）：21-26，47.

② 付翊. 大数据背景下的市场营销机遇及挑战分析[J]. 现代商业，2018（7）：27-28.

能提高营销效率和投资回报,还能节约企业资源。大数据具有大量、高速、多样、价值的特征,这些特征的具备使营销变革势在必行。① 在体育市场营销变革的浪潮中,一些体育公司很有前瞻性,着手从传统的营销模式中利用大数据开创新的营销理念。

运动品牌耐克走在了时代最前沿,耐克公司很好地利用了数据资源,准确把握营销的4PS和4CS之间的关联性,在营销理论中,4PS强调产品、价格、渠道和促销,4CS则更多地关注消费者需求,顾客愿意支付的综合成本,顾客双向交流与沟通及实现顾客的便利性。② 在传统商业时期,耐克推崇4PS销售理念,把营销重心放在产品质量、价格等上面,耐克抓住社会机遇,将4CS作为关注点,更多地开始研究消费者数据,越来越多地利用信息技术打造创新产品,使产品营销数据化。可穿戴设备如运动手表、手环等,这些数字化产品用以监测和跟踪健康数据,还定制了运动方案服务,根据运动者个人运动基础来制订个性化的运动方案,正在搭建中的垂直运动社区,将实现聚合运动人士、组织赛事、分享运动感受等功能。耐克不仅产品营销实现数据化,另外,还通过数据分析开始打造健康时尚的引领者,从2002生产出第一代可佩戴运动设备,开始向大数据管理经营转型,现在又以运动引领时尚为营销理念,利用GPS定位功能、运动App和耐克社区等营销的发展,将大数据管理经营推向新的高度。耐克利用大数据突破传统的营销局面,开创了营销新动力。

在体育其他行业中,大数据营销同样受到特别重视。如全球电视数据调查公司欧洲数据提供了所有体育主要市场的收视率、2010年足球世界杯和冬季奥运会的收视率总结报告,互联网信息服务提供商ComScore提供了英联邦2010年体育移动消费信息,一级方程式赞助商年度报告分析了最佳赞助商和投资回报率等,通过数据的收集、分析,为把握营销的走势提供了重要依据。体育各行业正在运用数据开拓新的市场,在体育日益被人们重视的时代,体育消费逐渐被加大刺激力度,为体育消费升级迎来了一个新的空间。

---

① 吴娜,石青辉. 大数据背景下的营销伦理问题研究 [J]. 湖南商学院学报,2015(1):59-62,67.

② 刘建堤. 论零售营销的4PS和4CS [J]. 商业研究,2000(10):92-93.

五、积极的体育产业发展政策促进居民体育消费升级

2019年1月4日,国家体育总局联合国家发改委发布《进一步促进体育消费的行动计划(2019—2020年)》,提出到2020年,全国体育消费总规模达1.5万亿元。

近5年来,国家越来越重视体育产业的发展,充分利用体育产业的发展拉动内需、促进消费、增加就业,大力鼓励体育产业与文化创意和设计服务业的融合,引导社会资本流向存在巨大发展潜力的体育产业,体育产业和体育消费在新的经济环境下成了拉动经济增长的重要马车,未来政府势必会继续鼓励体育产业的发展,使体育产业成为新的经济增长点。在《关于加快发展体育产业促进体育消费的若干意见》中,政府明确提出到2025年体育产业总规模超过5万亿元的宏伟目标,并使之成为推动经济社会持续发展的重要力量。表9-1为1995年以来国家颁布的一些体育产业发展政策。

表9-1 国家颁布的体育产业发展政策及行业影响

颁布年份	政策	颁布机构	行业影响
1995年6月	《体育产业发展纲要(1995—2010年)》	国家体育总局	提出中国体育产业要用十五年时间逐步建成适合社会主义市场经济体制,符合现代体育运动规律,门类齐全、结构合理、规范发展的现代体育产业体系,促进了社会主义体育事业的发展
2010年3月	《关于加快发展体育产业的指导意见》	国务院办公厅	出台了加大投融资力度、完善税费优惠政策等多项具体政策和措施,引导了投资方向。支持有条件的体育企业进入资本市场融资,拓宽了体育产业的融资渠道。积极鼓励民间和境外资本投资体育产业,兴建体育设施,拉动了国内剩余劳动力的就业。同时鼓励金融机构适应体育产业发展需要,开发新产品,开拓新业务,促进了体育产业向多元化的方向发展。为我国体育产业发展、拉动体育消费提供了政策支持

续表

颁布年份	政策	颁布机构	行业影响
2011年4月	《体育产业"十二五"规划》	国家体育总局	突出强调了体育产业在国民经济中所占比重仍过低的问题,加大了对体育产业投融资的力度,开始尝试转变政府职能,把政府工作重点放在管理上。规划中提出了创新体育场馆运营机制,推进了体育场馆所有权和经营权相分离,体育场馆运营专业机构开始蓬勃发展。同时规划强调了对体育赛事品牌建设的重视和体育无形资产的保护,体育赛事品牌的概念开始深入人心
2014年3月	《关于推进文化创意和设计服务与相关产业融合发展的若干意见》	国务院	体育产业开始与文化创意和设计服务这些高附加值的产业相融合。体育产业的发展空间进一步扩大,进一步引导了体育竞赛表演事业、体育服务业的发展,同时促进了体育衍生品的设计与开发,进一步促进了相关行业的发展
2014年9月	《部署加快发展体育产业、促进体育消费推动大众健身》	国务院	为有关体育产业规划的出台奠定了基础,体育产业开始被定位为拉动内需和经济转型升级的"特殊"产业。强调了我国体育产业化程度低和存在巨大开发空间的问题,鼓励体育核心产业的发展
2014年10月	《关于加快发展体育产业促进体育消费的若干意见》	国务院	把体育产业作为推动经济社会持续发展的重要力量,开发体育产业巨大的潜在市场空间,利用体育产业扩大内需,促进消费,并提出到2025年打造出5万亿元规模的体育市场

资料来源:公开资料整理。

大数据影响到体育市场的方方面面,无论是体育消费人群、体育产品供给,还是体育营销领域,都产生着极大的影响,对体育消费升级的推动作用更是毋庸置疑。大数据是把双刃剑,它既给体育消费升级带来许多的积极效应,但同时数据本身也附带着巨大风险,在大数据影响消费的浪潮中，数据技术的研发及数据消费过程中所产生的社会危害，更要予以足够重视，才能使体育消费在大数据的助力下稳步提升。

第三节 互联网与大数据在消费升级中所面临的挑战

一、互联网与大数据技术发展的阻力

马云曾经说过，在我们还没有搞清楚互联网的时候，移动互联网就来了，而我们在还没有搞清楚移动互联网的时候，大数据又来了。信息的快速膨胀，技术的瞬间变革，促使人类在社会文明的发展路程中需要不断加快脚步。基于现在人类对大数据技术的研究还处于初级阶段①，技术的突破必然成为主要问题。

大数据主要技术分为数据的感知、采集、储备、分析及可视化呈现等，每环节技术都层出不穷。② 随着数据量的不断增加，数据的储存产生新的问题；新数据的采集，旧数据的更新，储存器的精简化等都是大数据技术发展过程中遇到的切实问题。数据包罗万象，不同行业数据如何进行智能分类，并处理好数据之间的关联性，怎样做好数据融合，使数据变得更具有效，让数据呈现出问题和答案，这些至关重要。例如，体育产业与金融产业数据处理，如何做好金融支持体育，并通过体育发展金融，相互促进，这就需要建设体育产业金融服务平台。大数据的核心技术，如数据计算及数据可视化的研发进展，能否达到数据处理的需要，也是关键所在。在数据计算方面，自然语言处理要运用人类语言和计算机算法进行语言识别、分析、生成，OpenNLP、FU-danNLP 等国内语言处理技术，包括美国 DEFT 项目对语言进行深度技术研究，都还不具备完全对数据处理自如的能力。数据的可视化要横跨计算机图形学、人机交互、统计学、心理学等多学科，它需要处理数据的规律和异常、数据的抽象等，让它们以一种直观的形式传达给人类信息。③ 由于横跨多学科及技术错综复杂，其研发难度可想

---

① 王雯雯. 大数据环境下信息系统审计研究 [D]. 蚌埠：安徽财经大学，2014.
② 刘智慧，张泉灵. 大数据技术研究综述 [J]. 浙江大学学报（工学版），2014（6）：957-972.
③ 刘智慧，张泉灵. 大数据技术研究综述 [J]. 浙江大学学报（工学版），2014（6）：957-972.

而知。

面对技术攻克难的问题，从侧面反映出技术人才的缺失，无论是体育消费还是其他行业消费升级，都需要大数据技术的突破为助力器，这就需要更多的技术人才致力于大数据研究。

二、互联网与大数据消费衍生的新问题

大数据的运用确实给消费升级带来了前所未有的机遇，但作为一个新兴产物，由于它本身发展不够成熟，自然也会带来诸多消极影响。2013年，"棱镜门"事件爆发，引起了美国及国外公民对大数据的恐慌，这项计划是由美国国家安全局发起的电子监听计划，它可以接触到私人的聊天记录、文件传输、社交网络等个人隐私问题。致使本应受到保护的隐私数据被随意暴露，这引起了公众对大数据的伦理忧思。它的运用一旦没有了约束力，必然会引发公众的信任危机。在社会全面实施消费升级的大环境下，数据的安全问题尤为突出。

第一，在运用数据引导消费时，对于消费者来说，有些营销信息、广告的投放形式会给消费者的生活带来困扰。在日常生活中，很多人经常被收到的短信、垃圾邮件、网页广告骚扰，而且这些数据信息有些还涉及个人的隐私问题，消费群体面对这些漫天飞舞的骚扰信息很是无奈。有些商家甚至做出违法行为，将消费者的电话、身份证号码、家庭住址、信用卡信息等以商品出售的形式转卖给他人或公之于众，在利益的驱使下甚至形成了一种信息售卖市场，信息售卖案件的发生已经成为一种常态。第二，商家利用大数据违法对商品提高价格引起了公众的广泛关注。互联网商家利用自己所获取的数据对互联网用户实行跳价行为愈发严重。在交通出行、在线票务、视频网站、网络购物等诸多网络平台都出现了"数据跳价"现象，这已违反了《消费者权益保护法》。经济学家郭凡礼认为，"数据跳价"反映了在大数据时代，科技公司通过技术和网络垄断地位，对消费者形成信息孤岛。这也从侧面映射出在大数据发展过程中法律的缺陷，相关的监督执法部门监管不到位，这关乎诚信问题，甚至导致诚信危机的发生。所以，如何处理好大数据消费中衍生的混乱现象，是消费升级得以持续发展中必须要解决的问题。

第四节　互联网与大数据发展进程中的问题解决策略

一、技术发展，人才先行

一个新行业发展，需要大量新型人才，数据人才是"十字型"复合人才，需要掌握数学、语言科学、计算机科学等各方面知识，培养数据人才也成了当今数据科学发展的首要任务。麦肯锡全球研究院预测，到2018年，美国可能面临将近20万大数据分析高级人才的缺口，大数据管理人员和分析师人才缺口更是达到了150万。[①] 中国比美国面对着更大的数据市场，技术人才的紧缺状况会更加严重。在21世纪，人才是最宝贵的资源，大数据的发展更是离不开人才的培养。目前，我国处于大数据技术发展的快速阶段，社会各界积极向大数据技术发力，市场规模增速明显，2015年，中国大数据市场规模就达115.9亿，增速达53.10%。

大数据人才培养可以通过企业自主、高校自主、校企联合等模式。近几年，越来越多的高校开设大数据专业，成立大数据学院，成为培养大数据人才的主要力量。教育部和各大高校在2016年2月已经将数据科学与学科建设提上日程，2018年3月，教育部公布283所高校获批数据科学与大数据专业，这对于紧缺的数据人才市场来说无疑是及时雨。虽然诸多高校已经进军数据科学，但面对具体的培养模式还要解决很多问题。从整体来看，主要有三大问题需要解决：培养方案与课程体系、协同培养模式、培养质量评价体系。数据科学是人类涉及的一个新领域，在发展的进程中需要人们不断摸索前进。

二、数据共享，立法保障

数据技术是大数据发展的关键，数据共享是其发展的基本理念，数据平台的建设是其发展的基本途径，无论是技术层面、发展理念还是发展途径，最终的实施过程都离不开法律的基本保障。技术发展或平台建设最终要达到数据共享的目的，而共享必须建立在技术、平台建设、法律保障、

[①] James Manyika, Michael Chui. Big data: The next frontier for innovation, competition, and productivity [R]. San Francisco: Mc Kinsey Global Institute, 2011.

政策支持、伦理道德等之上。这几个基本条件之间又相互关联，相互影响。大数据就像一棵参天大树的成长过程，数据是种子，技术是根，只有技术的存在才能有平台建设的可能性，反过来平台的建设能促进技术的不断更新突破，共享平台又是数据生根发芽的根本所在。各种要素在数据时代起着不同的作用，政策的支持是其快速发展的保障，使其稳步发展；法律使数据有法可依，能有效地保护发展环境；伦理道德起了良好的舆论作用，让数据违法行为无处遁形。在数据时代的发展进程中，各种要素、条件都不可短缺。

我国现在已经积极通过各种形式进行数据人才培养、技术研发，在政策上给予大力支持。例如，2016年，国务院印发的《"十三五"国家信息化规划》中把数据共享作为发展信息化的优先行动，《中华人民共和国国民经济和社会发展第十三个五年规划纲要》中明确指出实施国家大数据战略。但现有的相关法律不能满足数据开放的需要，目前我国针对大数据立法方面只有一些为数不多的法规、章程、条例、意见等，不足以保障数据共享环境的安全。面对数据立法，涉及面广泛，首先是个人数据保护，这关乎每个公民的隐私安全；其次是政府数据开放立法，保障数据资源受益于大众；再次是数据流通安全问题，数据流通能否井然有序，是社会稳定的重要因素；最后是数据跨境能否达成国际统一立法，它是国家之间互通的数据桥梁。立法不是一朝一夕之事，在这个过程中要保证发展与安全并举，重点促进网络安全和个人隐私保护，让数据共享的大平台发挥应有的价值。

总之，体育消费升级在未来一段时间与大数据的发展息息相关。在网络化、信息化发展的持续推动下，大数据技术不断进步，数据资源的利用会更加频繁，带给人们的影响也会越来越深刻。在大数据时代，体育产业将迎来新的契机。当下，体育越来越受到人们的关注和重视，政府又给予体育的发展更多的支持，在全民健身的环境下体育消费升级将踏上高新阶段。在消费升级的过程中，解决数据人才和技术问题势在必行，对数据环境下的市场紊乱现象需要立法跟进，保障数据隐私，有效遏制数据违法行为，唯有如此，大数据时代下的体育消费升级才能稳步向前。

第十章 "健康中国"战略下社区公共体育服务供给侧改革

随着信息化、工业化、城镇化、人口老龄化进程的加快,中国居民的生产、生活方式发生了巨大变化,健康已经成了人民群众日益增长的美好生活需要。为了预防疾病、降低疾病率、促进居民健康、提高居民的幸福感,国家决定实施"健康中国"战略。全民健身是全民健康的重要一环,全民健康是实现当前全面小康社会的重要目标,要大力发展全民健身运动,提高人民群众的身体健康水平,社区是开展全民健身运动的最基层组织,面向社区居民的社区公共体育服务开展水平是检验国家全民健身运动开展情况的重要依据。目前,我国社区公共体育存在人民群众日益增长的对社区公共体育服务需要和社区公共体育服务不平衡不充分的发展的矛盾,为了实现全民健身、全民健康、全面小康,这就需要针对社区居民对社区公共体育服务需求侧的现实需要,从社区公共体育服务供给侧结构性改革入手,探索提高社区公共体育服务改革的机制和实施路径,这对于提高社区居民的身体健康水平,服务国家"健康中国"战略,实现"体育强国"具有重要的现实意义。

第一节 "健康中国"战略的发展历程与现实意义

为了解决当前人口老龄化、慢性病蔓延、肥胖人群扩大化等日益严峻的社会问题,提高人民群众的身体机能和疾患抵抗能力,提高人口质量,推动社会经济持续发展,2007年8月,卫生部部长陈竺首次提出"健康中国 2020"的理念。① 国家卫生部在总结建国 60 年来我国卫生事业改革与发展实践探索的基础上于 2012 年 8 月发布《"健康中国 2020"战略研究报告》，正式提出"健康中国"这一重大战略思想，"健康中国 2020"战略计划分三个阶段实施，第一阶段计划到 2010 年初步建立覆盖城乡居民的基本卫生保健制度框架，使我国进入实施全民基本卫生保健的国家行列；第二阶段计划到 2015 年使我国医疗卫生服务和保健水平进入发展中国家的前列；第三阶段计划到 2020 年保持我国在发展中国家前列的地位，东部地区的城乡和中西部的部分城乡接近或达到中等发达国家的水平。② 2016 年 3 月，"健康中国"战略被写入"中华人民共和国国民经济和社会发展第十三个五年（2016—2020 年）规划纲要"。2016 年 10 月，国务院印发了《"健康中国 2030"规划纲要》，对未来 15 年的健康工作进行全面部署。为了确保"健康中国"战略的深入推进，国务院于 2019 年 7 月 15 日制定印发了《健康中国行动（2019—2030 年）》《健康中国行动组织实施和考核方案》，国务院联合国家有关部门、专家学者及相关人大代表成立健康中国行动推进委员会。③ 健康中国行动明确了从 2019 年到 2022 年和 2030 年的阶段性目标：到 2022 年中国居民健康状况获得比较显著的提升，到 2030 年中国居民健康状况达到发达国家的水平。

2016 年，国家主席习近平在全国卫生与健康大会上指出，"没有全民健康就没有全面小康"，"健康中国"建设是一项庞大、系统的工程，它不仅是民生建设，也是重大的政治建设、经济建设和社会建设，人民群众的健康水平与人民群众的健康美好生活需要、社会良性运行、经济可持续发展息息相关，"健康中国"战略对于实现现代化强国建设和中华民族伟大复兴具有重要的战略意义。④

---

① 常凤，李国平. 健康中国战略下体育与医疗共生关系的实然与应然 [J]. 体育科学，2019，39（6）：13-21.
② 张一飞，冯学山. 英国全科医生制度建设对我国的启示 [J]. 中国初级卫生保健，2013，27（11）：10-12.
③ 潘丽英，肖丹丹. 新时代背景下体育道德及其实现路径 [J]. 体育文化导刊，2018（12）：35-39.
④ 华颖. 健康中国建设：战略意义、当前形势与推进关键 [J]. 国家行政学院学报，2017，(6)：105-111，163.

第二节 社区公共体育服务供给侧改革的特点与原则

一、社区公共体育服务供给侧改革的特点

实施"健康中国"战略，需要推进社区公共体育服务供给侧结构性改革，提高社区居民的身体素质，实现预防疾患发生、医疗康复，充分发挥体育在"健康中国"建设中的积极作用。社区公共体育服务供给侧改革要和国家供给侧结构性改革相呼应，主要解决社区居民日益增长的对社区公共体育服务美好生活需要和社区公共体育服务不平衡不充分的发展的矛盾，在体现社区公共体育服务供给侧公益性、均等性和共享性特点的基础上确保社区居民有健身场馆、场地、器材，确保社区居民有科学健身指导与健康、健身咨询，确保社区居民能够享受体质健康检测，确保社区居民有丰富的体育赛事组织，提高社区公共体育服务供给的质量和效益，实现社区公共体育服务平衡充分的发展，为实现社区居民的身体健康保驾护航。

二、社区公共体育服务供给侧改革的原则

进行社区公共体育服务供给侧结构性改革，助力"健康中国"战略发展，要遵循国家经济社会发展的相关原则，科学筹划、科学组织、科学实施，确保社区公共体育服务供给侧结构性改革决策合理和规范。进行社区公共体育服务供给侧结构性改革要考虑新时代社会的主要矛盾，强调社区公共体育服务供给资源的平衡充分性，遵循平衡充分性的原则；要体现社区公共体育服务的公共性，遵循公益性原则；要确保不同收入、不同性别、不同年龄社区居民对公共体育服务产品的需要，遵循均等性原则；要协调社会资源，确保政府部门、厂矿企业、事业单位、社会团体等所属的体育资源向社区居民开放、与社区居民共享，遵循共享性原则；社区公共体育服务场馆、场地、器材设施的建设要因地制宜、减少浪费、保护自然、避免污染、低碳环保，遵循绿色环保原则；重视体育锻炼，增强体质，增进健康，预防疾病和伤病发生，患病、伤病后能得到积极医疗，病后积极开展体育康复训练，公共体育服务供给侧改革还要遵循体医融合原则（图 10-1）。

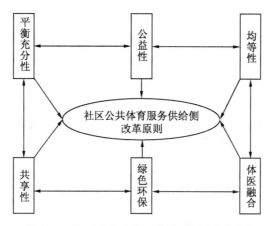

图 10-1　社区公共体育服务供给侧改革原则

第三节　社区公共体育服务供给侧改革的机制

"机制"一词最早源于希腊文,指机器的构造和工作原理,现已广泛应用于社会和自然现象,指事物各要素之间的结构关系和运行方式。把"机制"的本义引申到不同的领域,就产生了不同意义的"机制",在社会学中"机制"表述为"在正视事物各个部分存在的前提下,协调各个部分之间关系以更好地发挥作用的具体运行方式"。① 社区公共体育服务供给侧结构性改革的机制是指协调社区公共体育服务的各个部分及内部之间关系以更好地发挥社区公共体育服务功能而运用的具体运行方式(图 10-2)。

一、以政府部门为主体提供社区公共体育服务机制

政府是国家进行统治和社会管理的机关,国家通过各级政府表达意志、发布命令、处理社会事务,政府决策具有自上而下的整体性、权威性和强制性,便于对社会事务的宏观把控与果断处理。② 政府购买社区公共体育服务能发挥政府的宏观调控与执行力度,最大限度地体现社区公共体育服务的"均等性""公益性""共享性"。此外,政府在购买社区公共体育服务

---

① 中国社会科学院语言研究所词典编辑室. 现代汉语词典 [M]. 北京:商务印书馆,1983:523.

② Fang Fuqian.Seeking the theoretical origins of supply-side structural reform[J].Social Sciences in China,2018,39(4):37-52.

时要拓展思路，积极探索适合不同地域的社区公共体育服务产品供给的新方法。

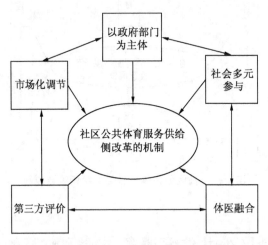

图 10-2　社区公共体育服务供给侧改革的机制

二、社会多元参与提供社区公共体育服务机制

社会团体、厂矿企业、事业单位、慈善公益组织、个人等社会资源具有多元性和灵活性的特点。积极吸收社会资源参与社区公共体育服务产品的供给，能够分担政府提供社区公共体育服务产品的压力，使政府能够集中力量解决其他重大社会问题。社会团体、厂矿企业、事业单位、慈善公益组织、个人可以通过资金支持或共享所属体育资源等形式向社区居民提供公共体育服务，有效地解决社区公共体育服务资源短缺的困境。

三、建立体医融合发展的社区公共体育服务机制

社区"体医融合"发展涉及社区公共体育、医疗、卫生等多个部门。每个部门都有自己的利益诉求，如何充分协调、利用各部门的优势资源形成合力，集中向社区居民提供公共体育服务，做到精准发力是一个难点问题，这就需要建立一个机制来确保社区"体医融合"策略的良性运行。建立以政府部门为主导，以社区公共体育、医疗、卫生等部门为主体的多元协同机制，成立跨部门的领导机构，制定多元主体协调、监督、激励、惩罚制度，指导、督促、评价多元主体间的合作，均衡多元主体利益，诱导

协同主体从融合共生中获得公平、公正的利益。① 同时要积极吸纳社会力量参与"体医融合"战略，优化社区公共体育健康资源配置，提高社区公共体育服务供给效率。

四、引入市场化调节社区公共体育服务的机制

建立引入社会力量参与社区公共体育服务产品供给的市场经济机制。以政府为主导，通过引入现代市场管理方法改进社区公共体育服务供给模式，以市场调控社区公共体育服务产品的有效供给，协调资金、人力、物力等资源的联动发展，一方面可以减轻政府部门的财政压力，提高社区公共体育服务产品供给的效率，另一方面还可以充分利用市场机制灵活性、多样性的特点，让更多的社会力量参与社区公共体育服务，挖掘更多的市场资源，扩大公共体育服务范畴。②

五、成立第三方社区公共体育服务评价机制

评价抑或是评估，它是判定政府绩效管理质量状况的重要环节，传统的工作绩效管理评价是政府部门的内部评价或是政府部门对所属下级机构的评价，这种评价具有很高的权威性，但是存在社会力量参与不足、透明性缺乏等弊端，不利于新时代"服务型政府"的发展。引入"第三方评价"是政府绩效管理的趋势，第三方评价又分为委托第三方评价和独立第三方评价，第三方评价作为一种有效的外部制衡机制，具有独立性、专业性和权威性，能够弥补传统绩效管理评价的缺陷，在转变政府职能、创新行政管理方式、促进服务型政府建设、增强政府公信力和执行力方面能发挥重要作用。以政府部门为主体的社区公共体育服务产品供给绩效管理要引入第三方评价，吸纳社会力量参与社区公共体育服务产品供给综合监管，充分发挥社会力量的专业优势，建立专家、专业公司、社会代表和民众参与的社区公共体育服务绩效管理第三方协同评价模式。

---

① 冯振伟，韩磊磊. 融合·互惠·共生：体育与医疗卫生共生机制及路径探寻 [J]. 体育科学，2019，39（1）：35-46.
② 来博. 多元供给模式下我国公共体育服务供给侧结构性改革研究 [J]. 广州体育学院学报，2018，38（1）：34-37.

第四节 社区公共体育服务供给侧改革的路径

根据现代汉语词典的解释,"路径"在不同的领域有不同的含义。在计算机领域指的是从起点到终点全程的路由,在日常生活中指的是办事的门路、道路、路线、方法、办法。① 社区公共体育服务供给侧结构性改革的路径可以解释为从社区居民公共体育服务需求侧的角度出发进行社区公共体育服务供给侧改革所采用的方法或办法(图 10-3)。

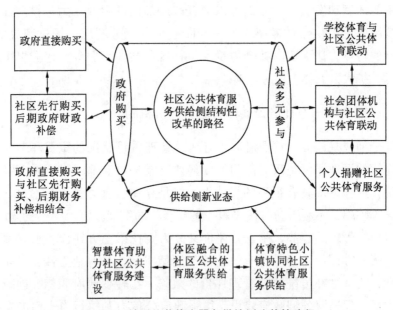

图 10-3 社区公共体育服务供给侧改革的路径

一、政府购买公共体育服务

1. 政府直接购买社区公共体育服务产品

充分发挥政府部门在资金、政策、自上而下的决策执行力度等方面的优势,政府部门直接购买社区公共体育服务产品。政府在购买社区公共体育服务产品前要做好前期调研,充分了解社区居民对公共体育服务产品的现实需求。就社区公共体育场馆、体育场地、体育器材、体育健身指导、

---

① 余镇生,谢楠. 优化高校党建带团建的路径选择:以广东高校为例[J]. 佳木斯职业学院学报,2017,(4):126-128.

体育运动处方、体质健康监测、体育理疗康复、体育赛事、体育休闲娱乐等社区公共体育服务产品的缺失情况进行评估，根据具体情况有针对性地提供公共体育服务产品，实现对社区居民提供公共体育服务产品的精准供给，确保社区公共体育服务产品供给的有效性。

2. 社区先行购买公共体育服务产品，后期政府财政补偿

社区部门是社区公共体育服务的直接参与者，能够在第一时间了解社区居民的健身需要。针对社区土地资源、环境状况、财务情况、交通条件等公共基础设施的实际情况进行规划，先行建设体育场馆场地、购买体育锻炼器材设施、提供体育赛事组织等公共体育服务，政府部门对社区先行建设的公共体育服务产品进行评估与验收，对社区先行购买公共体育服务产品的财务支出一次性进行反馈补偿。目前，常州市武进区洛阳镇岑村社区的全民健身体育中心就是采用了社区先行建设体育中心、后期政府一次性资金补偿的模式，这一模式能够急社区居民健身之所急，快速、高效地解决社区居民的健身需要，提高社区公共体育服务产品供给的效率和质量。

3. 政府直接购买与社区先行购买、后期财务补偿相结合

目前国家经济社会发展还存在地域差异大，发展不平衡、不充分的问题。各地社区部门在建设大型体育场馆等大型体育设施时要充分考虑自身的经济实力，经济条件好的社区能够做到先行建设公共体育服务产品，经济条件不允许的社区要充分论证，向政府部门申请，由政府部门直接建设。充分利用社区部门直接、快速、灵活性的特点先行建设资金需求少的公共体育服务产品。政府直接购买与社区先行购买、后期财务补偿相结合的公共体育服务产品供给模式兼顾了政府部门和社区的各自优势，增加了公共体育服务供给的灵活性，便于社区居民及时共享社区公共体育服务建设的成果。

二、社会多元参与提供社区公共体育服务

社会力量是指能够参与、作用于社会发展的基本单元，包括社会团体与社会组织、事业单位、非政府组织、非营利机构、企业、自然人等，社会力量资源丰富、运行灵活、具有各自独立的功能。在社会多元需求公共体育服务的背景下，满足供给侧结构性改革需求，丰富社区公共体育服务产品，提高社区公共体育服务质量。要引入社会多元主体参与社区公共体育服务的竞争机制，实现功能互补、协同发展、共同促进社区公共体育服

务供给侧改革。

1. 学校体育与社区公共体育联动

学校体育兼有社区公共体育的属性，与社区公共体育相比，学校体育在体育人才、体育物质等资源方面存在较为明显的优势。学校体育要充分发挥自身优势，服务社区公共体育服务发展的需要。学校体育场地、器材设施等资源要在保证日常体育教学与训练的基础上向社会开放；高校体育教师、学生作为体育健身志愿者下社区，开展健身指导，制定运动处方，服务社会；高校体育教师可充分发挥自身专业优势，为社区、企业进行体育赛事的咨询与策划服务。学校体育在服务社会过程中能够切实参与到社区公共体育服务的组织、设计、规划与开展中，从而加深对社区公共体育服务的了解，进而在教学中对自身教学缺失之处进行修正与健全，以便为构建社区公共体育服务社会化的教学发展打下坚实的基础，深化推进学校体育与社区公共体育服务联动发展。

2. 社会团体机构与社区公共体育联动

社会团体是指由中国公民自愿组成的以非营利为目的的社会组织，国家机关以外的组织可以作为单位会员加入社会团体。我国的各类社会团体是社会发展的主体，具有灵活性、专业性、公益性、普遍性的特点，在社会发展中按照各自的规章制度管理和运行。① 社会团体要发挥自身灵活性、专业性、公益性的特点，参与社区公共体育服务发展，从事健身培训与指导、科学健身知识宣传、群众体育赛事承办、体育康复指导、体育设施共享等服务。社团依托社区在提供服务的同时也规范、壮大了自身的发展规模，形成社团与社区资源的优势互补，推动社区和社团的协同发展。

3. 个人捐赠社区公共体育服务

随着社会经济的飞速发展，个人收入逐渐增多，特别是一些社会精英积累了大量的社会财富，他们热爱社会公益事业，自愿进行社会捐赠服务。例如，香港著名实业家、香港志诚集团董事局主席计佑铭先生2001年曾慷慨捐赠1 000万元支持华中师范大学佑铭体育馆建设，为学校和附近社区公共体育发展做出了贡献。社区要通过校友会、同乡会、华侨会等联络机制给个人（或个体）提供公益事业发展的平台，积极吸纳个人（或个体）参

---

① Dexter Roberts.State planning: what's "supply-side reform" in Chinese? [J].Bloomberg Business Week,2016,(TN.4490):17-19.

与社区公共体育服务建设。

三、社区公共体育服务供给侧新业态

1. 智慧体育助力社区公共体育服务建设

在"互联网+"时代，移动互联网、物联网、大数据、云计算、量子通信等信息技术不但大大提高了政府部门在社区公共体育服务的效率，而且使公共体育服务供给向智慧化方向发展。① 智慧体育是基于移动互联网、物联网、大数据、云计算等信息技术，以竞技体育、群众体育、学校体育、体育产业等为基本架构，整合健康、教育、医疗、旅游、文化等资源的一种现代化的体育生态系统。智慧体育涵盖智慧体育场馆、智慧健身器材、可穿戴智慧健身监测设备、健身指导 App、智慧健身平台等领域，智慧体育健身产品的出现极大地方便了社区居民的健身需要。为了引领智慧体育发展，国家体育总局体育科学研究所成立了智慧体育创新研究中心，江苏省无锡市积极谋划智慧体育的发展蓝图，是全国首个在政府支持下建设的智慧体育城市。智慧体育服务社区公共体育服务建设已成为社区公共体育供给侧结构性改革的新业态。

2. 体医融合的社区公共体育服务供给

所谓"体医融合"，是指基于运动的安全性、有效性及持续性，把体育、医疗等多项健康技术手段综合运用于民众科学健身及疾病预防、治疗与康复，以获得健康促进的全生命周期过程。② "体医融合"是运动促进健康的重要实践模式，是落实"全民健康、全面小康"理念的载体，是体育与医疗部门之间优质资源整合的典范。③ 体医融合是社区公共体育服务供给侧结构性改革的新举措。2019 年 8 月，北京天坛医院和北京市体育局联手打造的北京市首个"体医融合"协同创新实验室建成，该实验室依托移动互联网技术，发挥大数据的作用，为社区居民量身定制运动处方，为体育预防疾病提供更多循证医学依据。

---

① 董新军，易锋. "互联网+"时代社区公共体育服务供给侧改革研究 [J]. 体育文化导刊，2018，(02)：43-46，57.
② 杨继星，陈家起. 体医融合的制约因素分析及路径构建 [J]. 体育文化导刊，2019（4）：18-23.
③ 卢文云，陈佩杰. 全民健身与全民健康深度融合的内涵、路径与体制机制研究 [J]. 体育科学，2018，38（5）：25-39，55.

3. 体育特色小镇协同社区公共体育服务供给

2016年，国家颁布了《关于加快发展健身休闲产业的指导意见》。该意见提出各地在经济社会发展建设过程中要结合新型城镇化建设的实际情况，积极响应国家重大战略部署，以健身休闲重点运动项目和产业示范基地等为依托，鼓励地方积极培育一批以健身休闲为特色的服务贸易示范区。① 体育特色小镇建设就是在此背景下提出的，体育特色小镇建设要因地制宜，充分利用本地独有的地域优势，通过产业链间的联系和便捷的交通网络形成体育产业集聚效应。国家体育总局于2017年发布了《关于推动运动休闲特色小镇建设工作的通知》，正式启动了体育特色小镇的建设，典型代表有北京市海淀区苏家坨镇运动休闲特色小镇、上海市崇明区绿华镇国际马拉松特色小镇、徐州市贾汪区大泉街道体育健康小镇。体育特色小镇在发展体育产业经济的同时可以充分利用自身的体育设施、体育赛事、体育培训、体育体验等优质体育资源为小镇社区居民提供公共体育服务，实现小镇社区公共体育服务与小镇体育产业的协同发展。

社区公共体育服务供给侧结构性改革是服务新时代社区居民健康需要的必然选择。要从社区居民对公共体育服务需求侧的角度，去探讨社区公共体育服务产品供给的新举措，通过创新驱动社区公共体育服务事业发展，进一步推动社区居民公共体育服务产品供给的均等性、共享性和公益性。积极响应国家"健康中国"战略，探讨社区公共体育服务供给侧结构性改革的有效机制和实施路径，有利于预防疾病和促进康复，有利于切实增强社区居民身体素质和身体健康，对于确保"健康中国"战略的顺利实施，实现全民健康，助力现代化强国建设具有重要的现实意义。

---

① 王军伟. 体育小镇的空间效应与功能实现：以柯桥"酷玩小镇"为例 [J]. 中国学校体育：高等教育，2018（9）：6-10.

第十一章 "体育强国"建设中社区公共体育高质量发展策略

2017年10月,党的十九大召开,会议中提出"要广泛开展全民健身运动,加快推进体育强国建设"。习近平总书记把全民健身与体育强国紧密结合起来,并进行了高度的概括,突出新时代全民健身运动对中国社会主义建设的重要性,而社区公共体育发展作为全民健身运动的重要内容其作用尤为重要。2019年9月,国务院办公厅印发了《体育强国建设纲要》(以下简称《纲要》)。《纲要》提出五个方面的工作部署,把落实全民健身上升到国家战略任务的首要位置,这一战略凸显了全民健身公共服务体系在体育强国建设进程中的重要地位。在国家战略形势下,社区公共体育发展迎来了新的机遇,作为全民健身公共服务体系建设的子工程更应发挥其重要作用。如何根据《纲要》中的战略目标,进一步完善全民健身公共服务体系,亟须对社区公共体育发展做进一步研究,挖掘、凝练其潜在的价值。诚然,加快社区的公共体育服务建设进程要以提高社区公共体育发展质量为抓手,对体育强国建设战略作出回应是当下需要面临的议题。为此,在体育强国建设背景下,基于马克思主义原理,针对社区公共体育高质量发展的演进特征进行阐释,对其理念与价值取向及推进路径进行探讨,为社区公共体育进一步发展、完善全民健身公共服务体系、推进体育强国建设提供理论研究基础和策略建议。

第一节 社区公共体育高质量发展的时代背景

党的十九届四中全会通过的《中共中央关于坚持和完善中国特色社会主义制度、推进国家治理体系和治理能力现代化若干重大问题的决定》中明确指出,中国特色社会主义制度是以马克思主义为指导、植根中国大地、具有深厚中华文化根基、深得人民拥护的制度和治理体系。① 马克思主义是中国特色社会主义发展的理论根源，中国特色社会主义制度下的体育强国建设是国家治理体系和治理能力的重要内容，不能脱离马克思主义理论为指导。当然，社区公共体育发展作为体育强国建设的一部分，以马克思主义理论为指导来研究社区公共体育发展，具有重要的理论价值和现实意义。

一、社区公共体育高质量发展的提出

党的十九大报告作出"我国经济已由高速增长阶段转向高质量发展阶段"的重要论断。高质量发展成为我国发展的崭新主题，怎样理解和把握高质量发展的核心成为各领域共同研究的议题。2018 年，国家体育产业发展大会上，国家体育总局副局长赵勇同志提出："推动体育产业高质量发展，为体育强国建设和健康中国建设做出新的贡献。"有关体育领域高质量发展的论断被首次提出。之后，体育领域高质量发展的理念在各重要会议中被多次重申，体育界的众多学者逐渐聚焦于体育高质量发展的相关研究。社区公共体育的高质量发展是我国社会、经济、文化等影响下由量变到质变的过程，是发展到一定历史阶段的必然结果。当然，社区公共体育发展作为公共服务体系的重要内容，不仅能展现体育强国建设战略的实施成果，还关乎着"健康中国"的建设进程。由此，在高质量发展背景下社区公共体育的发展不能脱轨于国家高质量发展的整体布局。"人民日益增长的物质文化需要和不平衡不充分的发展之间的矛盾"已成为我国现阶段社会的主要矛盾，人民对体育需求的快速增长成为体育强国建设下的矛盾指向。② 伴随着供给侧结构性改革的深入推进，社区公共体育发展中的供给不足、错位、失位等问题逐渐缓解，与此同时，人们个性化、多元化的需求又开始逐渐显现，需求转向更高品质、更高层次的体育产品和服务，社区公共体育需求的主要矛盾点也发生着动态变化，这也充分地反映了人们对体育由"量"的满足到"质"的需求这一转变过程。社区公共体育高质量发展是由量变到质变的转型升级，它顺应了我国经济转型升级大环境下的趋势。

---

① 辛向阳. 马克思主义视野下的中国特色社会主义制度和国家治理体系建设 [J]. 当代世界与社会主义, 2020（1）：19-26.

② 沈克印. 论新时代中国社会主要矛盾与体育产业供给侧改革 [J]. 体育学研究, 2019, 2（5）：56-64.

二、社区公共体育高质量发展与体育强国建设的关系

社区公共体育高质量发展与体育强国建设是部分与整体的关系。体育强国建设是整体，它内含全局观，在总体要求上提出指导思想、战略目标，在战略任务方面指明体育各领域、各环节发展道路；社区公共体育高质量发展是部分，它是建设体育强国五大战略任务之一的细化内容。《纲要》中的五大战略任务把全民健身国家战略放在首要位置，社区公共体育建设又是全民健身的重要落脚点。作为惠民工程，它具有更亲民、便民、利民、享民的性质，更有利于全民健身活动的开展，更能直接地满足人民群众日益增长的体育需求。

社区公共体育高质量发展与建设体育强国的其他部分具有相互促进、相互依附的关系。社区公共体育的培育效能是体育强国建设的强大驱动力。建设体育强国核心在于人，体育的高质量发展首先要有一定基数的体育人口，社区公共体育在培育体育人口的基础上可夯实群众体育、扩大体育消费、带动体育产业、推动竞技体育、培育体育文化。反之，体育产业的高质量发展能为社区公共体育提供高品质的产品与服务，竞技体育的发展能提高社区公共体育居民的参与性，体育文化的发展能营造更好的体育氛围，它们之间的关系密不可分。

总之，体育强国建设进程中既要把握整体与局部的关系，又要处理好各部分之间的依附关系。在高质量发展形势下做到统筹兼顾，让整体带动部分，部分促进整体，立足于解决人民日益增长的体育需求，满足人民对体育物质文化和精神文化的高质量需要。

第二节　社区公共体育高质量发展的内涵演进特征

基于马克思主义唯物论与辩证法，从事物的普遍联系与永恒发展理论的五对范畴，分析社区公共体育高质量发展的演进特征。第一，原因与结果：社区公共体育高质量发展是原因到结果的递进演变，即社区公共体育的发展由保障型到发展型再到高质型逐渐演化。第二，现象与本质：社区公共体育发展是在"以经济为中心"大环境下的一种社会现象，其经济发展的最终落脚点是"人民"，即"以人民为中心"是其发展的本质。第三，

可能与现实：马斯洛需求层次理论内涵从马克思主义基本理论视角可理解为人对发展需求层次的可能与现实矛盾的对立关系，社区公共体育的发展也同样映射出人们对体育高级阶段的需求可能与现处于低级阶段现实的矛盾。第四，必然与偶然：社区公共体育的治理初期政府主导是一种必然，但随着社区公共体育的不断发展，政府主导治理的形式将会成偶然存在，将形成由社区组织、资本市场、政府均衡参与治理的必然趋势。第五，内容与形式：社区公共体育高质量发展的最终评价体系脱离不了评价内容与评价形式的范畴，其整个评价体系会从单一、单面到多元、多面动态变化。

一、原因与结果：发展形态从保障型到发展型再到高质型

以马克思主义理论中的五对范畴之一"原因与结果"来分析社区公共体育高质量发展的演进特征，社区公共体育高质量发展是原因到结果的递进演变，即社区公共体育的发展由保障型到发展型再到高质型逐渐演化。

在特定的时间和范围内，原因和结果具有确定的界限和先后次序，并在一定的条件下会相互转化[1]，社区公共体育的发展也必遵循这一规律。按照当前社区分层，可将社区公共体育分为保障型、普通型和中高端型。[2] 在公共需求的基本规律下，社区公共体育可分为保障型和发展型，而随着社会、经济、财政政策、文化环境等朝前发展，社区公共体育的发展状态将朝高质型态势逐渐演变，同一发展时期这三种类型会同时存在。针对三种不同发展类型，均等化和差异化供给能最大限度地满足社区公共体育锻炼需求，它符合我国国情。[3] 保障型社区公共体育具有公共性、公平性和普惠性的属性功能，是民众基于生存权利和发展权利的满足与实现，它的发展特征主要是政府运用一定的公共体育服务权利统筹配置资源以保障公民最基本的体育生活权益。发展型社区公共体育是民众基本的体育生活权益得到实现后，面对更高的体育生活需求，政府单一主导模式已跟不上匹配需求，形成政府主导和社会资本参与来共同实现居民对体育的客观需求，这

---

[1] 吕立志. 马克思资本理论当代性研究：从资本形态嬗变视域透视 [D]. 南京航空航天大学，2007.

[2] 任云兰. 我国城市社区体育供需矛盾及治理路径 [J]. 体育文化导刊，2019（11）：67-71，91.

[3] 梁勤超，李源，石振国. 供给侧改革视域下社区体育公共空间供需矛盾及其化解 [J]. 天津体育学院学报，2017（3）：208-212.

一发展模式中政府部分保持原有公益性,资本部分具有微营利性质。高质型社区公共体育是其高质量发展的最终体现,它是在体育强国建设环境下和社会达成一定共识的基础上,在政府引导的前提下社会资本不断涌入,以满足居民体育需求为目标,以资本运作为驱动力,带有营利性质的公益性特征。以上三个发展阶段,保障型是社区公共体育的初级发展状态特征,经过一个阶段性的发展,保障型在特定时间和范围内逐渐向发展型转变,然后再由发展型过渡到高质型,整个发展过程是在前者发展的基础上逐级向更高级的阶段转变,原因和结果具有规律性的呈先后次序蜕变。从辩证唯物主义角度看,社区公共体育的高质量发展是人民对于体育更高层次的诉求,是发展的根本原因;体育强国建设是经济发展到一定阶段社会对体育寄予的厚望,是国家意志的体现,也是最终探索发展的结果。

二、现象与本质:发展要义从以经济为中心到以人民为中心

现象与本质是揭示客观事物外在表现和内部联系之间相互关系的范畴,二者既对立又统一。社区公共体育高质量发展是在"以经济为中心"大环境下的一种社会现象,其经济发展的最终落点是人民,即"以人民为中心"是其发展的本质。

学习贯彻《纲要》必须把握精神实质,落实体育的各项工作时要朝着人民满意和人民本位为出发点,而人民满意的体育是基于高质量实践发展人民性的体育形态。[①]《纲要》蕴含着"以人民为中心"的精神,发展体育是体育强国建设的本质,其中强调体育经济高质量发展、体育产业转型升级,这一战略目标是一种国家意志现象,其本质是服务于人民。而社区公共体育高质量发展是众多现象中个别的、具体的外在表现,是与体育经济、体育产业的发展共存且相互关联的现象。社区公共体育会随着体育经济、体育产业的发展而发展,它们之间发展关系成止相关。现象不能脱离本质,本质不能脱离现象,现象与现象之间又相互联系,也就是说,社区公共体育高质量发展不能脱离体育经济、体育产业而独立发展,其发展更不能脱离人民。它的发展本质内涵要走向"四个落脚点":亲民、便民、利民、享民,即社区公共体育发展人民喜闻乐见的项目,配置人民出门便可锻炼的

[①] 鲍明晓. 贯彻《体育强国建设纲要》,办好人民满意的体育事业[J]. 体育科学,2019,39(9):3-13,23.

设施，推广人民健身与健康的有益内容，供给人民需求的物质与精神二元化的体育产品和服务。无论是从体育经济、体育产业到人民，还是从社区公共体育到人民，都是现象归元于本质，本质外现于现象的表现。回归到整体观，从这个视角看体育强国建设，它正是经济建设与人民本位的对立统一关系。

三、可能与现实：发展层次从低阶段到高阶段转变

可能与现实是事物发展潜在的、尚未实现的内容与已经存在的产物之间的相互依存关系。马斯洛需求层次理论内涵从马克思主义基本理论视角可理解为人对发展需求层次的可能与现实矛盾的对立关系。社区公共体育的发展也同样映射出人们对体育高级阶段的需求可能与现处于低级阶段现实的矛盾，也正是社区公共体育已经存在的现实状态与潜在的、未实现的诉求愿景之间的矛盾。

依据马斯洛需求层次理论，从自然人视角看，社区公共体育是人生存本能的需要、强身健体的需要、生活归属的需要；从社会人角度分析，社区公共体育是实现自然人对体育基本需要的载体，此外还可满足人的社会交往，以达到他人对自己尊重的需要和自我精神的满足。例如，通过社区公共体育赛事交流，在达到锻炼身体的基础上，取得一定的体育成绩，赢得他人的尊重，达到自我精神的满足。综合以上两种视角看，社区公共体育除了满足人们最基本的健身需求外，更重要的是满足其参与社会活动的需求。从另一个层面来说，保障型社区公共体育的根本是满足人强身健体和最基本的情感表达，已经成为一种现实存在；发展型是正向潜在的、尚未达到的高质型社区公共体育的一种转化状态，它将具有更高内涵层次的科学锻炼和更丰富的情感空间融合在体育过程中。纵观整个发展过程，社区公共体育高质量发展是一个从低级阶段到高级阶段转变的过程，是可能与现实之间逐渐转变实现体育强国的过程。

四、必然与偶然：治理效能从政府主导模式到共同均衡参与

必然与偶然是事物发生、发展的不同趋势，在事物发展的整个过程中所处的地位和作用不同，二者相互依存、相互渗透，在一定条件下又可以相互转化。社区公共体育治理模式在不同发展阶段其治理元素之间也同样遵循必然与偶然的相互关系并发生相互转化。

治理初期政府主导是必然元素，社区组织、社会资本扮演着偶然角色。随着居民参与体育活动的内生动力不断增强，对体育的诉求变得多样化，政府主导性的矛盾逐渐显现，管理掣肘现象愈加明显。① 在各项事务中显得力不从心，需要社区组织与资本市场共同主导参与解决矛盾，形成由政府、社区组织、资本市场均衡参与治理的必然趋势，这也是社区公共体育高质量发展的必然要求。政府与社区、市场之间的必然与偶然关系发生转变的内涵表现为两个方面。第一，治理性质由政府管理转变为三者共同治理的必然模式。《纲要》中指明："进一步转变政府职能，充分调动社会力量，构建管办分离、内外联动、各司其职、灵活高效的体育发展新模式，实现体育治理体系和治理能力现代化。"② 其内涵是要继续深化"放、管、服"，调动市场的积极性，激活社区组织参与治理的重要作用，在发挥各方能力的前提下形成均衡参与治理的新模式。第二，治理风险的偶然因素增加。风险一方面来自治理的内部环境，主要产生于管理职责的边界划分，是否会产生管理权力的交叉和管理范围的空白区，问题出现后是否会造成"踢皮球"现象。另一方面来自治理的外部环境。风险的本质是人为性的，在各领域之间会相互传导，并非单一领域的线性分割，非体育的问题同样也会因人而带入社区公共体育中③，诸如传销、电信诈骗等违法犯罪问题会在涟漪效应下渗入社区公共体育中并时常发生，这就导致外部风险因素的增加。

社区公共体育治理体系和能力的现代化必然要求多主体参与共治，与此同时，治理风险的偶然因素也会随之增加，如处理不好各因素之间的均衡关系，那么偶然风险因素将变成必然风险结果，这也正是社区公共体育高质量发展在必然矛盾与偶然矛盾之间相互影响、相互转化进程中的一般规律。

五、内容与形式：评价体系从单一、单面到多元、多面动态演变

内容决定形式，形式为内容服务。社区公共体育高质量发展的最终评

---

① 刘京，刘应民. 均衡与重构：城市社区体育风险治理的破壁之道 [J]. 武汉体育学院学报，2019，53（3）：18-24，44.
② 国务院办公厅. 国务院办公厅关于印发体育强国建设纲要的通知 [EB/OL]. (2019-08-10) [2019-11-03]. htpp//www.gov.cn/zhengce/content/2019-09/02/content-5426485.htm.
③ 刘京，刘应民. 均衡与重构：城市社区体育风险治理的破壁之道 [J]. 武汉体育学院学报，2019，53（3）：18-24，44.

价体系脱离不了评价内容与评价形式的范畴，其整个评价体系会沿着从单一、单面到多元、多面呈现动态变化的过程。

社会公共服务测评是不断满足社会公众需求，提升新时期公共服务效能的有效途径和基本使命。[①] 同样地，对社区公共体育服务评价是促进其高质量发展的必要举措和体育强国建设下的使命要求。根据社区公共体育发展的不同阶段、不同需求层次的变化，在评价内容和形式上从单一、单面到多元、多面，不能形成"一刀切"的统一评价。第一，在评价内容上应综合考虑到硬件设施和软件效能，硬件设施应包括器材、场地、场馆、体育组织、体育指导员和管理人员等；软件效能主要包含政策、制度、法律、文化、管理等综合的效应。[②] 第二，评价形式要依据评价内容体现出多元主体参与和多种手段联动，在参与主体上政府、管理者不能既做运动员，又充当裁判员，除此之外，还应包括社区居民、体育指导员、志愿者、市场供给者等。评价手段上要形成自上而下和自下而上的联动方式，避免造成由"政府—社区"自上而下的单一局面。另外，在"政府和市场失灵"时还可借助第三方评估机构参与[③]，构建"政府—社区—市场"与第三方评估共同评价模式。当然，随着社区公共体育的不断发展，评价的内容和形式不是一成不变的，对于保障型、发展型、高质型社区公共体育的要求也应区别对待，把握好其各发展阶段的差异性，处理好三者之间动态评价关系。

第三节　社区公共体育高质量发展的价值取向与理念

《纲要》在建设体育强国工作部署总的指导思想中指出，在体育强国建设推进过程中，要始终坚持以人为本，以改革创新为动力，以依法治体为保障，协同联动各发展要素，推动全民健身与全民健康深度融合，发挥好市场与体制两者的合力作用，不断满足人民对美好生活的需要。社区公

[①] 董传升. 论中国体育发展方式的公共转向：从国家体育到公共体育 [J]. 北京体育大学学报, 2013, 36 (1)：14-19, 63.

[②] 姚绩伟, 王华, 丁秀诗, 等. 公共供求关系视域下的城市社区体育公共服务分层及特征分析 [J]. 北京体育大学学报, 2015, 38 (7)：19-25.

[③] 祝良, 黄亚玲. 委托代理：社区体育健身俱乐部从"同构"到"脱钩"的过渡方式 [J]. 北京体育大学学报, 2019 (7)：65-73, 94.

体育要想实现高质量发展的目标，就必须按照指导思想的要求把具体工作落到实处，厘清两个基本问题。第一，为谁而发展，这关乎发展的价值取向。第二，怎样来发展，这涉及发展的理念。根据指导思想的总体要求，出发点是人民，最后落脚点也是人民，所以一定要坚持的"以人民发展为中心"的价值观不能改变；指导思想中表述了创新、协同、法治等几点要求，映射出社区公共体育发展要坚持的"全面、协同、创新、法制"的核心理念不能偏离。

一、价值取向：以人民发展为中心

"以人民发展为中心"是马克思主义唯物史观的必然要求。习近平同志也指出，人民性是马克思最鲜明的品格，以谁为中心、为谁服务也正是社会主义新时代对"不忘初心，牢记使命"的鲜明表达。社区公共体育高质量发展是新时代背景下体育强国的工作之一，所以要本着"不忘初心，牢记使命"的观念，把握好亲民、便民、利民、享民的发展内涵，把"四民要义"作为"以人民发展为中心"的最高价值取向。

首先，要亲民，发展人民喜闻乐见的项目。发展亲民体育项目要基于两点价值，第一，以体育项目发展培育体育文化，体育强国必须以文化强国[①]，尤其要有利于促进中国传统体育文化的发展，中国传统体育文化所蕴含的具有中国特色的"体育精神"更应在社区公共体育的发展中得以继承与发扬；第二，要有利于中国传统体育项目与现代竞技体育项目的并进发展，在发展好中国传统体育项目的同时，也要保持竞技体育项目的领先地位，体育强国要向世界敞开大门，展现中华民族伟大复兴，展示中国体育自信，不可或缺现代竞技体育的强大。亲民体育项目的发展在原则上不仅要体现其健身性、娱乐性和生活化，还要具有普适性、创新性和与时俱进。

其次，要便民，配置人民出门就能锻炼的设施。在距离上，打造一系列步行五分钟、十分钟、十五分钟的体育生活圈，节省居民的锻炼时间；在锻炼空间上，加强场地的设计，提高利用效率，增强"三道三中心"复合式的设施打造，即健身步道、自行车道、城市绿道，健身中心场馆、健身中心公园、健身中心广场；在锻炼器械上，融入现代科技，开发和推广

---

① 朱华. 文化强国与体育强国的关系探析 [J]. 体育与科学，2012 (5)：69-72.

多功能、可移动、智能化的绿色环保型设施，把便民的重点放在锻炼的距离、空间、器械上，形成"三维便民"模式，使便民的价值更充分地得以体现。

再次，要利民，推广人民健身与健康融合的内容。体医结合是社区公共体育利民性的要素之一，在其形式上要把健身的方法和健康的知识紧密结合，为居民定期开设健康讲座，提供科学指导、身体检测、运动处方制定等服务，建立"体医融合"中心。通过把医保的费用与锻炼的消费相互打通，让居民去医院的脚步停留在去健身的道路上，从"治已病向治未病"转变；内容上利于青少年、妇女、儿童、老年人、残疾人等群体锻炼，尤其是青少年群体，要使青少年体育活动促进计划在社区公共体育中得以更好地实施，加强培养青少年终身体育的意识，少年强则国强，这也是体育强国建设的重点内容。

最后，要享民，提高供给人民物质与精神二元化的体育产品质量与服务水平。满足人民对美好生活的需要，不能只偏向于物质供给数量的提高，同时要兼顾所提供物质附带的精神内涵，无论是体育产品还是服务，不能只顾其一，应让居民从提供的产品上感受到更好的服务，从服务上感到更好的品质，而不只是高层次的产品或者服务本身。所以，要达到社区公共体育真正的享民，还需抓住人民最本质的诉求，把体育物质与精神享受兼顾供给作为享民的基本出发点和高质量发展的核心要求，"不忘初心，牢记使命"。

二、发展理念：全面、协同、创新、法制

在确定"为谁而发展"价值取向的前提下，进一步明确"怎样来发展"的理念问题。依据《纲要》中的要求，社区公共体育高质量发展要坚持"全面、协同、创新、法制"四维理念不动摇，才更有利于体育强国建设的推进。

1. 全面发展

社区公共体育发展的全面性要体现于体育本位，即体育项目"全"、体育服务"全"、面向人群"全"。体育项目"全"，体现在社区公共体育活动项目不能仅局限于开设种类的多少，还应该注重项目所产生的外溢效应。根据新时代要求，革新竞技表演体育项目和全民健身休闲项目二者融合的

发展理念。① 新时代我国竞技体育要追求内涵式，尝试竞技体育与全民健身融合，一定程度上预防竞技体育的"断崖式"窘况。② 把竞技与健身休闲相结合，在发展全民健身参与人口的同时还能培育竞技群众的基础。第十三届全运会首次设立群众性项目与专业运动员一起参赛，这正是社区公共体育项目开展新理念的充分体现。体育服务"全"，体现在社区公共体育要集健身、培训、消费于一体，在满足社区居民基本健身需求的前提下又能提供个性化的培训内容，开设娱乐性的体育门店，娱乐健身的同时还可以在一定程度上刺激体育消费，形成社区公共体育产业。面向人群"全"，体现在社区公共体育应满足不同年龄段、本地居民、外来务工人员等群体，重点关注青少年、老年、残疾人、农民等不同类型人群，尤其是青少年对于体育的需求。

2. 协同发展

基于社会学的治理理念，建设的同时即以治理视角去考虑。③ 社区公共体育要想高质量发展，就要站在治理的视角以协同发展的眼光向前看，以"共建、共治、共享"为基本理念。协同发展其核心并非是政社之间的加减法，而是面对多重合作机制下应对复杂多变、高度不确定社会背景下重新构建的关系。④ 社区公共体育的共建、共治、共享是在社会大环境下的必然需求，面对多样化、个性化、高品质的诉求，政府在公共服务供给过程中逐渐显得乏力，需从主导角色转变到行政引导，引入社会资本助力社区公共体育服务。在这方面政府已经开始通过公共服务项目购买、项目招标等形式化解供需矛盾。社会资本进入社区后具有市场运作性质的公共服务体系必会附带利益失衡的负面影响，基于共享理念政府应权衡和调控利益失衡的境况，必须坚持公共利益的最大化，在保障社区公共体育服务的公益性质的前提下，政府应鼓励和引导社区组织、社会组织、市场组织进行协作自治，这正是协同发展理念下所采取的必然举措。

---

① 辜德宏. 供需视阈下我国竞技体育发展战略研究 [J]. 北京体育大学学报, 2018, 41 (3): 14-25, 32.

② 邹秀春，侯榕芳. 新时代体育强国建设的基本要求和实践着力点：基于党的十九大精神建设体育强国的原则与要求 [J]. 北京体育大学学报, 2019 (11): 1-9.

③ 唐亚林，钱坤."找回居民"：专家介入与城市基层治理模式创新的内生动力再造 [J]. 学术月刊, 2020, 52 (1): 84-96.

④ 马海韵. 共建共治共享：国家级新区社会治理格局 [J]. 学海, 2018 (5): 89-95.

3. 创新发展

习近平总书记指出："创新是引领发展的第一动力，科技是第一生产力。"社区公共体育的发展离不开科技支持，更离不开创新驱动。对于社区公共体育而言，最大的革新表现在"供"和"管"两个方面。随着互联网、大数据、人工智能的不断发展，社区公共体育服务有了创新的可能。首先，在供给方面，尤其是科技在体育中的创新运用，产生了一系列的智能装备、智能场馆、网络服务平台等，上海市已有社区公共体育协会，利用互联网的创新优势，借助移动互联平台进行精准配送体育服务，让居民的锻炼更便捷、更丰富、更科学。其次，在管理方面，居民通过公共服务系统管理平台反馈问题及表达诉求，智慧平台可整合人、地、物、情、事、各组织等信息①，解决收到的反馈问题，以满足居民的需求。以"互联网+体育"为依托不断创新服务的内容、形式，为构建智慧社区公共体育增添新的动力，对于社区公共体育高质量发展来说显得愈加重要。

4. 法制建设

当前，随着我国社区公共体育的进一步发展，社区公共体育供给矛盾虽然得到了一些改善，但对于体育空间使用权利的争夺、冲突还频频发生，冲突解决机制的缺位进一步激化了社区关系。② 冲突解决难的原因可分为内因和外因，内因是对于体育空间内部利益的分配不明晰和体育权利与安居权利之间的摩擦，是产生冲突的本质原因；外因是管理权利和边界的缺位与模糊及缺少相关法律的明确规定。③ 找到矛盾的源头才能解决根本问题。一方面，在不断推进改善社区公共体育供给来减少冲突的同时，进一步厘清管理边界与权限，加快各界组织协作治理体制的脚步；另一方面，也要通过民事、行政和司法调解的协调联动，降低由冲突带来的紧张的邻里关系。所以要加快制定与社区公共体育相关的规章制度，完善法律法规，这是作为居民体育权益救济的最后一道防线，也是社区公共体育稳步发展的基本保障。

---

① 李阳，詹建国，毕研洁，等. 我国智慧社区体育发展现实困境与治理对策 [J]. 体育文化导刊，2019（6）：40-46.

② 苏昊. 社区体育公共空间困境下的权利冲突研究 [J]. 天津体育学院学报，2018（1）：58-64，71.

③ 陈桥. 社区体育运动开展中权利冲突的法律调整：从广场舞纠纷切入 [J]. 体育与科学，2015（1）：96-101.

第四节 社区公共体育高质量发展的推进路径

"为谁而发展"确定了以人民发展为中心的价值取向问题,"怎样来发展"明确了全面、协同、创新、法制的发展理念,"具体怎么做"解决的是社区公共体育高质量发展的推进路径问题。用马克思主义辩证法分析社区公共体育与当前的社会、经济、文化等之间的关系,其发展的矛盾是内因和外因共同作用的结果。所以,要用发展的眼光来看待社区公共体育的发展问题,既要推动内因发展,又要抓住外因的作用。社区公共体育的设施建设、赛事举办、组织建设、人才培养、文化培育等内培路径是其发展内因,产业助力、校企联动、体医融合、科技推动、政法推行等外力驱动是其发展外因。

一、社区公共体育发展的内培路径

1. 社区公共体育设施建设

基建设施是社区公共体育服务体系建设的基本要求,它包括健身器械、场馆、场地等。社区公共体育设施供给状态与地域及经济发展的关系呈正相关[①],配置不均衡、不充分是其主要问题。具体表现在我国东部、中部、西部区域经济和城乡经济发展不均衡,体育设施配置的量和质上也呈现出从东向西、从城镇到乡村逐渐递减的态势,如在体育场地人均使用面积上尤为凸显,东部人均接近3平方米,西部人均只有不到1平方米,这是当下发展的不均衡问题;体育设施配置的同质化、单一化与居民需求的个性化、科技化和丰富性是当下发展的不充分问题。要解决以上两个问题,一是在基建设施供给时应更加关注相对薄弱的地区,尤其是乡村、偏远山区;二是利用当地的特色体育项目、特色文化和地域环境等资源,因地制宜打造社区特色体育设施,满足居民个性化需求,如山区可以用山洞改造成体育场馆,农村利用田间道路改造成绿色步道,等等;三是对老旧场地设施进行改造,在原有的基础上加入科技元素,进行翻新或重置,使体育场地设施具有科技感、时代感;四是加大政府公共体育服务项目购买力度,最大

---

① 陈德旭. 社会治理视域下我国农村公共体育服务体系建设与运行研究 [D]. 上海:上海体育学院, 2017.

限度地保障最根本的设施配置；五是提高社区组织集资共建的积极性，在自建项目上政府给予引导和政策帮扶；六是个人或组织进行捐资和募资相结合，开拓多种渠道促进设施配置的完善。

2. 社区公共体育赛事举办

社区公共体育赛事是提高居民参与体育活动积极性的重要方式，能加强社区间的交流，利于推进邻里间的情感互动，创造更好的社区公共体育文化氛围。关于赛事举办审批方面，《体育总局关于推进体育赛事审批制度改革的若干意见》中明确提出取消对群众性体育赛事、商业性体育赛事的审批权，并引导民间组织、市场组织汇集人、财、物等社会资源举办各类体育赛事，进一步丰富赛事举办的层次和种类。国家对群众性和商业性等各类体育赛事给予政策支持，也为社区公共体育赛事的发展创造了更为广阔的空间。社区公共体育赛事应把握好政策红利的契机，可通过打通各种渠道、打开多种方式积极开展，开启政社合办、社区自办、社企合办、私人赞助举办等多样化模式。在举办赛事性质方面，可举办带有社区表演性、竞技性、公益性、商业性等不同性质的比赛，也可让社区群众赛事与专业竞技性赛事接轨，以专业竞技带动群众赛事，在提高群众赛事水平的同时又能从群众体育中培育专业性、竞技性体育人才。

3. 社区公共体育组织建设

体育组织化是体育生活化、社交化、品质化的基础，能推动体育的高质量发展。① 同样地，社区公共体育组织的建设是社区公共体育高质量发展的必然要求，它根植于社区，具有维护居民体育权益、整合社区公共体育资源、处理日常体育事务、传播社区公共体育文化等作用。② 社区公共体育组织建设首先要明确其分类和性质，从社会学视角可分为政府组织、社会组织和社区组织。① 政府组织：按照管理层级分为市政府组织、区政府组织、街道居委会、社区居委会，其主要职责是行使政府职能管理社区公共体育事务。② 社会组织：主要整合社会资源来帮助社区各项工作的开展，可细分为公益性组织、半营利性组织和营利性组织。③ 社区组织：伴有主导或辅助双重的性质，管理各项体育事务，可分为正规性组织和自发非正

---

① 鲍明晓. 贯彻《体育强国建设纲要》，办好人民满意的体育事业［J］. 体育科学，2019，39(9)：3-13，23.

② 马蕊，贾志强，孙伟. 社区体育非营利组织参与全民健身公共服务供给研究［J］. 体育文化导刊，2018（7）：27-31.

规组织。这三大类型的组织随着社区的不断发展,其角色定位也随之发生变化,在管理社区事务中又具有交叉性质,但三者合力推进社区公共体育建设的目的是不变的。目前,社区公共体育组织存在机制不够完善,结构还不健全,部分组织的身份得不到合法认定,在管理社区公共体育事务中出现政社分离矛盾突出等问题。建议搭建"政府—社会—社区"组织平台,从政府组织入手制定相关组织准则,列出各类性质组织事务清单,进行非正规组织的合法身份认定,加强各界组织在社区公共体育中的价值认同。

4. 社区公共体育人才培养

全面实施社区公共体育人才培养战略,重点抓好人才队伍体系改造,对于社区发展至关重要。① 社区公共体育服务队伍主要包括社区公共体育管理人员、体育指导员、志愿者、体育爱好者。当前社区公共体育人才队伍配备不足,尤其是体育管理和体育指导专业人才欠缺,主要体现在人员紧缺、人才缺失及流动性大、职业感不强等问题,亟须人才队伍建设。社区公共体育高质量发展进程中智慧社区是必然趋势,智能化、数字化、信息化、技术和设备的投入使用更加需要具有互联网、大数据、体育学科等背景的复合型人才,所以人才队伍建设也要用发展的眼光去看待。在培养形式上建议政府牵头构建人才培养制度,制订人才培养计划,社区与高校接轨引入体育人才,社区自主建立人才自培机制。在提高人才素养方面,设定工作要求、定期开展培训、制定考核要求。在人才激励方面,增设全职服务岗位,提高岗位薪资,颁发荣誉证书等,采取奖励措施,提高社区服务人员的自我价值认同。

5. 社区公共体育文化培育

体育文化的建设是一项持久性工程,它是社区公共体育发展的不懈动力。社区公共体育文化建设不仅能体现良好的体育氛围,还能展现社区居民的人文素养、体育品质,也是社区公共体育高质量发展的内核要求。社区公共体育文化的培育要从"性质、内容、方式、对象"四个维度展开,在性质上要体现国家意志,内含民族性、爱国性、人民性、时代性、包容性,这也是体育强国建设的必然要求。在内容上既要丰富多彩,又要具有地域性特色,体现其多样化和个性化,才能满足居民不同的体育生活诉求。

---

① 向祖兵,李晓天,汪流. 社区—社会体育组织—社会体育指导员联动运行机制研究 [J]. 北京体育大学学报, 2017, 40 (9): 23-28.

在传播方式上通过传统宣传手段如举办赛事、书刊、电视等，利用现代化手段如抖音、微信、微博、体育 App 等网络自媒体形式传播，也可采取定期举行社区公共体育文化节、举办体育知识有奖竞赛等方式增添体育文化传播氛围。在培育对象方面，尤其要注重儿童、青少年群体，因为他们是中国体育文化的未来和体育强国建设的未来和希望，从小培养他们"健康第一""终身体育"的思想理念，具有前瞻性的价值和深远意义。

二、社区公共体育发展的外驱动力

外驱动力是社区公共体育高质量发展的必要条件。在体育产业高质量发展的大环境下，无论是体育用品及相关制造业还是体育服务业等，都不断在提高品质上下功夫，这也为体育产品进社区提供更高层次的物质保障，在满足居民高需求的同时又刺激消费，带动体育经济发展。当然，随着科学技术的不断进步，尤其是正在发展的 5G 与体育的融合，让"体育+物联网""体育+人工智能""体育+视觉技术"成为推动体育革新的最强动力①，推动智能社区公共体育又向前迈进一步，5G 在未来将刷新居民的体育观念，高科技的体育用品、更科学的体育服务带来的不仅仅是便捷，更多的将是精神上的享受。以科技为支撑，体医融合进社区有了更宽广的路径，可让居民的体育智能设备联网医务系统，时时观测居民健康状况，以便及时给予运动处方，最大限度地降低或避免病情发生，也在一定程度上缓解医疗压力。此外，社区公共体育的进一步发展也需启动"学校—企事业单位—社区"的联动模式。社区公共体育场地是限制其发展的最大阻力，学校和企事业单位占据着我国主要的体育场地资源，在特定的时间内这些资源多处于闲置状态，所以打通三者之间的闭塞是解决社区公共体育场地资源稀缺问题的有效途径，也是激活学校和企事业单位体育资源使用价值的最佳选择。社区公共体育的外围环境是相对复杂的，各因素都不断呈动态式的向前发展，在促进社区公共体育发展的同时也衍生出新的治理问题，制度的革新、法律法规的缺失、政策的调整都亟须跟进。完善与之相配套的制度、补齐法律法规的短板、出台新的政策等一系列措施，与外围因素形成合力，一起推动社区公共体育高质量发展。

---

① 黄河，刘琳琳，李政. 5G 时代体育赛事移动传播的技术变革与内容创新：兼论对北京 2022 年冬奥会的启示［J］. 上海体育学院学报，2020，44（5）：16-23.

体育产业带动了社区公共体育"基本产品"的提质增量，科技创造了社区公共体育"期望产品"的优化体验，体医融合带给社区公共体育的是"附加产品"的贴心服务，"学校—企事业单位—社区"联动模式为社区公共体育增添了新的空间和活力，政策推进为社区公共体育的高质量发展保驾护航。事物的发展是相互联系的，内因和外因之间相互影响、相互作用，才能使其由量到质的转变，社区公共体育的发展也符合这一规律，把握好内培路径与外驱动力，才能更好地为社区公共体育发展添砖加瓦。

在体育强国建设进程中，高质量发展已成为我国体育发展的必然要求，在社区居民对体育需求不断增长的环境下，高质量发展已然成为社区公共体育发展的主题。运用马克思主义原理剖析高质量发展的内涵特征，把握"以人民发展为中心"的价值取向，明确"全面、协同、创新、法制"的发展理念，探索社区公共体育高质量发展路径，是体育强国建设进程中的重要课题。

第十二章　城市社区公共体育资源共享模式

——以构建城市社区"10分钟体育健身圈"为例

《"健康中国2030"规划纲要》指出,"在城镇社区实现15分钟健身圈全覆盖。推行公共体育设施免费或低收费开放,确保公共体育场地设施和符合开放条件的企事业单位体育场地设施全部向社会开放"。[①]《全民健身条例》指出:"县级以上地方人民政府应当将全民健身事业纳入本级国民经济和社会发展规划,有计划地建设公共体育设施,加大对农村地区和城市社区等基层公共体育设施建设的投入,促进全民健身事业均衡协调发展。"[②]城市社区公共体育作为全民健身的主要阵地,直接关系到全民健身的效果。因此,为了全面落实《全民健身计划》,结合目前我国城市社会和经济发展的现状,提出城市社区公共体育资源共享发展模式——构建城市社区"10分钟体育健身圈"。

第一节　城市社区"10分钟体育健身圈"的构建与实现

一、构建城市社区"10分钟体育健身圈"的目的与意义

随着我国城市化进程的快速推进,社区生活成了人们日常的生活方式。随着生活水平的提高和对体育健身功能的认识的加深,社区居民越来越关注体育健身活动。作为全民健身重要阵地的社区公共体育也越来越受到各

[①] 国家体育总局. 体育发展"十三五"规划[EB/OL].(2016-05-05)[2019-01-25]. http://www.gov.cn/xinwen/2016-05/05/content_5070514.htm.

[②] 国务院法制办公室. 全民健身条例[M]. 北京:中国法制出版社,2009:2.

级政府的高度重视，各地不断加大社区公共体育的建设力度。城市社区"10分钟体育健身圈"，就是城市居民从居住地出发，以正常速度步行10分钟左右（800~1 000米），就有一处可供开展健身活动的场馆（地）或设施，同时，还可以获得健身指导、健身知识、健身咨询等公共体育服务。

1. 城市社区"10分钟体育健身圈"建设是构建全民健身公共服务体系的现实需要

全民健身公共服务体系，是以满足公民基本体育需求、提高全民身体素质和生活质量为目的，由政府主导、社会参与提供，保障公民基本体育权益的各种公益性或以公益性为主的体育产品和服务的总和，包括体育设施、体育活动、体育组织、健身指导、体质监测、体育信息等各个方面的综合性、立体式、全方位服务网络。这就需要以创新的思路全面整合城市社区的体育设施、体育组织、体育活动建设，为社区居民提供更加便捷高效的公共体育服务。

2. 城市社区"10分钟体育健身圈"建设是实现体育强国目标的必然要求

衡量体育强国的重要标准之一就是群众体育，集中表现为基本公共体育服务体系实现城乡社区全覆盖。以江苏省为例，据统计，至2019年年底，城市化率已达到70.6%，这就意味着全省有一半以上的人口已成为城市社区居民。可见，城市社区"10分钟体育健身圈"的建设直接关系到城市群众体育的发展，关系到体育强国建设的大局，关系到人民群众的生活质量和健康水平。

群众体育关系到国民身体素质的发展水平，关系到"健康中国"目标的实现，也是实现体育强国的重要支撑。近10年来，全国群众体育包括社区公共体育得到了快速发展，社区居民的健康意识普遍加强，健身环境和条件明显改善，各类群众性体育活动广泛开展，居民健康素质、人均体育场地面积、社会体育指导员总数等都明显提高。城市社区"10分钟体育健身圈"建设对于促进体育事业科学发展、加快"体育强国"目标的实现发挥着重要作用。

二、城市社区"10分钟体育健身圈"建设的原则、内容和标准

1. 城市社区"10分钟体育健身圈"建设的原则

（1）面向社区、服务居民

城市社区"10分钟体育健身圈"建设范围主要是各省、市、县的主城

区，目的是方便城市社区居民就近参加体育健身活动、享受公共体育服务。因此，必须坚持面向社区、服务居民的原则。必须遵行结合社区实际情况，针对居民实际需要，方便居民参与的方针，开展科学、合理、高效的建设工作。

（2）量力而行、因地制宜

鉴于各省、市、区经济社会发展的差异，城市社区"10分钟体育健身圈"建设的覆盖范围、建设项目、具体标准、计划安排等都要做到量力而行、因地制宜，不搞"一刀切"。要发挥各地区的长处和特色项目，经济发达的地区应有更高层次的追求，经济相对落后的地区力求达到基本标准。

（3）完善功能、着眼长远

城市社区"10分钟体育健身圈"建设是全民健身公共服务体系的重要内容，影响面广、内容丰富、系统性强，必须通过科学的论证和长远的规划，确保发挥综合效益。

（4）政府主导、整合资源

城市社区"10分钟体育健身圈"建设是政府履行公共服务职能的集中体现。各省、市、区体育行政部门，要切实负起责任，协同财政、教育、文化、规划、土地等相关部门，统筹规划，加大投入，努力实现硬件设施和软件资源的共建共享。

2. 城市社区"10分钟体育健身圈"建设的基本内容

（1）体育活动场地设施的规划与建设服务

加强对各级各类公共体育场地设施的规划、建设与管理，制定建设标准、服务内容和服务标准，建立包括居住区、街道、社区、体育中心、学校、体育公园等公共体育设施的体育服务网络，实行多区域、多层次、多时段、多种优惠的多元化体育健身活动服务，为居民健身提供便利。

（2）体育活动组织的建设与发展服务

建立各种体育组织，特别是街道、社区的基层体育组织，发展和增加体育组织的规模和数量，扩大有组织活动的体育人口。提高体育组织的服务质量和工作效率，培育和发展体育社团，建立体育骨干培训、培养体制，鼓励有组织地进行体育活动。

（3）体质的监测与监控服务

建立社区居民体质监测服务系统，加强对居民体质的研究和体质监测服务，实施体质监控和追踪研究，定期公布体质监测结果，形成居民体质监测的预警机制，引导居民关注体质和身体健康。

（4）科学健身的宣传与指导服务

推行公益性和职业性社会体育指导员制度，加强社区公共体育健身指导工作，大力开展体育健身咨询、体育健康促进和科学健身的宣传教育，提高社区居民健身科学化水平。加强社区社会体育指导员培训，实行分层培养和分类指导的制度，提高社会体育指导员的数量和质量。

（5）体育活动的组织与宣传服务

组织开展多种形式的、丰富多彩的群众性体育活动，积极宣传、举办各种体育竞赛、展示、表演活动，吸引广大社区居民参与，提高体育活动效果。大力提倡体育项目创新，积极创编和引进适合社区不同人群的新型体育活动项目，对深受群众欢迎、有较好健身作用的新型体育项目进行推广和资助。

（6）体育信息网络的构建与咨询服务

加强社区公共体育服务信息化建设，构建体育服务平台，建立包括互联网、电话热线、居民信箱、宣传栏、广播电视、报纸杂志等多渠道信息沟通网。强化体育宣传教育，为社区居民提供体育情报及咨询服务。

3. 城市社区"10分钟体育健身圈"建设的标准（以苏南地区标准为例）

城市社区"10分钟体育健身圈"建设的标准包括六大类：设施建设、管理、使用标准，组织建设标准，活动建设标准，健身指导标准，信息服务标准，体质监测服务标准。

（1）设施建设、管理、使用标准

包括三个方面：① 有可供居民参与体育活动的场馆、场地或设施，包括体育中心、全民健身中心、健身广场、体育公园、健身绿地（道）、社区公共体育设施（棋牌室、文体活动室、多功能运动场、健身路径等）、企事业单位和民办的体育场馆设施。社区居委会设施建设标准如表12-1所示。② 上述设施建设有管理机构或管理人常年负责管理，并建立管理制度。③ 上述设施能常年向居民正常开放。

表 12-1 城市社区"10分钟体育健身圈"建设基本标准

内　容	标　准
居委会健身设施建设标准	室内：乒乓球室（2张以上球台，面积40平方米以上）、棋牌室（2张以上棋牌桌，面积40平方米以上）、健身室（5件以上健身器材，面积40平方米以上） 室外：健身路径（10件以上健身器材）、一片以上的篮球或多功能运动场或健身小广场或其他健身场地
设施管理与使用标准	有管理人员管理、维护健身设施，并建立了日常管理、巡查、维修制度；健身设施基本完好，正常向社区居民开放
组织建设标准	所属街道拥有1个以上体育协会（或分会）、1个以上社区健身俱乐部；社区居委会有3个以上晨晚练健身站（点）、5个以上健身团队
活动建设标准	社区居委会平均每月至少举行1次以上健身竞赛或活动，所属街道每两年至少举办1次群众性运动会
健身指导标准	社区居委会有3名以上能够常年坚持义务健身指导的社会体育指导员，社区居委会每年面向社区居民开展5次以上科学健身知识宣传咨询活动，居委会能免费为社区居民联系体质测试事宜
信息服务标准	社区居委会设有橱窗或电子显示屏，常年宣传科学健身知识，发布健身活动信息；社区居委会建立网站，有专门的栏目发布健身活动安排、健身设施布局、晨晚练健身点情况、健身指导员姓名与级别和联系方式等信息；有人维护并定期更新网络信息
体质监测服务标准	建有区级以上国民体质监测中心，达到"四有"标准：有固定工作人员、有固定办公地点、有工作经费、有完好的国民体质监测器材。每年接受体质测试的人数不少于社区居民总数的10%，定期发布居民体质健康状况

注：本标准参考了江苏省常州市、苏州市、无锡市体育局制定的建设标准。

（2）组织建设标准

有可供居民参加的各类体育组织或机构［协会、俱乐部、晨晚练健身站（点）、社区文体站等］，配备一定数量的社会体育指导员。

（3）活动建设标准

有可供居民能够常年坚持参加的有组织的健身活动或竞赛。

（4）健身指导标准

有指导居民进行科学健身的社会体育指导员，有获取科学健身知识、进行体质测试、接受健身指导的渠道。

(5) 信息服务标准

以县（市、区）为基本单位建成并开通本地区体育健身信息网络，提供各种体育健身服务信息。

(6) 体质监测服务标准

建立市、区两级国民体质监测网络，充实国民体质监测车辆、仪器设备和计算机监测系统，常态化开展国民体质测试活动，定期公布国民体质监测报告。

三、城市社区"10分钟体育健身圈"建设的思路与措施

1. 加强组织领导，统筹规划，协调督促

各市、县（市、区）体育行政部门会同有关部门，成立本级的组织领导机构，负责组织、协调、督促等工作，并将城市社区"10分钟体育健身圈"建设工作纳入各级党委政府的重要工作，广泛动员相关部门、行业和其他组织，形成建设工作的合力，在健身圈建设中积极发挥作用。

2. 规范建设标准，充分合理布局

按照城市社区"10分钟体育健身圈"建设标准，结合城乡建设规划，充分利用社区空间，科学合理地选定建设地址、配建体育器材。坚持"插体于绿（地）、插体于（广）场、插体于（公）园、插体于景（观）、插体于空（地）"的建设思路，充分利用公园、绿地、广场、江河湖泊等城市景观建设和改造，努力做到公园和有条件的绿地、广场建到哪里，体育设施建设就延伸到哪里，形成全民健身休闲新景观。

3. 加大经费投入，鼓励多渠道投资建设公共体育设施

各级政府要进一步加大对全民建设工作的投入，逐步提高全民健身事业经费。各级政府体育彩票公益金应根据国家有关规定，主要用于全民健身事业，同时要安排社区公共体育设施管理经费。坚持"全民健身全民办""谁投资、谁受益"的思路，采取捐资、赞助、合作、股份制等多种形式，鼓励社会积极参与兴建和管理全民健身设施，资助开展全民健身活动。各级政府应出台相应的鼓励政策，对于利用社会资金进行全民健身设施建设，开展健身活动的，在土地、税收、人力资源等方面给予政策优惠，并给予配套资金奖励和补贴。制定相应政策，支持、鼓励和引导符合开放条件的学校、企业等企事业单位的体育设施向社会开放，提高各类体育资源为社区居民服务的能力。

4. 抓好重点环节，强化督查考核

在建设城市社区"10分钟体育健身圈"工作中，要突出抓好整体布局规划、新城区设施建设、老城区改造、健身组织面的覆盖和质的提升、社会宣传等重点、难点环节。市、区、街道、社区每年要以目标任务书的形式制定"10分钟体育健身圈"的建设任务，并对建设情况进行专项跟踪督查，督查报告及时向各级政府反馈。同时"10分钟体育健身圈"的建设工作应纳入群众体育工作先进单位评选的重要考核内容。

5. 坚持长期建设，着眼长效管理

在城市社区"10分钟体育健身圈"的规划与建设过程中，要始终坚持长期建设、长远眼光、长期使用、长效管理的方针，完善体制机制体系建设。要建立健全设施管理与维护制度、社会体育指导员挂牌上岗制度、晨晚练健身点管理制度、城乡体育健身俱乐部管理等一系列制度，打造设施良好、功能完善、管理科学、服务周到的健身服务圈。

第二节　"体育健身圈"建设中公共体育服务发展对策

近年来，随着城市社区"体育健身圈"建设的不断推进，社区居民身边的体育健身场地、设施等硬件条件得到了很大的改善，健身场所越来越多，但是科学健身指导、个性化服务、健身网络平台建设、健身信息服务等软件条件还不能满足居民健身的需求。随着城市社区居民的健康意识的不断提高，居民对社区公共体育服务需求的愿望也越来越迫切。政府部门、社会组织也意识到城市社区公共体育服务在"健康中国"建设和社会良性发展中的重要性。与此同时，有关社会体育领域的专家、学者对城市社区公共体育服务改革的探索也在不断完善。研究发现：目前我国城市社区公共体育服务还存在健身设施使用效率低下、体育产品供给不均衡、管理法制化程度低、服务产品供给主体少、服务效率低等问题。因此，必须针对目前我国城市社区"体育健身圈"建设中公共体育服务发展存在的现实问题，探讨解决我国城市社区公共体育服务发展的困境。

一、我国城市社区公共体育服务发展的当代背景

在社会加速发展的同时，人们面临着人口老龄化、健康需求得不到充

分的满足等社会问题。城市社区公共体育在发展过程中也面临同样的问题。一方面,城市社区居民生活水平和消费能力的不断提高,人们的健康意识正在从疾病治疗向疾病预防和健康维护转变。另一方面,城市社区居民的自我健康发展需要从单一化向多元化诉求发展。城市社区居民的健康意识逐渐提高,体育锻炼的愿望越来越强烈,这就促使城市社区管理部门调整城市社区公共体育服务供给模式,为城市社区居民提供更加多元化的公共体育服务产品。这就需要政府部门探索多样性的公共体育服务供给机制,深化完善公共体育服务供给体系、治理体系,提高治理能力。政府需要建立与社会组织、企业、个人等多主体的联动机制,确保竞争性的市场环境,以促进城市社区公共体育服务的可持续发展。

为了提高人民群众的健康水平,我国把"健康中国"建设作为国家的发展战略,在这一背景下,如何建立和完善城市社区公共体育服务已经成为健康中国规划中的关键环节。[①] 在"健康中国 2030"的理念下,针对当前社区居民健康的发展需要,提高战略定位,深化城市社区公共体育服务改革,促进城市社区公共体育服务的全面发展和可持续发展。[②] 研究发现,城市社区公共体育服务对城市社区居民的活动有显著影响,我国对城市社区公共体育服务的概念和认识还存在较大差距。[③] 促进城市社区公共体育服务的高质量发展对提高城市社区居民自身的健康素养和健康美好生活需要具有重要意义。[④] 国家必须积极地以政府为主导,增强城市社区居民的健康意识,为城市社区公共体育服务发展打下良好的基础,这就对城市社区公共体育服务提出了更高的要求。[⑤] 因此,我们需要全面发展具有中国特色的城市社区公共体育服务,全面推进"健康中国 2030"战略的顺利实施。[⑥]

[①] 吕和武,吴贻刚. 美国建成环境促进公共健康对健康中国建设的启示 [J]. 体育科学,2017,37 (5): 24-31.

[②] 王玉秀,王佳卉,孙波等. 青少年体质健康发展非均衡问题及对策:以浙江省为例 [J]. 浙江工业大学学报(社会科学版),2017,16 (3): 353-360.

[③] 王开. 健康导向下城市公园建成环境特征对使用者体力活动影响的研究进展及启示 [J]. 体育科学,2018,38 (1): 55-62.

[④] 王中灿,程雪莲,何中臣,等. 基于健康中国战略背景下的健康文化建设路径探讨 [J]. 中国健康教育,2018,34 (2): 189-191.

[⑤] 程ायन明. 健康中国建设视域下健美健身运动的价值与发展路径 [J]. 北京体育大学学报,2018,41 (6): 49-56.

[⑥] 戴志鹏,王岗. 我国全民健身的工作格局变迁与政策体系演进 [J]. 武汉体育学院学报,2017,51 (11): 5-13.

进入21世纪，联合国规定公民的健康、收入和教育是衡量一个国家发展水平的综合指标。近年来，越来越多的国家开始关注人口老龄化和慢性病，意识到目前的医疗卫生服务已不能满足人们的健康需求。一些发达国家已经开始规划国家医疗、体育与卫生战略计划，以实现全民健康。把促进人口健康作为国家战略的重要环节，把健康投资作为人力资本投资，加大卫生投入的技术创新力度，从而带动社会经济发展。我国的《"健康中国2030"规划纲要》对2030年人民群众的健康指标做出了规划，具体指标如图12-1所示。

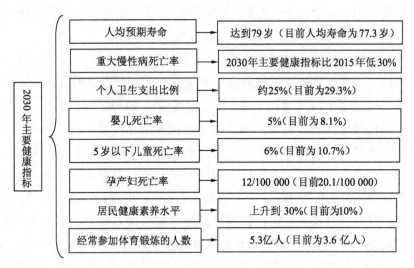

图 12-1　2030 年卫生指标

数据来源："健康中国 2030"规划纲要。

随着经济和社会的迅猛发展，城市社区居民的生活方式也深受影响。不利之处是人们的生活环境受到了污染，人们的健康也受到了严重影响。除外部因素外，人口老龄化引发的自然病和慢性病也日益凸显。由于部分人群缺乏健康意识，他们不会主动维护自己的健康。中小学生近视、超重等各种健康问题日益严重，健康教育水平普遍较低。[1] 因此，我国城市社区居民的健康水平处于亟须提高的状态。要鼓励"绿色、健康"的生活方式，创建多元化的健康产业，满足社区居民多样化的需求。为此，中国提出了

---

[1] 董新军. 社区公共体育服务供给侧改革研究 [M]. 长春：吉林人民出版社，2019：125-128.

《"健康中国2030"规划纲要》，关注健康不平衡问题，为弱势群体提供高水平的健康服务。在全面实现小康社会的同时，继续完善基本体育与医疗卫生基础设施，及时协调有关部门，推动体育与医疗卫生服务体系转型。

二、我国城市社区公共体育服务发展的现实困境

1. 城市社区公共体育服务有效设施缺乏

近年来，随着国民经济和社会事业的发展，各地城市社区公共体育服务措施不断加强，公共体育场馆、公共体育场地等服务也相应得到发展。但现有的城市社区公共体育有效设施数量仍不能有效解决城市社区居民的健康美好生活需要。而且，有些体育设施的施工质量和管理效率跟不上城市社区居民的锻炼需求。目前，大部分体育场馆分布在学校和事业单位，现有的体育设施大多用于比赛，长期不向普通人开放，导致公共体育场馆缺乏。[①] 部分场馆仍保持较高的收费标准，政府制定的社区公共体育场馆、场地等体育设施向公众免费开放的政策在现实生活中没有得到有效落实。大多数城市社区公共体育设施设备陈旧，损坏严重，存在安全隐患。要使"健康中国2030"规划目标、顺利实现，需要城市社区管理部门向城市社区居民提供有效的体育设施，为城市社区居民进行身体锻炼、提高体质健康水平提供保障。城市社区公共体育场馆、场地、器材设施等资源的利用和管理需要进行规范和改进。

2. 城市社区公共体育服务供给不平衡

计划经济的优势是能够集中社会优势资源，充分确保重要社会事业的发展。得益于计划经济的影响，我国的竞技体育发展迅速，与竞技体育全方位的快速发展不同的是，我国的群众体育发展较为缓慢，这就导致了政府部门对群众体育与竞技体育供给的不平衡。公共体育服务的不平衡主要表现在区域的差异、竞技体育与群众体育的不平衡、社区差异、公共体育服务产品供给效率四个方面。在城市周边的郊区，边远落后的小城镇很少有人去进行专门性体育锻炼，有组织的体育活动也不多见。在城市社区公共体育设施方面，部分新建城市社区的硬件条件好于老城社区。在专业的体育信息服务、专业的健身指导服务等无形服务方面还远不及有形体育硬

---

① 付春明，陶永纯."患不均，更患不公"：体育资源供给的"公平"与"冲突"[J]. 体育与科学，2017，38（4）：49-54，48.

件设施的服务。虽然许多城市对公共体育服务项目的资金投入逐年增加，但与投入在快速发展的其他社会事业方面的资金相比，投入在社会公共体育服务的资金仍相对较少。① 对于边远地区的小城镇弱势群体和群众来说，他们并没有真正享受到均等化的城市社区公共体育服务，由于地区差异，造成公共体育服务供给的不平衡。边远小城镇社区公共体育服务建设资金薄弱，资金渠道严重缺乏，投入资金有限，这些都严重阻碍了城市社区公共体育服务的发展。

3. 城市社区公共体育服务法制化建设不到位

目前，城市社区公共体育迎来了很好的发展机遇，发展速度迅猛。虽然我国城市社区公共体育服务法制化建设在一些领域取得了一定成效，但与当代社会体育事业的快速发展相比，还存在许多明显的不足。就目前来说，针对城市社区公共体育服务领域的系统性的法律条例还有待充实，政府部门在公共体育服务过程中所涉及的产品采购、绩效监督、赛事冠名、突发事件处理等环节所产生的经济利益纠纷、责任认定等法律纠纷只能采用宏观的法律规定去执行，缺乏具体的、精准的针对社区公共体育的法律规范。现有的体育法律体系还不健全，相应的法律文件少，而"规则"和"建议"等政策性体育文件占了大部分。政策的执行容易出现不连贯，现实中管理者往往根据实际情况进行相应的修改，管理过于随意。此外，我国现有的体育法规的系统性还有待提高，很多政策的概念过于模糊。对于社区公共体育服务管理方式、体育设施建设与维护、市场准入制度等方面缺乏明确的法律规范，容易导致出现体育法律灰色地带，社区公共体育服务缺乏相应的监督与管理体系。② 城市社区公共体育缺乏配套的法律、法规，不利于相关部门对体育公共服务的管理，甚至造成企业腐败、钻法律漏洞等不良局面。

4. 城市社区公共体育服务效率较低

目前，许多市场经济部门和社会团体已经开始积极参与城市社区公共体育服务，尽管目前国家层面的体育项目协会已经与政府主管部门脱钩，但是，地方层面的大多数体育协会还没有完全脱离政府部门的财政支持，体育协会的日常运行资金主要来自地方政府。也就是说，还未脱钩的体育

---

① 牛宏飞，刘一民. 山东省体育公共服务水平现状分析［J］. 中国体育科技，2013, 49（1）：3-8, 21.

② 刘亮. 我国体育公共服务均等化的现状：基于资源配置的多维度分析［J］. 武汉体育学院学报，2012, 46（12）：5-9.

项目协会的性质还是一个半行政半社会化的体育社会组织，没有相对的独立性，体育协会的自主能力受到限制，主动执行城市社区公共体育服务供给的积极性受到一定制约，公共体育服务效率难以保证。城市社区公共体育服务缺乏竞争性，缺乏监督和评价体系，缺乏各主体的积极参与。比如，我国大、中、小学的体育场馆只用于教学和课外训练，只为师生服务，假期不向社会开放，许多体育设施没有发挥其应有的社会价值。目前，城市社区如何有效利用社会资源，实现多方协同，向城市社区居民提供有效服务的推进还比较缓慢，社会资源提供公共体育服务的匮乏导致当前公共体育服务产品供给不均衡。另外，由于政府部门在按计划提供城市社区公共体育服务时缺乏深入城市社区对城市社区居民的健身需求进行充分的调研，所提供的公共服务未必是城市社区居民实际急需的，城市社区公共体育服务供给乏力，城市社区居民对于自身健身与健康美好生活的需要未得到充分满足，城市社区居民公共体育服务诉求遭忽略。[1]

三、我国城市社区公共体育服务发展的对策

1. 优化城市社区公共体育服务管理体制

城市社区公共体育服务供给效率低的根本原因不仅仅是供给主体的缺位，公共体育服务管理体制的不完善也是主要原因。具体来说，一方面是没有科学、可持续的城市社区公共体育服务财政政策支持；另一方面是没有明确、规范的城市社区公共体育服务分工机制和奖惩制度。这均容易使城市社区公共体育服务管理失去应有的治理效果。城市社区公共体育服务供给存在竞技体育与群众体育发展不平衡，过分重视竞技体育的发展，普通市民的体育锻炼需求没有得到充分的满足。因此，要从根本上找出原因，改变目前重视竞技体育发展、忽视群众体育发展的体制与机制，缩小竞技体育与城市社区公共体育服务供给方面的差距。建立竞技体育和群众体育齐头并进、协同发展的城市社区公共体育服务管理机制，更广泛、更高效地与当地市民共享体育资源，促进群众体育的发展。虽然彻底改变目前城市社区公共体育的发展壁垒还有一定难度，但是只要不断完善和调整管理模式，就有机会使城市社区公共体育服务发展更加健全。

---

[1] 来博. 多元供给模式下我国公共体育服务供给侧结构性改革研究[J]. 广州体育学院报, 2018, 38 (1): 34-37.

2. 灵活选择城市社区公共体育服务供给方式

传统的城市社区公共体育"单中心"发展模式已无法满足城市社区群众体育日益多样化的发展需求，导致城市社区公共体育服务的经济效益和社会效益无法充分发挥，制约了城市社区公共体育服务的发展空间。为此，应灵活选择不同的公共体育服务供应主体。比如，根据不同城市社区公共体育服务特色，选择不同的供给模式，最大限度地发挥有关政府部门、社会体育组织和个人的作用。根据不同的供给主体，配套相应的供给服务，政府主要提供公共性、均等性的服务。政府部门要积极动员更多的社会体育团体和个人参与城市社区公共体育服务。根据当地城市社区公共体育服务发展现状和城市社区居民的实际需要，制定科学、系统的公共体育服务产品供给体系，灵活选择合作伙伴，刺激社会体育团体和个人志愿服务的积极性，从而实现城市社区公共体育服务供给的多元化。①

3. 完善利益表达机制，提高服务效率

城市社区公共体育服务发展与城市社区居民体育需求不匹配的主要原因是城市社区公共体育服务供给主体不了解城市社区居民的真实健身需求，对前期的公共体育服务财务预算和设备建设缺乏合理的预先规划。虽然有些地区的城市社区已经建立了自己的公共体育服务网络平台，通过平台可以及时、便捷地了解城市社区居民健身诉求的数据，但是有部分城市社区居民，特别是老年群体，并不热衷于登录这些平台，这就直接导致了平台所收集的数据不能充分反映大多数城市社区居民的公共体育服务需求，导致城市社区居民健身利益诉求被忽略的现象。城市社区居民健身利益表达机制的不完善和不透明会导致城市社区居民公共体育服务供需信息的不对称，城市社区公共体育服务供给难以有效满足城市社区居民的健身生活需求。因此，政府要鼓励城市社区居民积极与城市社区公共体育管理机构进行交流，城市社区公共体育管理者要深化利益关切表达机制，深入城市社区基层，广泛听取城市社区居民对公共体育的服务意见与建议，获取城市社区居民对公共体育服务关切的有效信息。在此基础上，建立民主参与机制，利用现有机制的优势，不断提高城市社区公共体育服务的效率和质量，切实满足城市社区居民对城市社区公共体育服务健康美好生活的需要。

---

① 董新军，易锋．"互联网+"时代社区公共体育服务供给侧改革研究［J］．体育文化导刊，2018，（2）：43-46，57．

4. 建立城市社区公共体育服务联动机制

要制定高效的城市社区公共体育服务联动发展策略，城市社区公共体育管理者必须联合其他部门充分利用当地现有的体育资源，如学校、企业、事业单位及私人培训机构营利性的体育资源，制定鼓励、奖励资金的财政补贴制度，鼓励这些部门把所管辖的体育资源与当地城市社区居民共享使用。在此基础上，还要建立健全城市社区公共体育服务设施管理联络机制，保证城市社区公共体育服务联动机制功能的正常发挥和长期运行。建立体育服务市场经济机制，发挥市场经济灵活、有效的特点，有效提高各个城市社区公共体育服务供给主体的沟通效率。各个城市社区公共体育服务供给主体充分发挥自身的优势，建立城市社区公共体育产品供给环节之间的联系，优势互补，共同促进体育公共服务资源的合理配置，完善城市社区公共体育服务供给体系。政府部门要根据实际情况对参与城市社区公共体育服务的供给方进行备案，为后期的城市社区公共体育服务评估和信用等级评定提供参考依据。在城市社区公共体育服务联动机制中要明确政府、社会组织和个人的公共体育服务分工和职责。一方面，政府、社会组织、个人是城市社区公共体育服务的主体，当这些主体失去利益平衡时，政府应发挥组织领导能力，协调各方使各主体利益趋于平衡；另一方面，要不断创新城市社区公共体育服务产品供给模式，政府制定城市社区公共体育服务政策时要考虑允许利用合同租赁、招标采购等方式创造城市社区公共体育服务产品供给的良性市场竞争环境，防止在城市社区公共体育服务供给过程中产生一家独大垄断供给市场的局面。

城市社区公共体育服务供给要积极响应国家"健康中国2030"战略，探讨城市社区公共体育服务供给的有效机制和实施对策，有利于预防疾病和促进康复，有利于切实增强城市社区居民身体素质和身体健康。突破城市社区公共体育服务发展的困境，探索和完善城市社区公共体育服务供给方式是满足新时代城市社区居民健康美好生活需要的必然选择。要从城市社区居民对公共体育服务需求侧的角度去探讨城市社区公共体育服务产品供给的新举措，通过创新驱动城市社区公共体育服务事业发展，进一步推动城市社区居民公共体育服务产品供给的均等性、共享性和公益性。城市社区公共体育服务供给的持续深入推进，对于确保"健康中国2030"战略的顺利实施，实现"全民健康、全面小康"，助力现代化体育强国建设具有重要的现实意义。

第十三章　小城镇社区公共体育发展模式

——以苏南地区小城镇社区公共体育发展为例

按照国家统计局公布的我国人口基本状况数据，截至2019年年底，我国城镇居民约8.5亿人，城镇化率达到60.6%，按照国家"十三五"发展规划，到2030年城镇人口可能突破10亿人，城镇化率达75%以上。随着城镇化步伐的加快，大量农村人口转化为城镇人口，村落、乡村逐步演变成小城镇，以县（市）、镇为主要表现形式的小城镇将成为我国新型城镇化的常态。小城镇，通常是指地域介于城乡之间除设市以外的建制县和镇，包括县城，还包括亦农亦工亦商的集镇，它介于城乡之间，地位特殊。集镇是农村中工农结合、城乡结合，有利生产、方便生活的社会和生产活动中心，是今后我国农村城镇化发展的重点。苏南地区经济社会发展水平较高，在新型城镇化社区建设方面在全国范围内走在了前列，下面以苏南地区小城镇社区公共体育发展为例，研究小城镇社区公共体育发展模式，能够为我国新型小城镇社区公共体育的发展提供借鉴模式。

第一节 "人的城镇化"进程中小城镇社区公共体育发展策略

随着城镇化进程的加快，大批新型小城镇会快速出现，新城镇化的快速发展会使众多的"村民"转变为"居民"，身份的转变必然会产生一系列负面问题，如何解决这些负面问题，实现"城乡一元化"是"以人为本"的新型城镇化发展的内在需要，更是新兴社区公共体育健康发展的需要。因此，社区公共体育的发展迎来了新的机遇与挑战。2013年3月17日，李克强在第十二届全国人大一次会议闭幕后回答新华社记者的问题时强调，"新型城镇化是以人为核心的城镇化"，即"人的城镇化"。对于如何实现

"人的城镇化"的问题，人大代表们建议，通过城乡一体化和公共服务均等化来实现"人的城镇化"，同时希望城镇化有顶层设计。基于"人的城镇化"的背景，社区公共体育的发展要以"人"为核心，社区公共体育发展要实现城乡社区公共体育一体化和社区公共体育公共服务均等化。

一、"新城镇化"与社区公共体育的发展目标具有共性

"新城镇化"不是"造城运动"，更不是"进城运动"。李克强总理曾表示，推进城镇化发展，核心是推进"人的城镇化"，关键是提高城镇化质量，目的是造福百姓和富裕农民，因此，"新城镇化"的目标紧紧围绕"人"字，以人为核心，实现"城乡一体化和公共服务均等化"。社区公共体育是群众的一部分，社区公共体育发展目标与群众体育发展目标是一致的，国家《体育发展"十三五"规划》确立了"加快完善公共体育服务体系，提高公共体育服务水平，切实提高全民族的身体素质和健康水平，促进我国群众体育发展迈上新台阶"的群众体育发展目标。相比较"新城镇化"与社区公共体育发展的目标，两者在发展目标方面都突出强调"以人为本"，"新城镇化"与社区公共体育的发展目标存在统一性。

二、"人的城镇化"进程中社区公共体育发展所面临的问题

1. 社区新居民对体育锻炼的认识不足

"新城镇化"过程中社区公共体育的发展不单单是增加体育基础设施的"物的社区公共体育"，更重要的是在此过程中对于人养成体育锻炼习惯、科学健身的"人的社区公共体育"。大批从事体力劳动的"村民"一下子转变成"居民"，他们放弃原先从事的农业工作，投身到城市建设与发展之中，他们的闲暇时间多了起来，很多人感觉很不适应，但是他们缺乏对体育锻炼的认识，很难一下子就养成体育锻炼的习惯，大部分的人喜欢聚集在一起喝茶、聊天、打牌、搓麻将，这些人很快就会出现肥胖、高血压等"城市病"，对于这部分人应该进行体育健身知识宣传，增强其身体素质。

2. 社区新居民的素质水平影响社区公共体育的发展

在"新城镇化"过程中，原有的社会关系和社会秩序逐步瓦解，城镇中的"新人"出现价值观迷失和行为"失范"的现象，人与人之间的社会

联结变得更加脆弱，甚至出现对立冲突。① 由于社区"新居民"长期养成了农村生活习惯，很难一下子适应城市生活，很多"新居民"在社区公共体育健身场所进行体育锻炼时对体育器材的保护、对体育锻炼秩序的遵守、对收费健身场馆的偏见等很难进行规范，因此应该加强"新居民"的素质教育。

3. 社区新居民的经济基础影响社区公共体育发展

"推进人的全面发展，同推进经济、文化的发展和改善人民物质文化生活，是互为前提和基础的，人越全面发展，社会的物质财富就会创造得越多，人民的生活就越能得到改善，而物质文化条件越充分，又越能推进人的全面发展。"② 大批农村人口转入城市，需要对他们进行就业培训，不同人的文化水平、接受能力等影响他们的择业，同时影响他们的经济收入，相对于其他"城市精英"，他们的工资水平可能不是很高，有些人可能会处于无业状态，这部分人很难有时间和精力进行体育锻炼，更不用提自费进行体育培训了。因此，社区新居民的经济基础也会影响社区体育发展目标的实现。

4. 社区新居民体育锻炼的人群不普遍，影响社区公共体育发展

提高广大群众的身体素质是发展群众体育的根本目的，也是"新城镇"社区公共体育发展的根本要求。目前在苏南"新城镇"社区范围内的新居民体育锻炼的人群差别大，参与锻炼的老年人数量最多，这与老年人时间较为充足及身体生理机能上的退化需要进行身体锻炼有关；参与体育锻炼的少年儿童较老年人次之，少年儿童对于身边的事物具有较强的好奇心，很容易对体育活动充满浓厚的兴趣，伙伴之间团结协作及成功后的愉悦体验，促使这一群体在社区内体育活动参与的人数增多；中青年群体在社区公共体育的参与者中人数最少，这与维持家庭的正常生活和应对繁忙的日常工作有关。总之"新城镇"社区公共体育锻炼人群呈现出"两头大、中间小"的现象，这与群众体育所号召的"提高广大群众的身体素质"的发展目标不符。

---

① 李泉. 中国城乡社区治理：反思与检讨 [J]. 广东广播电视大学学报，2011（3）：92-97，108.

② 刘用功. 科学发展观与人的全面发展 [J]. 中共福建省委党校学报，2004（8）：16-17.

三、"人的城镇化"进程中社区公共体育发展策略

1. 对社区新居民进行体育锻炼科普教育

"新城镇化"所产生的新居民是一个特殊的群体,在"体育场域"中,历史沉积下来的在体育运动上的"惯习"与文化趣味是影响这个群体体育价值观的重要因素。但是人的行为和认识是可以改变的,因此,应该通过加强体育健身知识的宣传与培训,使这个特殊的群体体味到进行科学体育锻炼的好处,形成积极体育锻炼的习惯。目前苏南地区的南京、苏州、无锡、常州、南通等城市的社区公共体育科学健身普及情况较好,主要通过社区街道进行科学健身知识、方法和手段的宣传来提高居民科学健身的观念和知识水平,引导居民进行健康、文明的体育活动,提高居民的生活质量,创造一个团结稳定的社会环境。[①]

2. 对社区新居民进行市民素质培训

市民素质是指城市居民心理和生理的特点和性质,主要包括思维方式、价值取向、知识水平、行为能力、审美情趣和生理状况等方面。根据"新城镇化"所产生居民的特点,首先,要以社区为抓手,充分发挥提高市民素质宣传作用,宣传的方式有很多,开会、搞活动、出动宣传车等,只要可行的都可以用,关键是要形成一种讲文明的氛围;其次,要发动居民相互监督,让他们逐渐形成良好的社会公德、职业道德和家庭美德;最后,对于素质低下的不良行为要给予惩罚,提高增强市民素质的严肃性。苏南各城市在城镇化建设过程中十分重视市民素质的提高,苏州、无锡、常州、镇江等市纷纷通过制定《市民行为准则》《市民文明公约》对市民进行宣传,做到家喻户晓、人人皆知。市民素质的普遍提高,会加速经济的发展、促进社会的稳定、扩大文化的繁荣,更有利于社区公共体育的健康发展。

3. 增加社区新居民的经济收入

马克思认为,"经济基础是上层建筑,一切社会问题的根源都莫不归结到经济这个根本问题上来"[②]。从经济学的角度来看,不同群体的人可能有不同的收入,这与他们的职业、能力、受教育水平有关系,这是市场经济的自然规律。新型城镇化过程中所产生的"新市民"抛弃以前所从事的以

---

① 许松青. 常州市社区公共体育现状研究 [D]. 苏州:苏州大学,2006.
② 马克思,恩格斯. 马克思恩格斯全集 [M]. 北京:人民出版社,1972:312.

体力劳动为主的工作，舍弃赖以生存的土地，投入新城市的建设当中，他们的就业能力、受教育水平决定了他们经济收入处于弱势水平。然而，经济物质基础是决定新城镇社区公共体育存在与发展的客观物质保证。在宏观层面上，表现为社区自身具有一些必备的健身场地、器材和活动组织经费；在微观层面上，表现为社区居民自身或家庭产生体育需求愿望的必备经济基础。因此，要推动新城镇社区公共体育发展，还需要增加社区居民的经济收入。相关政府部门应该通过职业能力培训、推动就业、推动创业、福利发放、政府补贴等提高居民的经济收入。苏州、无锡、常州、镇江等地在2011年就积极贯彻江苏省政府下发的《关于实施居民收入倍增计划的意见》（苏发〔2011〕14号）文件精神，在重点举措中提出要"突出农民、企业职工、中低收入者和困难家庭'四个群体'增收，拓宽就业、创业、投资、社保和帮扶'五大增收渠道'，强化基本公共服务"，切实提高居民的经济收入，为社区群众体育的开展提供了强有力的物质支持。

4. 提高社区公共体育资源的共享程度

要充分发挥社区周围学校、体育中心的桥梁和纽带作用，建立学校体育与社区公共体育结合的全民健身联网工程，提高体育指导、体育设施等资源的共享程度，使全体社区居民共享社会发展的成果。联网工程主要依靠学校、体育中心内的场地设施、技术、人才、教育管理等优势，建立社区公共体育培训体系，有计划地对街道、居委等进行群众健身培训，指导各类群体的健身活动。

目前，苏南各新城镇在社区公共体育资源共享方面有很多措施，其中张家港南丰镇出台推进体育基本现代化工作实施意见后，将镇中心小学、文化体育服务中心异地新建在一起，实现文体活动场所资源共享。①

5. 充分发挥社区公共体育组织的协调作用

"新城镇化"新兴居民的体育需求和主动参与体育锻炼只是新城镇社区公共体育发展的内部潜在动力，这种动力，需要一种启动因子将居民的体育需求和主动参与体育锻炼有效组织起来，使潜在的发展动力转化为现实的发展动力。社区公共体育组织为社区新兴居民提供了表达和实现自身体育意愿和利益的平台，能够有效解决群众体育活动的组织、体育比赛的开

---

① 江苏张家港南丰镇学校体育场馆与社会资源共享［EB/OL］. (2013-03-01)［2020-10-20］. https://sports.sohu.com/20130301/n367503607.shtml.

展与体育健身指导服务。社区公共体育组织是开展社区公共体育活动的有效途径，社区公共体育组织有利于居民与政府体育组织或其他社区公共体育组织之间的沟通，既方便社区居民表达自身利益诉求，有效地协调社区公共体育资源、体育信息，又能更好地动员、发动社区居民参加有组织的体育活动，满足社区居民的多元体育需求，推动本社区公共体育事业的发展。

第二节 苏南地区小城镇社区公共体育发展模式

随着苏南地区经济、社会的不断发展，苏南地区在全国率先基本实现现代化，社区建设也得到了快速的发展，取得了一定成效，社区公共体育建设也取得了一定进展，但是与经济、文化的快速发展相比，苏南社区公共体育还需进一步健全发展模式、加快发展步伐，使苏南地区社区公共体育的发展与经济、社会的发展相一致。由于苏南小城镇社区的人口主体不从事农业生产劳动，这些人群主要从事乡镇企业及服务行业的工作，因此，苏南小城镇在所属地域、人口属性、经济发展、社会环境等方面与农村、城市社区存在明显的差别，同时又与邻近的乡镇、城市保持着紧密的社会联系，苏南小城镇社区公共体育是连接苏南农村社区公共体育和苏南城市社区公共体育的枢纽，同时也是政府与社区联系的桥梁。[①] 研究苏南小城镇社区公共体育发展模式，分析苏南小城镇社区公共体育发展中存在的问题，提出苏南小城镇社区公共体育发展对策，可推动苏南全民健身事业的进一步发展，同时也可以为我国其他地区的小城镇社区公共体育发展提供借鉴经验。

一、苏南小城镇社区公共体育发展模式的内涵

发展模式是发展战略的具体化，通常是指对某种事物或现象的发展系统所作出的简练描述，其最终表现形式通常是具有高度概括性的图表或模型。分析某种发展模式，一般从三个方面入手，即事物或现象发展的客观

---

① 周庆良. 苏南农村地域城镇化探讨 [J]. 苏州科技学院学报（自然科学版），2007，24（2）：35-38.

外部条件、微观运行机制和其表现特征。苏南地区社区公共体育发展模式，是在苏南地区社区范围内，以社区内全体成员为主体，以社区内外的自然环境和体育设施为物质基础，以满足社区全体成员的体育锻炼需求为主要目的的区域性的群众体育活动模式。

二、苏南小城镇社区公共体育发展模式的特征

与其他经济、社会发展相对落后的地区相比，苏南地区小城镇经济、社会、文化发展较为发达，苏南小城镇社区公共体育发展模式有自己的特点，但也与其他地区城镇社区公共体育发展存在共性。其特征主要体现在以下四个方面：

1. 指导性

苏南小城镇社区公共体育发展模式是对苏南小城镇社区公共体育发展战略的高度提炼，它全面概括了特定时期小城镇社区公共体育发展战略的总体指导思想和基本特征，指明了小城镇社区公共体育发展战略的内在要求和发展方向。

2. 阶段性

苏南小城镇社区公共体育发展模式的形成受到苏南地区小城镇经济、社会、文化发展的影响。由于不同时期经济、社会发展不同，苏南小城镇社区公共体育的发展模式也会存在差异。

3. 相对稳定性

小城镇社区公共体育发展模式在不同的发展阶段体现出阶段性的特点，但是同一阶段小城镇社区公共体育发展模式具有相对稳定性的特点。

4. 特指性

在一定的时期内，由于苏南各地区小城镇发展程度的不同，所体现出来的小城镇社区公共体育发展模式也不尽相同。

三、苏南小城镇社区公共体育发展模式的界定

目前，苏南小城镇社区公共体育的发展是与苏南小城镇经济、社会、文化的发展相适应的，苏南小城镇社区公共体育已经成为联系城市社区公共体育和农村社区公共体育的桥梁，苏南小城镇社区公共体育的发展与苏南小城镇的产业结构调整、经济发展规划、居民生活水平紧密联系在一起。因此，苏南小城镇社区模式的发展是动态的，它不可能以一种固定的模式

适应不断变化的外部社会环境，苏南小城镇社区公共体育的发展必须符合本地区的实际情况，在联系城市社区公共体育和农村社区公共体育过程中体现出可变性和多样化，形成合理的小城镇社区公共体育发展的战略体系。苏南小城镇社区公共体育发展模式的构建是在苏南小城镇社区公共体育发展的外部条件基础上，通过小城镇社区公共体育发展的内部和外部一系列结构反映出小城镇社区内资源利用和发展的途径。苏南小城镇社区公共体育发展的指导思想、基本原则、目标体系、内容体系这四个方面能够系统地、全面地反映出苏南小城镇社区公共体育发展的特点。因此，可以以这四个子系统构建苏南小城镇社区公共体育发展的基本模式（图13-1）。

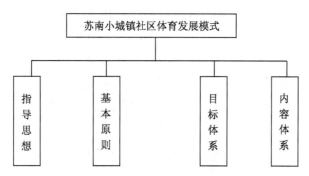

图 13-1　苏南小城镇社区公共体育发展模式界定

四、苏南小城镇社区公共体育发展模式构建

1. 苏南小城镇社区公共体育发展的指导思想

苏南小城镇社区公共体育发展模式的构建要符合苏南小城镇经济、社会发展的实际情况，按照《中华人民共和国体育法》《全民健身纲要》对"社会体育""体育社会团体"以"国家推行全民健身计划"的具体要求实施，以习近平新时代中国特色社会主义思想为指导，始终把增强人民群众体质，满足人民群众日益增长的体育需求为根本任务，提高人民群众健身意识、健康素质和生活质量，促进人民群众物质文明、精神文明和政治文明的协调发展。

2. 苏南小城镇社区公共体育发展的基本原则

在我国学者关于社区公共体育建设的众多论著和论文中，"以人为本"都被置于一个核心地位，人本精神成为大家公认的社区公共体育建设宗旨或原则。在苏南小城镇社区公共体育发展过程中除要体现出以人为本的原则外，还要兼顾资源共享原则、管理中体现服务原则、差异兼顾原则和示范性原则。坚持苏南小城镇社区公共体育发展模式的基本原则，是实现江苏"强、富、美、高"社会奋斗目标的重要保证，同时它对促使城乡体育在不断融合中走向一体化具有重要的战略意义。

3. 苏南小城镇社区公共体育发展的目标体系

（1）社会和谐发展目标

和谐，是当代社会发展所追求的目标，和谐社会需要经济、文化、体育协调发展。在总结苏南小城镇社区公共体育现有成功经验的基础上构建苏南小城镇社区公共体育发展模式，还可以通过借鉴城市社区公共体育发展过程中取得的成功经验来丰富苏南小城镇社区公共体育的发展，经过进一步完善发展后，苏南小城镇社区公共体育的健康发展还能够带动周围农村社区公共体育建设，能够缩小农村社区公共体育和城市、小城镇社区公共体育发展之间的差距，最终实现城市、小城镇、农村社区公共体育的和谐发展。目前，苏南地区各乡镇政府体育部门的工作重点已经转向乡镇社区公共体育，乡镇社区公共体育发展迅速，带动了周围乡村社区公共体育的发展，"村村建有体育健身场地"的目标已经基本实现。[①] 苏南小城镇社区公共体育的发展加速了城乡全民健身体育事业的发展，为社会和谐发展，最终实现"强、富、美、高"的社会奠定了基础。

（2）社区全民健身服务目标

社区全民健身服务目标主要包括社区公共体育的组织、社区公共体育设施的配备、社区公共体育活动的指导、社区公共体育信息的交流、社区公共体育网络的建设等全民健身服务体系，这些全民健身服务体系对促进苏南小城镇社区公共体育发展提供了充分的保障，有利于苏南小城镇社区公共体育的健康发展。随着苏南小城镇社会和经济的快速发展，苏南小城镇社区公共体育事业不断发展，全民健身计划得到了大力推广，体育彩票业发展喜人，彩票收入的部分资金用于促进全民健身事业的发展，苏南小城镇社区内增加了健身场地并配置了相应的健身器材，健身俱乐部及体育社团的数量呈现逐年递增的趋势。小城镇社区是体育生活化的社区，通过健身服务体系的建设提高了居民参与体育锻炼的积极性，丰富了社区居民

---

① 董新军，曾江卒，李倩，等. 小康社会目标下影响苏南城乡群众体育发展的因素分析[J]. 四川体育科学, 2009 (1): 125-126, 137.

的业余文化生活。

（3）社区居民个体健康目标

《辞海》中"健康"的概念："人体各器官系统发育良好、功能正常、体质健壮、精力充沛并具有良好劳动效能的状态。通常用人体测量、体格检查和各种生理指标来衡量。"现代健康的含义是多元的、广泛的，包括生理、心理和社会适应性三个方面，其中社会适应性归根结底取决于生理和心理的素质状况。心理健康是身体健康的精神支柱，身体健康又是心理健康的物质基础。良好的情绪状态可以使人体生理功能处于最佳状态，反之则会降低或破坏某种功能而引起疾病。身体状况的改变可能带来相应的心理问题，生理上的缺陷、疾病，特别是痼疾，往往会使人产生烦恼、焦躁、忧虑、抑郁等不良情绪，导致各种不正常的心理状态。作为身心统一体的人，身体和心理是紧密依存的两个方面。只有身体与心理都健康的个体才可能具备良好的适应社会环境和自然环境的能力。社区成员个体健康目标的实现是实现全民健身服务目标的需要，也是实现社会和谐发展目标的根本要求。社会和谐发展目标、全民健身服务目标和社区个体健康目标是一个有机整体，相互联系、相互影响、缺一不可（图13-2）。

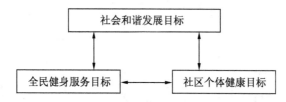

图13-2　苏南小城镇社区公共体育发展模式的目标体系

4. 苏南小城镇社区公共体育发展模式的内容体系

（1）苏南小城镇社区公共体育组织建设模式

社区公共体育组织建设是社区公共体育建设的核心内容，在体育领导机构方面，苏南城镇体育组织领导机构比较健全。问卷调查结果表明，截至2018年12月，苏南地区的苏州、无锡、常州三市26个（苏州11个、无锡8个、常州7个）县级区（市）全部成立了社区全民健身领导机构，机构成立率达到100%。这些社区全民健身领导机构的建立为苏南小城镇社区群众体育的发展提供了组织保障。今后，构建苏南小城镇社区公共体育组织建设模式还需要解决以下几个方面的问题。① 社区党组织，这是社区工作的领导核心，要进一步健全社区党组织建设，明确党组织在建设中的地位和职责。② 社区居民代表大会，通过社区代表大会，社区成员可以提出他们在健身过程中遇到的实际困难，及时发现及时解决，加快社区公共体育事业的发展。③ 深化社区管理体制改革，改变以前僵化的管理体制，加强社区公共体育自治组织建设，进一步明确责权职责。④ 发展中介组织，通过培育和发展一定数量的社区公共体育中介组织，推进社区公共体育向专业化和职业化方向发展。

（2）苏南小城镇社区公共体育服务发展模式

在社区公共体育服务的各项要素之中，体育设施建设是基础，体育信息是媒介，体育组织是方法。其中，专用体育场地设施是指专门用于群众体育健身活动的场地设施。调查统计表明，目前，苏州、无锡、常州三市小城镇社区健身活动体育场地共计有 3 351 个，可以参与体育活动的场地总面积约为 $10\,084.8\times10^4$ 平方米，小城镇社区人均体育场地面积苏州市为 3.97 平方米、无锡市为 1.71 平方米、常州市为 1.59 平方米（表 13-1）。随着苏南小城镇人口及外来务工人口的增长，人们需要更多的体育活动场地。

表 13-1　苏南小城镇社区健身活动体育场地基本情况①

地区	场地数量/个	场地面积/（×10^4 平方米）	人均占有情况/平方米
苏州	1 533	8 057.3	3.97
无锡	913	1 030.2	1.71
常州	905	997.3	1.59
合计	3 351	10 084.8	2.42

体育媒体的宣传能迅速使人们了解苏南小城镇发展的概况、目标，有利于加快苏南地区小城镇社区发展的步伐（表 13-2）。调查表明，目前苏南小城镇社区公共体育宣传的工具已经呈现多样化的趋势，但是宣传的力度有待进一步加大。

根据目前苏南小城镇社区公共体育发展的现状，苏南小城镇社区服务发展可以划分为以下三个阶段。① 社区公共体育服务窗口建设。利用人们重视健康水平提高的有利时机，紧紧围绕社区公共体育保健设立示范性服务窗口，开展体育咨询服务，大力宣传体育锻炼对提高身体健康、改善生

---

① 注：只对苏南地区苏州、无锡、常州三市的小城镇社区进行了调查结果统计。

活质量的作用,引导社区居民形成体育锻炼的习惯。② 社区公共体育服务网点建设。通过社区公共体育服务窗口的建设,形成固定的服务点,在此基础上合理分布,形成体育服务的网点,扩大社区公共体育服务面,形成不同层次、多元化的服务格局。③ 社区公共体育服务网络建设。苏南小城镇社区内的网络平台建设发展较为完善,要利用网络传播信息快捷的特点,形成社区公共体育组织的网络化,通过微信群、QQ 群、手机 App 等网络通信工具,及时宣传体育知识,公布体育活动、比赛信息。社区公共体育服务网络建设,有利于各小城镇社区之间建立良好的互动,促进各小城镇社区之间体育文化活动的共同发展。

表 13-2 苏南小城镇社区群众体育媒介宣传情况

地区	体育书刊		报纸宣传			电视体育节目			
	体育常识/种	健身健美/种	体育专报/个	体育专面/个	体育专栏/个	体育频道/个	体育节目/个	体育节目时间/小时	健身节目时间/小时
苏州	11	3	0	10	17	10	18	7.5	0.3
无锡	21	19	0	14	0	1	10	0	0
常州	1	1	1	4	2	0	2	30	10
合计	33	23	1	28	19	11	30	37.5	10.3

(3) 苏南小城镇社区公共体育经费发展模式

调查统计结果表明,近 3 年苏州、无锡、常州三地用于小城镇社区群众体育经费投入总计 98 869.4 万元,其中行政投入经费(含体彩投入)91 964.3 万元,社会筹集资金 6 905.1 万元,如表 13-3 所示。由此可见,行政部门对小城镇群众体育的投入是非常大的,这也是与苏南城镇经济发展水平相适应的。

表 13-3 2016—2018 年苏南小城镇群众体育经费投入情况

地区	行政经费			社会资金	总计/万元
	政府拨款/万元	群体部门/万元	体彩部门/万元	社会筹集/万元	
苏州	35 034.8	1 170.5	4 140.5	6 090.0	46 435.8
无锡	12 994.9	2 130.7	3 416.7	328.1	18 870.4
常州	26 586.0	2 146.0	4 344.2	487.0	33 563.2
合计	74 615.7	5 447.2	11 901.4	6 905.1	98 869.4

根据目前苏南地区小城镇经济社会发展状况，苏南小城镇社区公共体育经费的发展应该以事业性经费为主，在增加经费开支的同时，调整经费支出结构，与此同时要通过公司赞助、社会募集资金、出让广告冠名权等形式增加社会化收入，逐步实现苏南小城镇社区公共体育经费由政府出资向社会筹办的过度，这样就能够保障苏南小城镇社区公共体育经费的良性发展。

（4）苏南小城镇社区公共体育管理体制发展模式

调查统计结果，截至2018年12月，苏州、无锡、常州三市城镇体育系统行政部门单位共计31个，职工数共计382人；城镇体育事业部门单位数共计90个，职工数共计1 391人（表13-4）。社会团体及乡（镇）、街道工作人员总数为1 139人（包括兼职）（表13-5）；苏南城镇社区拥有社会体育指导员共计13 473人，其他骨干共计23 907人（表13-6）。

表13-4　苏南小城镇体育系统行政、事业工作人员情况

地区	行政部门		事业部单位	
	单位数/个	职工数/人	单位数/个	职工数/人
苏州	13	146	43	749
无锡	10	151	29	405
常州	8	85	18	237
合计	31	382	90	1 391

表13-5　苏南小城镇社区公共体育社会团体工作人员情况

单位：人

类别	体育总会	群体协会	体育项目协会	乡镇	街道	总计
专职	27	131	79	121	85	443
兼职	67	122	229	192	86	696
合计	94	253	308	313	171	1 139

表13-6　苏南小城镇社会体育指导员配备情况

单位：人

地区	苏州	无锡	常州	总计
社会体育指导员	4 274	5 343	3 856	13 473
其他骨干	3 698	2 975	3 761	10 434
合计	7 972	8 318	7 617	23 907

这些管理体制系统的建立,与苏南地区人口的基数(截至 2018 年年底,苏、锡、常三市常住人口约 2 202.5 万人)相比,还需要加强。今后要深化苏南小城镇社区公共体育管理体制改革,健全全民健身领导小组建设,发挥政府部门的宏观领导和管理职能。要采取政府和社会团体两手抓的方针,一是要把善于联系群众和组织协调工作能力强的同志充实到社区干部队伍中去,并有计划地分期分批培训社区管理队伍,提高他们的社区管理水平;二是抓好社会体育团体和志愿者队伍建设,把实施体育活动的具体工作交给社会团体和志愿者队伍,充分发挥团队优势,调动社会各界参与小城镇社区公共体育发展的积极性和主动性。

(5)苏南小城镇社区公共体育制度发展模式

苏南小城镇社区公共体育制度建设主要体现在社区公共体育规章制度的确立、体育规章制度管理和对管理进行监督三个方面。其中,在小城镇社区群众体育执法队伍建设情况方面,苏南各县市都成立了自己的群众体育执法队伍(表 13-7)。

表 13-7　苏南小城镇社区群众体育执法队伍建设情况(截至 2018 年年底)

地区	独立执法机构/个	联合执法机构/个	专门执法人员/个
苏州	14	7	61
无锡	6	5	64
常州	4	5	45
合计	24	17	170

在国民体质检测方面,2016—2018 年苏南地区苏州、无锡、常州三市的小城镇,参加国民体质检测人数共计 159 127 人,检测站共计 209 个,监测站共计 52 个,工作人员共计 1 057 人,器材数共计 186 个,计算机共计 78 台。各地市情况如表 13-8 所示。

表 13-8　2016—2018 年苏南小城镇国民体质检测系统情况

地区	检测人数/人	检测站数/个	监测站数/个	工作人员/人	器材数/个	计算机数/台
苏州	58 078	76	13	652	76	34
无锡	48 789	77	27	209	57	25
常州	52 260	56	12	196	53	19
合计	159 127	209	52	1 057	186	78

从目前苏南小城镇社区发展情况来看，小城镇社区首先要对社区居民体育健身条例、体育场馆管理办法、全民健身实施计划、社区公共体育工作管理办法、体育社会团体工作暂行规定等规章制度实行制度化管理。加强对小城镇社区居民体质的监测，开展体质健康咨询和运动处方服务。建立体育激励制度，表彰体育先进个人、先进群众体育组织和先进社会团体，以调动居民参与全民健身的积极性。[1]

(6) 苏南小城镇社区公共体育人才培养模式

在社区公共体育人才培养中体育指导员的培养是体育人才发展的重点，开展社区公共体育活动，体育指导员要有积极性和责任感。成立体育指导员协会，协调社区、学校、家庭体育协会或俱乐部的体育指导问题，确立体育指导员在社区、学校、家庭、体育协会或俱乐部中的指导地位。[2] 加强社区、学校、家庭、体育协会或俱乐部的人才培养和统一管理，建立体育指导员、体育组织骨干、体育科研人员队伍建设，发挥各类人才在社区公共体育发展中的决策地位，促进苏南小城镇社区公共体育发展中社区、学校、家庭、体育协会或俱乐部四位一体的社区公共体育人才发展模式的健康持续发展。

---

[1] 刘国永. 我国社区体育健身俱乐部经营模式选择及政策建议 [J]. 北京体育大学学报，2011，34 (3)：1-4.

[2] 刘巍. 新农村体育事业发展问题研究 [M]. 北京：中国物资出版社，2009：6.

第十四章 社区与学校体育资源共享模式

2017年7月至9月，新华社记者就我国城市社区居民参与体育健身活动情况进行了深入而广泛的调查，结果表明，目前制约我国城市社区居民参与体育健身活动的首要因素是健身场地缺乏。第六次全国体育场地普查数据显示，目前我国大多数体育场地建在学校（占总数的40.2%），而多数学校体育场地又没有很好地对居民开放。学校体育与社区公共体育都是社会体育的重要组成部分，是落实全民健身计划的重要阵地，学校体育既可以为社区公共体育提供体育场馆设施、体育活动组织与健身指导人员，缓解目前社区公共体育发展过程中亟须解决的居民健身需求与体育资源匮乏之间的矛盾，同时又能带动社区公共体育文化的发展。社区与学校体育资源共享应该成为我国群众体育发展的重要方式。

第一节 社区与学校体育资源共享的现实意义

一、社区与学校体育资源共享是国家全民健康战略的时代要求

2016年6月15日，国务院印发《全民健身规划（2016—2020年）》，提到要进一步盘活存量资源，做好已建全民健身场地设施的使用、管理和提档升级，鼓励社会力量参与现有场地设施的管理运营。完善大型体育场馆免费或低收费开放政策，研究制定相关政策，鼓励中小型体育场馆免费或低收费开放。确保公共体育场地设施和符合开放条件的企事业单位、学校体育场地设施向社会开放。同年《"健康中国2030"规划纲要》发布，强调要广泛开展全民健身运动，完善全民健身计划，普及科学健身知识和健身方法，推动全民健身生活化。组织社会体育指导员广泛开展全民健身

指导服务。实施国家体育锻炼标准,发展群众健身休闲活动,丰富和完善全民健身体系。

学校体育是社区公共体育的基础,社区公共体育带动学校体育的改革。学校体育与社区公共体育相互联系,最大受益者是社区居民,社区可以从学校体育那里获得开展体育活动所需要的体育资源,学校体育的体育活动方式、方法可以应用到社区公共体育中去,学校体育同样可以丰富自身内容,拓宽学校体育的范畴。① 学校体育与社区公共体育的互动融合,促进全民健身活动的有序和持续发展,是提高国民体质和健康水平的有效途径。② 目前,制约社区开展全民健身体育活动的主要原因是公共体育场地设施数量少、规模小,在政府难以拿出大批资金来修建体育场地设施的情况下,社区与学校共享体育资源成为必然。要实现学校体育与社区公共体育的资源共享、深度融合,必须坚持"政府主导、市场运作"的理念,构建促进融合的管理工作机制、经费保障机制,打造体现融合的活动组织形式等。③

二、社区与学校体育资源共享是新时代我国社区公共体育发展的需要

国家统计局统计数据显示,2019 年全年国内生产总值 990 865 亿元,人均国内生产总值 70 892 元,全年全国居民人均可支配收入 30 733 元,城镇居民人均可支配收入 42 359 元④,社区居民体育健身消费呈现出逐年增加的趋势。截至 2019 年年末,我国现有各级各类普通学校 86 865 所,其中有普通高等高校 2 688 所,高校、中等职业学校和城镇中小学都有相对完善的体育设施。随着经济、社会的快速发展,学校、社区建设也得到了快速的发展,取得了一定的成效,学校体育、社区公共体育也取得了一定的进展,但与经济、文化的快速发展相比较,居民急剧增长的体育健身需求还是不能得到满足。学校体育、社区公共体育是社会体育的重要组成部分,是落实全民健身计划的重要阵地,学校体育既可以为社区公共体育提供体育场

---

① 丛群,吕伟. 学校体育、社区体育的发展趋势及关系:学校与社区共建体育俱乐部研究之三[J]. 体育文化导刊,2007,(6):68-71.

② 黄志豪,朱曦. 大学体育教育与社区体育的互动融合[J]. 学术交流,2013(A1):229-231.

③ 程慎玲. 学校体育与社区体育一体化发展研究[J]. 体育文化导刊,2010(4):96.

④ 国家统计局. 中华人民共和国 2019 年国民经济和社会发展统计公报[EB/OL].(2020-02-28)[2020-10-11].http://www.stats.gov.cn/tjsj/zxfb/202002/t20200228_1728913.html.

馆设施、体育人才，缓解目前社区公共体育发展过程中亟须解决的居民健身需求激增与体育资源匮乏之间的矛盾，同时也能带动社区公共体育文化的发展；而社区公共体育作为学校体育的延伸，既能为学校整合社会优势体育资源，为学校体育发展注入动力，也能提高学生社会适应能力，达到双赢。① 因此，构建学校体育与社区公共体育联动发展模型，对于促进社区公共体育、学校体育发展，整合各级体育资源，提高居民的身体健康水平，丰富学校体育生活，推动全面健身事业的进一步发展，实现"健康中国"国家战略具有重要的现实意义，同时也为我国社区公共体育与学校体育联动发展提供借鉴经验。

第二节　社区与学校体育资源共享模式的构建

一、社区与学校体育资源共享的现状

2017年9月至2018年9月，通过对苏南地区20所学校（常州地区小学2所、中学2所、高中2所、高校2所；无锡地区小学1所、中学1所、高中1所、高校1所；苏州地区小学2所、中学2所、高中2所、高校2所）所在的社区居委会进行访谈，调查社区公共体育活动使用学校体育场地设施资源情况、学校向社区开放体育设施情况，结果表明：有20%的社区居委会表示社区开展体育活动使用过学校体育设施，80%的居委会表示没有使用过学校体育设施（表14-1）。

表14-1　社区开展体育活动使用学校体育设施的情况

使用情况	使用过	未使用过	总数
数量/所	4	16	20
比率/%	20	80	100

虽然各地都出台了学校体育场馆设施向社区开放的鼓励政策，但在实际工作中缺乏落实机制，影响了政策实施效果。制约学校体育资源向社区

---

① 张巧玲，张文魁. 学校体育与社区体育的关系研究［J］. 武汉体育学院学报，2008，42(12)：94-96.

开放的主要因素：第一是管理因素，社区居委会在筹办重要体育赛事、承办体育活动，主要依托社区内的公共体育资源和社会体育资源，并未与学校建立过多的联系；同时社区进入学校开展体育活动会影响学校正常的教学秩序，学校一般不欢迎社区来学校开展体育活动。第二是安全因素，学校担心社区居民进入学校开展体育活动出现伤害事故，会引起法律纠纷，怕引起不必要的麻烦。第三是资源因素，虽然学校体育资源相对丰富，但学校每年需要投入资金维护和更新，不愿意免费或低收费给社区居民使用。第四是政策法规执行因素，虽然地方出台了社区与学校体育资源共享的规定和法规，但缺乏执行机制，政策不能得到很好的贯彻执行。

二、社区与学校体育资源共享模式的理论基础

社区与学校体育资源共享必将涉及社会制度、公共体育服务性质、运作成本和部门间的权责关系。因此，共享模式的理论基础也将融合以下方面的理论（图14-1）。① 这里介绍几种主要理论。第一，制度变迁理论。新时期我国经济体制改革不断深化，政府正向服务型政府转变，并逐步重视关系民生的公共服务领域，相关体育制度和部门职能深受宏观政策制度的影响，构建共享模式必须把握制度变革因素的影响。第二，公共产品理论。社区与学校的体育资源共享是为社区居民提供公共体育服务的物质基础，只有明确公共体育服务产品的公共属性，才能分析两者资源共享的实施框架。第三，交易成本理论。体育资源由谁提供主要取决于"交易成本"的大小。② 如果社区或学校提供的体育服务产品交易成本太高，必将促使资源的社会化进程中由外部资本承担交易成本。分析公共体育服务提供的内外部效率，能为多元化、综合化公共体育服务提供主体奠定基础。第四，产权理论。构建社区与学校体育资源共享体系，前提是明晰社区、学校体育设施资源的产权问题，明确两者在资源共享中的职责和边界；否则将极大地影响两者的合作关系，致使共享体系运行不畅，更会导致其他参与主体运作过程的混乱。社区与学校体育资源共享模式应打破政府、学校、社会组织等参与主体中管理体制的条块边界，建立以社区为中心的多部门配合、

---

① 王美. 高校与社区体育资源共享长效机制研究［J］. 广州体育学院学报，2015，35（6）：44-46，64.

② 罗晓红，刘润芝. 利用互联网共享体育信息资源模式的探索［J］. 山东体育科技，2016，38（6）：32-34.

协调管理模式,最大限度地提升社区与学校体育资源的优化与共享。①

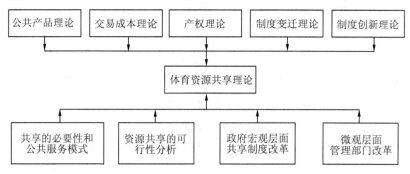

图 14-1　社区与学校资源共享型服务模式的理论框架

三、社区与学校资源共享模式的架构

在组织管理系统中应在政府的积极引导与带动下实施。共享模式管理结构要以政府为主要主体,对整体模式进行详细的建构组织,具体决策者应是政府机构在基层的社区管理委员会（决策层）,它由多部门抽派合适的人员担任委员。② 资源共享型模式的架构还应包含以下几部分：核心系统（核心层）即社区所在地教育管理部门——教育局、体育管理部门——体育局、社区民政部门和财务部门——民政局、财政局,它们是提供服务最核心的部门。功能系统（功能层）主要是指在实现体育资源共享的过程中起到辅助功能且涉及广泛的职能部门,包括公安局、卫生局、工商局、物价局、税务局、文化部门等。具体运作系统（执行层）由街道、社区管理部门、学校、体育部门组成共享管理委员会,委员会由所在社区的政府领导牵头,学校等其他部门领导担任副主任,负责协调各部门活动。③ 共享管理委员会成员编制属于原部门,参与社区与学校资源共享的工作量将纳入原部门的年终考核,根据工作绩效发放一定的补助和津贴,并作为其晋升和评级的重要依据。他们主要负责体育活动的策划组织、沟通管理和服务指导等工作,保障社区公共体育活动的多元化和健康化。具体的活动实施要

---

① 王冰峰. 构建体育资源共享模式　有效促进社区体育发展 [J]. 内江科技, 2008 (5): 22, 180.
② 朱小平. 学校体育与社区体育资源的共享与拓展 [J]. 山东体育学院学报, 2010, 26 (6): 93-96.
③ 王长在, 柴娇. 区域内体育设施资源共享探讨 [J]. 体育文化导刊, 2017 (5): 126-130.

积极发挥学校的体育专业教师、体育专业学生和社区的体育指导员的作用，这种组合模式能够有效缓解社区公共体育服务人才的匮乏现象，为体育教师参与社会服务，发挥体育指导和教育功能提供广阔的实践舞台，更为体育专业学生提供了参与体育社会实践的机会，他们不断积累社会经验，学以致用，实现社区与学校的双赢局面。同时，任何模式、组织、机构和活动都需要科学的监管，社区公共体育管理委员会的监督机构负责人由所在社区居民与学校职工推选组成，他们只对社区公共体育管理委员会负责，代表着社区居民和学校的根本利益，根据一定周期内管理委员会向社区提供的体育公共服务质量进行评估，全面监督各层次、各系统的运作情况，形成反馈意见加以汇总上报。整个社区与学校体育资源共享模式是一个组织机构完善、职责分明的大系统，各系统、各部门之间协调配合，相互作用，取长补短，优势互补（图14-2）。

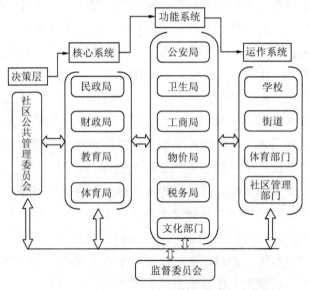

图14-2　社区与学校体育资源共享模式框架

四、社区与学校体育资源共享模式的构建思路

目前，社区公共体育、学校体育发展迅速，与经济、文化的发展及居民的生活水平紧密地联系在一起，因此，社区与学校体育资源共享发展模式应该是发展的、进化的动态模式，而不是以一种固态的模型存在于不断发展的环境中，社区公共体育与学校体育的发展必须符合当前的实际情况，

在融合社区公共体育与学校体育过程中体现出可变性和多样性，形成合理的学校体育与社区公共体育联动发展体系。因此，社区与学校体育资源共享发展模式的构建是以学校体育与社区公共体育的体育设施、体育指导员、体育信息等外部条件为基础，通过两者联动发展的内、外部一系列结构所反映出的学校体育与社区公共体育内体育资源的利用情况和发展途径。① 从社区与学校体育资源共享发展的指导思想、基本原则、目标体系、内容体系四个方面可以系统地、全面地反映出社区与学校体育资源共享发展的特点，因此，可以根据这四个子系统构建学校体育与社区公共体育联动发展模型（图14-3）。

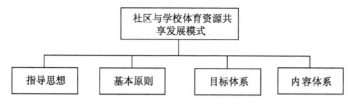

图14-3　社区与学校体育资源共享发展模式结构图

（一）社区与学校体育资源共享模式的指导思想

社区与学校体育资源共享模式的构建要符合经济、社会等发展的实际情况，按《中华人民共和国体育法》《全民健身计划》《"健康中国2030"规划纲要》对全民健身的要求，以提高人民身心健康水平为核心，以增强人民体质为主要任务，促进社会物质文明、精神文明共同发展为指导思想。

（二）社区与学校体育资源共享模式的基本原则

"以人为本"在众多学者关于学校体育、社区公共体育的著作及论文中都处于中心地位，是社区与学校体育资源共享发展的宗旨和原则。② 在社区与学校体育资源共享发展过程中除体现以人为本的原则外，还要兼顾以下原则。

1. 资源共享原则

学校是纳税人纳税行为的具体体现，学校体育资源理应属于社会所有，同时学校也可以共享社会的其他资源，做到学校、社区公共体育资源共享。③

---

① 董新军，易锋. 苏南小城镇社区体育发展模式构建［J］. 北京体育大学学报，2012，35（12）：17-21.
② 钟霖，翟静，杜春龙，等. 社会主义新农村建设时期我国农村社区体育发展探析［J］. 北京体育大学学报，2008，31（7）：895-897.
③ 骆映. 论学校体育资源的社会共享［J］. 北京体育大学学报，2007（8）：1094-1095.

2. 服务性原则

为广大健身爱好者服务是社区公共体育发展的主要任务，从健身设施、体育运动指导、体育知识普及、体育赛事宣传等方面为健身爱好者提供便利、指导。

3. 区域差异性原则

虽然我国在经济、社会等方面取得了举世瞩目的成就，但是各省市、区域之间的经济、文化还存在差距，因此，各类社区的体育基础设施、健身指导人员也必然存在一定的差异。①

坚持社区与学校体育资源共享发展的基本原则，是学校体育与社区公共体育健康发展的重要保障，是实现全面建设小康社会的重要保证，同时对早日实现"健康中国"国家战略目标具有重要的推动作用。

（三）社区与学校体育资源共享模式的目标体系

我们借鉴社区公共体育和学校体育的目标任务体系，将社区与学校体育资源共享发展的目标分为两个层次：第一层次，社区与学校体育资源共享发展的总目标；第二层次，社区与学校体育资源共享发展的条件目标、过程目标和效果目标（图14-4）。②

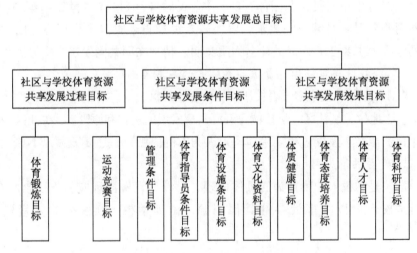

图14-4 社区与学校体育资源共享发展模式目标体系

---

① 汤际澜. 国外公共体育服务均等化的理论研究与实践经验[J]. 西安体育学院学报, 2012, 29(6): 641-646.

② 周登嵩. 学校体育学[M]. 北京: 人民体育出版社, 2004: 72-73.

1. 社区与学校体育资源共享发展模式的总目标

社区公共体育的基本目标是提高社区成员的健康水平和生活质量，建立文明、健康、科学的生活方式，增强居民的社区认同感、归属感，共同促进社区发展。学校体育的主要目标则是通过培养学生的体育兴趣、态度、习惯和能力，促进学生的身心健康。[1] 综合学校体育和社区公共体育的目标，我们得出学校体育与社区公共体育联动发展的总目标是通过各项体育活动，培养学生、居民终身参与体育活动的能力和习惯，扩大体育人口，促进身心健康；建立文明、健康、科学的生活方式，增强居民的认同感、归属感，促进学校体育与社区公共体育共同发展。国家《体育发展"十三五"规划》中明确要求全民健身国家战略深入推进，群众体育发展达到新水平，到2020年，经常参加锻炼的人数达4.35亿人，人均体育场地面积达1.8平方米，这是实现学校体育与社区公共体育联动发展总目标过程中的阶段性目标。《江苏省"十三五"体育产业发展规划》要求进一步完善基本公共体育服务，进一步增强人民体质和获得感。按照均等化、全覆盖、可持续的要求合理配置体育资源，城乡体育设施建设数量和功能进一步提升。《福建省体育产业发展"十三五"规划》中要求全民健身公共服务体系不断完善，到2020年，群众体育健身和消费意识显著增强。《浙江省体育发展"十三五"规划》要求进一步增强公共体育服务能力和水平，实施"四提升四覆盖"工程，基本建成"全覆盖、高水平"的公共体育服务体系；在校学生普遍达到《国家学生体质健康标准》基本要求。

2. 社区与学校体育资源共享发展模式的过程目标

过程是指事物发展所经过的程序、阶段。参考社区公共体育和学校体育目标体系，我们得出社区与学校体育资源共享发展的过程目标主要包括群体组织建设目标、运动竞赛目标等。这些过程目标为社区与学校体育资源共享发展提供了充分的保障（表14-2、表14-3）。

---

[1] 周登嵩. 学校体育学 [M]. 北京：人民体育出版社，2004：72-73.

表 14-2 "十三五"期间江苏、福建、浙江三省群众体育组织建设目标

省份	群众体育组织建设目标
江苏	提升省属体育社团工作基础和发展能力，确保每个协会都有一个特色项目，基本实现规范化、社会化、实体化、专业化运作。推动乡镇街道成立体育总会、社会体育指导员协会、老年人体育协会和2个以上单项体育协会，力争乡镇街道覆盖率达100%，有组织参加体育锻炼人数占经常参加体育锻炼人口比例达50%。加快发展各类体育俱乐部实体，高度重视群众自发组织的草根体育社团建设，扩大团体会员和个人会员数量
福建	以城市社区为重点，加快发展适合不同消费需求的健身俱乐部；以单项协会和人群协会为主线，加快发展协会式俱乐部；以户外运动基地、体育旅游线路和产品为重点，加快建设休闲旅游式俱乐部。到2020年，打造3~5个省级体育健身休闲示范企业
浙江	提升群众身边的体育组织水平，实现乡镇（街道）"1+5"（即1个体育总会，5个以上专业体育社会组织工作站）体育社会组织网络全覆盖，"十三五"末达到每万人拥有体育社会组织2个，参加体育社会组织和基层各类体育队伍人数占总人口比例达20%

资料来源：《江苏省"十三五"体育产业发展规划》《福建省体育产业发展"十三五"规划》《浙江省体育发展"十三五"规划》。

表 14-3 "十三五"期间江苏、福建、浙江三省群众体育竞赛目标

省份	运动竞赛
江苏	定期举办全民健身日、全民健身运动会、农民体育节、老年人体育节等活动，丰富妇女、儿童、职工、残疾人、少数民族等各类人群体育活动形式和内容。打造"一县（市、区）多品"特色健身活动，组织创编、推广新优健身项目，推动城乡社区依托传统节日、体育赛事、重大庆典活动和民间体育资源，开展群众喜闻乐见、丰富多彩、特色鲜明的健身活动
福建	广泛开展群众喜闻乐见、参与度高的篮球、足球、羽毛球、排球、网球、乒乓球、广场舞等项目的城市联赛、行业联赛、企业联赛、社会联赛、中小学联赛等，形成"一市一品"或"一市多品"的全民健身品牌赛事格局。积极打造传统体育节庆与旅游休闲相结合的特色活动品牌，扩大影响力。到2020年，打造50项以上省级全民健身系列品牌赛事
浙江	打造一批全身性全民健身品牌项目，重点抓全省体育大会、海洋运动会、生态运动会、体育社团运动会、全民健身节等；培育一批地方性特色品牌项目，按照"一市一品"或"一县一品"要求，鼓励具有名族和地方特色体育运动项目的发展，重点抓好绿色体育、海洋体育、民俗体育等特色体育的发展；推进经常化、多样化全民健身活动，形成基层"群众天天有活动、乡村（社区）月月有赛事、乡镇（街道）年年有运动会（体育节）"的局面

资料来源：《江苏省"十三五"体育产业发展规划》《福建省体育产业发展"十三五"规划》《浙江省体育发展"十三五"规划》。

3. 社区与学校体育资源共享发展模式的条件目标

社区与学校体育资源共享发展的条件目标主要包括管理条件目标（表 14-4）、社区公共体育指导员条件目标和体育设施条件目标（表 14-5）。这些条件目标是社区与学校体育资源共享发展的基础。

表 14-4　"十三五"期间江苏、福建、浙江三省体育管理改革措施

省份	管理措施
江苏	充分发挥市场在资源配置中的决定性作用，促进体育领域资源全面开放，鼓励引导社会力量参与体育发展。推动公共体育服务供给侧改革，采用公共私营合作制（PPP 模式）、政府购买服务、投资补助等多种方式，提高公共体育服务能力和水平，促进体育消费快速提升。推动体育社会组织社会化、实体化发展，鼓励社会组织在竞赛组织、技能培训、健身指导等方面参与市场运作，发挥体育社会组织的微观主体作用。逐步取消行政机关、事业单位与体育协会的主办、主管、联系和挂靠关系，体育协会依法登记和独立运行，体育部门依据职能对体育社团提供服务并依法监管，逐步实行依照章程自主选人用人。对社会体育类单项运动协会实行政社分开，并探索一业多会
福建	加强学校体育设施建设的达标管理，推进新建学校体育设施相对独立建设，开展学校体育设施分隔工程。在公共体育设施开放共享的基础上，依法推进符合条件的学校、机关团体和企事业单位的体育设施向社会开放。充分利用体育场馆附属设施和闲置用地，融合周边地产、公园绿地等资源，打造集健身服务、场馆运营、竞赛表演、商贸休闲等为一体的城市体育服务综合体
浙江	体育改革发展的保障和环境进一步优化。体育行政审批制度改革稳步推进，形成良性运转、动态调整的"四张清单一张网"格局，着重推进权利清单"瘦身"、责任清单"强身"、政务服务网络功能提升。以市场化为取向的体育运行机制进一步完善，政府购买公共服务、竞技体育职业化政策体系进一步健全，体育法规进一步加强，基本建成与体育改革发展相适应的地方性体育法规体系和体育标准体系

资料来源：《江苏省"十三五"体育产业发展规划》《福建省体育产业发展"十三五"规划》《浙江省体育发展"十三五"规划》。

表 14-5　2020 年江苏、福建、浙江三省体育场地、体育指导员目标

地区	人均体育活动面积/米^2	体育指导员人数/（名/万人）
江苏	2.5	35
福建	>2.0	>16
浙江	2.1	>20

资料来源：《江苏省"十三五"体育产业发展规划》《福建省体育产业发展"十三五"规划》《浙江省体育发展"十三五"规划》。

4. 社区与学校体育资源共享发展模式的效果目标

社区与学校体育资源共享发展的效果目标包括体质健康目标、体育态度培养目标、体育人才目标及体育科研目标，其中体质健康目标是核心内容。这些目标是社区与学校体育资源共享发展的动力。效果目标的实现是对社区与学校体育资源共享发展过程目标、条件目标的肯定，也是实现社区与学校体育资源共享发展总目标的基本要求。"十三五"末，江苏、福建、浙江都制定了相应的效果目标：江苏省国民体质合格率达93%以上，福建省国民体质合格率高于全国平均水平，浙江省国民体质合格率达91%以上。社区与学校体育资源共享发展的总目标、条件目标、过程目标及效果目标是一个有机整体，相互联系、相互影响。

（四）社区与学校体育资源共享发展模式的内容体系

1. 社区与学校体育资源共享发展模式的组织管理体系

社区与学校体育资源共享发展模式的组织管理体系建设是两者联动发展的核心内容，学校、社区都有各自的体育组织体系，但学校在体育组织机构的设置上更加完善，在策划、组织、开展体育活动方面有丰富的经验和专业人才，能为社区开展各类体育活动提供咨询、组织等服务，部分社区成立了学校、社区联席会议。在对江苏、福建、浙江部分地区调查后发现都没有建立两者联动发展组织管理机构。由于缺乏相应的组织管理机构，学校、社区的体育设施、体育指导人员、体育信息等体育资源就无法共享、无法统筹利用，学校与社区之间的体育活动无法统一协调及管理。因此，建立社区与学校体育资源共享发展的组织管理体系就显得格外重要，它是社区与学校体育资源共享发展的保障。

建立社区与学校体育资源共享发展模式的组织管理体系（图14-5），以学校体育组织管理机构为中心，发挥政府的媒介作用，将社区健身组织管理机构与学校体育组织管理机构联系起来，设立专门的管理机构，可以命名为学校、社区公共体育运动委员会。其成员以学校体育组织管理机构、社区健身组织管理机构、政府相关部门代表为主，它是学校体育与社区公共体育联动发展管理体系的领导、决策、组织、筹措和协调机构。学校、社区公共体育运动委员会要建立相应的工作章程、规章制度、激励制度等，明确学校、社区的权利和义务。委员会下设组织部、策划部、保障部、信息服务部。

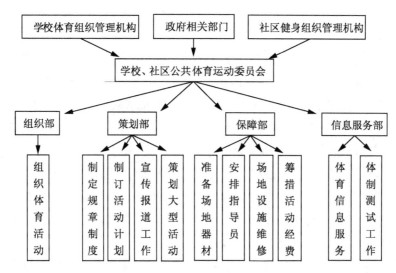

图 14-5 社区与学校体育资源共享发展模式的组织管理体系

构建社区与学校体育资源共享发展模式的组织管理体系要注意以下几个方面：

第一，社区与学校体育资源共享发展要坚持"政府主导、市场调节"的理念。社区与学校体育资源共享发展是推动和落实"健康中国"战略的一项重要举措，单靠学校和社区是无法推动的。所谓政府主导，是要通过政府立法或制定相关政策把社区与学校体育资源共享发展的管理体制、操作方式等确定下来；所谓市场调节，是指二者的联动发展不能完全依靠政府，要实现二者联动发展，以市场调节的方式来优化学校、社区公共体育资源。

第二，构建社区与学校体育资源共享发展的管理、工作机制。设立一个社区公共体育与学校体育相结合的管理机构，管理、调配各种体育资源，协调处理社区与学校体育资源共享发展过程中遇到的问题。机构成员以政府主管部门、学校、社区及居民代表为主，建立相应的规章制度，明确学校、社区的权利和义务等。

第三，发展社区、学校以外的第三方组织，通过培养类似协会、俱乐部性质的组织来策划、实施具体活动。打破学校体育、社区公共体育各自发展的隔阂，实现社区与学校体育资源共享向专业化方向发展。

2. 社区与学校体育资源共享发展模式的服务保障体系

在建立社区与学校体育资源共享发展模式的组织管理体系过程中，还要建立社区与学校体育资源共享发展模式的服务保障体系。在各项体育服务保障要素中体育设施、体育指导员、体育信息、体育经费、安全机制是五大主要要素。

第一,体育设施是学校体育、社区公共体育发展的基础。目前,全国各地体育设施条件都得到一定的改善。浙江省第六次体育普查报告显示,全省共有体育场地 124 900 个(不含铁路系统和军队系统),平均每万人拥有体育场地 22.73 个,人均拥有体育场地面积 1.48 平方米。截至 2017 年年底,浙江省已建成国家级健身活动中心 13 个、省级 18 个、乡镇(街道)全民健身中心 393 个,建设健身步道 3 500 余千米,所有社区和行政村都有体育健身场和健身点。但随着体育人口的快速增长,对运动项目的设置及运动的质量提出了更高的要求,人们需要更多的体育活动场地及更高水平的社会体育指导人员。体育场地设施的匮乏是制约社区公共体育发展的瓶颈,学校拥有较完善的体育设施资源,除正常教学训练外大都处于闲置状态,应充分利用学校体育资源,缓解我国群众体育场地设施不足的现状,做到二者资源相互有效利用,真正做到学校体育资源的整合及社会共享。①

第六次全国体育场地普查数据公报显示,在全国体育场地中教育系统管理的体育场地 66.05 万个,占总数的 40.2%,场地面积 10.56 亿米^2,占总面积的 53.01%。由此可见,促使学校体育设施向居民开发,是目前解决我国群众体育场地不足的有效途径之一。因此,各地区出台了相应的政策鼓励学校对外开放体育设施。以江苏省部分地区为例,苏州市在 2014 年发布了《苏州市中小学学校体育设施对社会开放方案》,方案要求 2015 年辖区内对社会开放的学校数达到中小学总数的 80%;无锡市通过"补贴+保险"的模式,2013 年起,每年安排 500 万用于支持学校体育设施向社会开放;常州市 2013 年出台《进一步推进学校体育设施向社会开放的补充实施办法》,办法明确了对体育资源向社会开放的学校,每年政府给予专项补贴等,推动更多学校向锻炼者敞开校门。截至 2016 年年底,苏州市 90% 的中小学对外开放,100% 的高校对社会开放;无锡市 95.47% 的中小学对外开放,100% 的高校对社会开放;常州市 222 所中小学体育设施向社会开放,高校 100% 对外开放。可以看出,各地区学校积极响应国家号召向社会开放体育设施,但是在开放时间、项目等方面还要统筹安排,满足不同锻炼习惯居民的健身需求。通过调查发现,居民锻炼时间周一至周五以早上 6 点到

---

① 骆映. 论学校体育资源的社会共享 [J]. 北京体育大学学报, 2007, 30 (8): 1094-1095.

7点、晚上6点30分到9点30分为主,节假日以下午为主,锻炼的项目以各种舞蹈、太极、乒乓球、羽毛球、篮球等项目为主。

第二,体育社会组织、体育指导人员是学校体育、社区公共体育发展的保障。统计表明,江苏省体育社会组织网络进一步健全,全省共有县级以上体育社团3 237个、各类体育俱乐部11 653个、团体会员15 000余个、个人会员170万余人。社会体育指导员24.4万人,万人拥有社会体育指导员30人,建成市级以上体质测定与运动健身指导站70个,全民健身电子地图实现全覆盖。虽然每万人拥有社会体育指导员数均高于全国水平,但是随着人民对运动项目、运动质量、体育文化等的要求越来越高,存在传统项目指导员过剩,指导员类型单一,新兴项目、高水平指导员短缺的现象。目前学校体育正在进行改革,名族传统体育项目正逐步走进校园,优秀的社会体育指导员可以受聘到学校授课,真正做到优势资源互补。因此,要进一步提升社会体育指导员的数量和质量,可以鼓励运动员、教练员、体育教师、体育科研人员参与公共体育服务,以满足不同体育需求的人群,建立完善的社会体育指导员队伍。

第三,体育信息服务是实现学校、社区公共体育资源信息共享的重要媒介,包括体育硬件设施、体育师资、体育文化信息及体育赛事等。体育媒介的宣传可以迅速让人们了解学校体育与社区公共体育的发展现状,有利于加快学校体育与社区公共体育联动发展的进程,进而推动社区公共体育发展,促进学校体育课程改革。调查显示,学校体育的宣传工具以广播、各级体育组织活动、校报、校内直播平台为主,社区公共体育的宣传工具包括健身书刊、报纸宣传、电视节目及网络平台,宣传工具呈现多样化,但是宣传的力度还要加强。两者建立联动信息服务可以优势互补,通过联动信息网络服务平台及时地公布体育活动项目、体育比赛信息、体育活动时间等。学校体育与社区公共体育联动发展模型服务体系的建立,有利于学校与社区之间建立良好的互动,促进学校体育与社区公共体育共同发展。

第四,体育活动经费是学校体育、社区公共体育发展的前提。体育活动经费是上级部门对学校体育和群众体育的支持,也是各项活动得以具体实施的保证,用好用活体育活动经费是各项活动有效开展的关键。目前,群众体育经费主要以行政经费为主,以无锡市为例,第六次无锡体育普查结果显示,全市累计投入122.44亿元,其中财政拨款811 777万元,体彩公益投入30 637万元,自筹312 514万元,社会捐赠5 074万元,其他

64 405万元。由此可见，上级行政部门对群众体育的投入是非常大的。学校体育经费来源包括学校拨款、赞助费用、比赛冠名费等，主要用于学校体育教学、训练、校内外比赛、科研等方面。学校体育资源可以助力社区公共体育的快速发展，但是与社区公共体育共享学校体育资源后产生的设施维护费、指导费该如何补偿，介于目前社会经济发展现状，应以行政拨款为主，在增加体育开支的同时，要调整经费支出结构，社区向学校提供一定的资金支持，同时通过冠名、赞助的形式积极筹措、吸引社会资金，逐步实现学校体育与社区公共体育经费主要由以政府出资为主到以政府拨款、社会筹办为主的转变。这样可以为学校体育与社区公共体育联动发展提供一定的资金保障。

第五，安全是人类社会永恒的主题，是与人类的生产、生活相伴而生的。安全机制是社区与学校体育资源共享发展模式的重要保障。社区与学校体育资源共享发展模式最重要的一环就是学校要向社区敞开大门，居民共享学校体育资源。那么建立安全保障机制就显得尤为重要。安全保障机制应分为学校安全防范机制和安全应急机制。安全防范机制是在安全第一的指导思想下，根据国家有关规定，结合学校对外开放体育场馆的实际工作，建立健全的规章制度，强化防范措施，完善学校安全的相关规章制度；安全应急机制是为应对各类突发事件而建立的应急机制及人员疏散办法，可以通过广播、张贴公告、网络来让体育锻炼者知晓。具体措施有购买学校体育设施专项保险，引入保险制度，安排专业体育指导员值班、安保人员巡逻等。

3. 社区与学校体育资源共享发展模式的人才培养体系

体育科技人才是指能揭示体育活动发展的客观规律，有一定的知识和技能，在体育领域中做出较大贡献的人。① 社会体育指导员是指在群众性体育活动中从事运动技能传授、健身指导和组织管理工作的人员，社会体育指导员是体育人才的重要组成部分，对社会体育的发展有着至关重要的作用。② 结合学校体育与社区公共体育联动发展人才培养实际，其主要内容是社会体育指导员培养体系的构建，形成以具有体育指导员证书的社会体育指导员为主体，体育教师、优秀运动员、教练员、体育科技工作者、体育

---

① 徐峰，沈永辉. 浅析体育科技人才结构，把握体育人才培养方向［J］. 安徽体育科技，2005，26（2）：17-19.

② 邱世海. 全民健身视角下社会体育指导员队伍发展研究［J］. 体育科技，2015，36（6）：75-76.

专业学生参与的社会体育指导服务队伍。随着经济、社会的发展，人们对体育健身越来越重视，对社会体育指导的需求越来越多、要求越来越高，因此我们要在培养社会体育指导员的同时加快与学校体育人才资源的共享。

结合目前经济、社会发展现状，第一，我们要进一步细化、完善社会体育指导员技术等级制度。第二，建立激励机制，吸引广大教练员、运动员、体育教师、体育科研人员等加入社会体育指导员队伍，充实社会体育指导员队伍。第三，设立学校、社区公共体育人才资源共享网络平台，及时发布体育指导员及学校体育人才信息，居民可以通过平台选择自己合适的项目及指导人员。第四，成立社会体育指导员协会，建立健全社会体育指导员组织体系，做好社会体育指导员的管理、培训等各项服务工作，确立社会体育指导员在体育活动中的指导地位，为其开展工作提供便利和支持。第五，积极发展职业社会体育指导员，让社会体育指导员专业化、职业化。结合各地区实际情况，制定该地区社会体育指导员职业标准，按职业标准严格开展技能培训及鉴定工作，做到社会体育指导员持证上岗。

第三节　建立区域性高校-社区公共体育联合体的构想

《"健康中国2030"规划纲要》《体育发展"十三五"规划》都将提高全民健康素质、完善全民健身体系作为主要目标，鼓励学校体育资源向社会开放，服务社区、服务社会，为构建高校-社区公共体育联合体提供了政策导向和支持。高校-社区公共体育联合体能够有效地解决目前社区公共体育发展中面临的问题，有效地促进高校周边社区公共体育的蓬勃发展，提高社区居民的身体健康水平。

一、区域性高校-社区公共体育联合体的内涵

高校体育是学生走向社会前的最后体育教育阶段，也是社会体育的重要衔接阶段，其最终目的是培养学生掌握一定的运动技能，养成终身体育的习惯，既能促进自身健康，也能积极参与社区公共体育工作，服务社区，促进群众体育的蓬勃发展。高校体育和社区公共体育都属于社会体育范畴，从概念和功能上来看，两者是相辅相成的。高校-社区公共体育联合体是指高校和周边的社区以体育为纽带，为了实现双方体育资源的科学整合、互

通共享，由政府积极引导建立的区域性体育组织。其目的是加强高校-社区的体育联系，合理地调配高校的体育资源为社区公共体育服务，开发和利用社区公共体育资源，丰富高校体育课的形式，为学生提供更多参加社区公共体育活动的机会，使学生对社区公共体育文化有更深的认识，促进学生终身体育意识的形成。2017年，教育部、国家体育总局发布《关于推进学校体育场馆向社会开放的实施意见》，明确了高校应积极参与社区公共体育发展，服务社区群众。该联合体的建立符合社区公共体育服务组织多样化的要求，发挥了高校体育资源的优势，节约了政府在社区公共体育服务方面的投入，满足了高校周边居民体育锻炼多样化的需求，为高校体育教师和学生提供了参与社会体育服务实践的机会。

二、区域性高校体育资源服务社区的现状

对苏南地区的高校体育资源服务社区的情况进行走访调查，发现室外体育场馆对社会开放度很高，田径场、篮球场等都是免费供社区群众使用的，社区群众自主进行锻炼，并无专人管理和指导。室内场馆主要以租赁的形式，从事青少年体育培训、承办赛事、有偿开放等。开放时间主要集中在下午、晚上、周末和节假日，由体育部门或者后勤服务部门管理，但是经营模式比较落后，缺乏主动服务意识。

三、区域性高校-社区公共体育联合体的优势

第一，目前居民生活方式和个性需求均呈现多样化，而单一化、趋同化的社区公共体育设施配置无法满足他们的锻炼需求，社区公共体育设施最大的受益人群是儿童和老人，青少年还不能得到充分的锻炼，所以他们更倾向于去校园、健身中心等地方进行有偿锻炼。第二，新老社区和经济差异较大的社区之间体育资源分布不均衡，有些社区公共体育设施无法得到及时维护和增补，不仅存在安全隐患，而且无法满足各阶层群众的体育需求。第三，社区居民锻炼热情高涨，渴望获得专业人士的指导，然而社区公共体育指导员与锻炼群众的比例仍急需进一步提高。第四，体育服务供给主体过于单一，且与服务主体之间缺乏联系。社区公共体育主要以政府和少数社会组织参与，高校主要由相关体育部门和后勤管理部门运作，缺乏积极性和主动性，服务社会意识不强。

区域性高校-社区公共体育联合体能够有效地缓解上述矛盾。高校作为

人才培养基地，具有丰富的教育资源和体育资源，把高校和社区公共体育资源进行对接，发挥高校体育教师的社会服务意识，向社区群众提供有针对性、专业化的体育锻炼指导，同时社区也为高校教师、学生提供展示自我、实现价值的平台和窗口，提升高校的社会服务功能。政府在加大社区公共体育设施的投入时，还应以区域性高校-社区公共体育联合体为中心，积极拓展体育服务供给主体，吸收社会资金，减轻政府负担（表14-6）。

表14-6　高校-社区公共体育联合体的优势情况表

目前社区公共体育存在的矛盾	高校-社区公共体育联合体的优势
社区公共体育设施配置趋同化与社区群众体育需求多样化之间的矛盾	高校-社区公共体育联合体能依托高校丰富的体育资源，紧贴社区群众锻炼多样化的趋势，满足其体育需求
城镇社区（新老社区、经济差异社区）资源分布不均衡	高校体育资源配置差距不大，高校-社区公共体育联合体能够实现体育资源的整合与互补
社区群众渴望接受专业的体育指导与社区公共体育指导员缺乏之间的矛盾	高校体育教师和体育专业学生队伍庞大，兼备实践经验和理论知识，能够提供专业的体育指导，补充社区公共体育指导员的工作
社区公共体育供给主体相对单一与多元化供给主体需求之间的矛盾	高校-社区公共体育联合体能够充分激发高校、社区和社会组织的积极性，促进体育服务供给主体的多元化，吸收更多社会资金

四、构建区域性高校-社区公共体育联合体的对策

1. 以高校的体育资源为基础，构建联合体育活动圈

根据第六次全国体育场地调查数据公报显示：我国高校拥有体育场地4.97万个，占总面积的4.15%。高校拥有丰富的体育资源优势，不仅拥有综合训练馆和田径场，而且有很多单项场馆和露天场地，体育器材也丰富多样。以高校的体育设施为中心，开放辐射周边社区的居民，让不同年龄阶段、经济层次的居民都能自主选择喜欢的项目进行锻炼，可进行团体活动，也可开展单项活动。把高校作为开展体育赛事和相关活动的基地，提高高校体育资源的利用率，以体育为桥梁，加强高校与社区群众的紧密联系，不仅可为高校创建更贴近群众的体育项目、制定体育人才培养目标提供经验，同时也可为高校的体育发展筹措社会资金，进一步提升服务质量和服务意识。

2. 依托高校人力资源，组建专业体育服务和指导团队

社区公共体育指导员的短缺不是一朝一夕就能够解决的，应该从高校和社区挖掘构建高校-社区公共体育联合体的人力资源。高校体育教师从事多年的体育教学和训练工作，具备较高的运动技能水平、丰富的体育理论知识、很强的运动竞赛组织能力，他们是高校-社区公共体育联合体的重要人力资源，从而保障各项体育活动、特色赛事和专业指导的实现。同时，要进一步发挥高校教师的教育功能，向社区公共体育爱好者传授体育锻炼的知识，培训科学的锻炼方法和手段，使他们具备体育社区指导员的能力，把高校作为高校-社区公共体育联合体的人才培养基地。另一批不容忽视的力量是高校的体育专业学生、体育特长生、运动队学生等，可引导他们成为开展社区公共体育活动的生力军、志愿者，深入社区进行体育指导实践。同时，这对于他们来说，也是提升知识运用能力和综合能力的绝佳机会。政府如果能够加以正确引导，提供一定的资金支持，必定能够打造出一支责任心强、能干实事的专业体育服务和指导团队。

3. 充分发挥网络新媒体作用，构建高校-社区公共体育文化圈

传统媒体实时更新能力差，成本高，如报纸、宣传栏、显示屏、横幅对于中老年人群的宣传效果比较有效，但青少年对其关注度不高。互联网技术配合移动终端等设备能实现信息快速流通和实时更新。但目前大部分高校的体育部门还没有构建社区服务平台，很多场馆信息都要通过需求主体联系才能获得。高校-社区公共体育联合体应重视网络新媒体的作用，利用高校提供技术支持，研发相关的App软件，设立场馆信息区、专业指导区、锻炼科普区、高校-社区互动区、论坛交流区等板块。让社区居民能够在线查询场馆的信息，了解场馆的空闲时间、项目种类、专业指导时间段、收费标准、联系方式等；高校-社区公共体育联合体在网站上发布常见的运动知识，引导社区群众科学锻炼；将高校-社区公共体育联合体的各项活动分享到各新媒体中，营造和谐、健康、向上的体育文化氛围；通过高校-社区参与者在论坛中的相互交流，准确定位社区群众的体育需求，提升体育服务质量。

4. 加强政府引导，完善相关法律法规，设立高校-社区公共体育服务协调机构

以国家政策和政府文件为导向，加强有关体育资源配置、管理、部门协调等问题的规章制度建设，积极促成高校体育和社区公共体育相关部门的紧密对接，成立高校-社区公共体育服务协调机构，协调高校、街道办、

居委会、社区、教育部门、体育部门、公安机关、保险机构等多方力量，保障居民在校园进行体育活动时的安全，促进高校和社区的社团、俱乐部、协会的交流，选取有威信、有学识、有能力、有责任感的人组成协调委员会，定期召开协调会，对高校-社区公共体育联合体运行中的问题进行探讨，及时反馈意见，坚持服务多于管理、指导大于指令、宣传胜于说教的服务原则，确保各项工作的顺利进行。

5. 积极拓展社会资源，促进高校-社区公共体育服务供给方多样化

目前我国高校的体育资源大多由体育部门、后勤单位自主管理，共同参与社区公共体育工作，负责场馆的免费开放、有偿租赁、合作经营，这种社区公共体育服务供给主体形式过于单一，市场性和灵活性不强，不能充分吸收社会资源。在体育经济和体育产业飞速发展的大背景下，很多企业、社会组织和团体都期待能够投身经营体育产业之中，他们作为新的社会体育服务供给方迫切想要参与社区公共体育工作。除了高校自主经营，委托管理形式也是值得尝试的，在不改变国有资产性质的前提下，委托具备较高经营管理水平的第三方公司，以合同的形式，规范双方的权利和职责，在追求经济效益的同时，回馈社会，服务社会，实现高校、社区、企业的共赢局面。高校也可通过政府购买的形式，承担社区公共体育公共服务，举办各类赛事，推动高校-社区公共体育联合体内群众体育的开展，增强高校的知名度和声望，培养高校-社区公共体育联合体内部成员的归属感。高校-社区公共体育联合体不能单纯依靠高校或者政府的行政拨款，还应积极寻求社会赞助，促进服务供给方多样化。

自 1995 年我国《全民健身计划纲要》颁发实施 26 年来，全民健身事业蓬勃发展，但仍与国民日益增长的健身需求存在差距。随着《"健康中国 2030"规划纲要》的深入推进，区域性高校-社区公共体育联合体的思路日趋成熟，它对于开展以社区为单位的居民健身事业有独特的优势，能够解决目前社区居民体育锻炼中存在的普遍问题。要想使高校-社区公共体育联合体真正地发挥作用，融入全民健身活动中，更加广泛、深入地开展社区公共体育，必须坚持以下策略：① 以高校的体育资源为基础，构建联合体育活动圈；② 依托高校人力资源，组建专业的体育服务和指导团队；③ 充分发挥网络新媒体作用，构建高校-社区公共体育文化圈；④ 加强政府引导，完善相关法律法规，设立高校-社区公共体育服务协调机构；⑤ 积极拓展社会资源，促进高校-社区公共体育服务供给方多样化。

第十五章 互联网时代资源共享型社区公共体育发展模式案例

第一节 上海市社区公共体育资源共享模式——"你点我送"

改革开放40多年来,全民健身、全民健康已上升为国家战略。在国家大力发展群众体育的政策指引下,上海市社区公共体育得到了蓬勃发展。自20世纪80年代中期,上海成立街道社区体协以来,社区公共体育工作就成为上海市群众体育工作的重点。在市政府一系列顶层设计、规划布局的长期目标推动下,各级管理部门、体育组织和广大市民共同努力,经过30多年的积累和发展,上海市社区公共体育发展走在了全国前列,成了全国社区公共体育发展的典范。其中,上海市社区公共体育协会积极发挥桥梁纽带作用,通过配送服务、搭建赛事活动平台,满足了群众参与体育健身活动的需求。依托社区公共体育协会,整合体育资源,建立网络服务平台,实行菜单式配送、你点我送、资源共享服务,为现代化大都市社区公共体育发展提供了典范。

一、上海市社区公共体育发展概况

纵观上海市社区公共体育发展历程,可以看出每个阶段制定的发展政策和主题活动是推动社区公共体育发展的关键所在。政策是执政者意志的具体体现,是实现目标的行动准则和顶层设计。政策的前瞻性、实效性、可操作性,决定着目标任务是否能够实现。政策指明了发展方向,而主题活动对政策的推行、实施起了推动作用。上海市社区公共体育蓬勃发展,取得可喜的成绩,成为全国社区公共体育发展的典范,主要得益于相关的"群众体育发展政策""社区公共体育发展政策"的制定、实施,以及不同发展时期围绕社区公共体育发展开展的一系列"主题活动"。

1. 上海市颁布实施的有关社区公共体育发展的政策

上海市颁布实施的有关社区公共体育发展的政策如表 15-1、表 15-2 所示。

表 15-1　上海市颁布的与群众体育相关的政策、法规一览表

颁布时间	颁发部门	名称	与群众体育相关的主要内容
1994 年 12 月	市政府	《上海市体育场所管理办法》	规定体育场所主管部门、规划和建设标准、执行办法、违反规定的处罚标准
2001 年 3 月	市人大	《上海市市民体育健身条例》	以法律的形式规定各级政府部门在全民健身工作中的职责；规定市民有参加体育健身活动的权利；残疾人享有平等参与体育健身活动的权利
2013 年 4 月	市体育局	《上海市市民体质监测服务网络建设管理办法》	规定市民体质监测工作机构和职能、工作要求与标准、日常开放与管理、工作评估等
2013 年 9 月	市政府	《上海市关于进一步做好直属体育场馆公益性开放工作的通知》	规定直属体育场馆公益开放的项目范围及补贴标准、申报及审定程序、工作要求、财务管理、效益评估等
2014 年 6 月	市体育局	《上海市社会体育指导员管理试行办法》	规定社会体育指导员的组织管理、登记注册、教育培训、指导服务、保障制度、奖惩措施等
2015 年 7 月	市政府	《上海市人民政府关于加快发展体育产业促进体育消费的实施意见》	在城市社区建设 15 分钟体育生活圈，新建社区的体育设施覆盖率达 100%。加快推进企事业单位等体育设施向社会开放，稳步推进学校体育场馆向社会开放，鼓励经营性体育场馆向社会公益开放
2016 年 11 月	市政府	《上海市体育改革发展"十三五"规划》	到 2020 年，人均体育场地面积达到 2.4 平方米，经常参加体育锻炼的人数比例达到 45% 左右，学校体育设施开放率达到 86%，社会体育指导员占常住人口的比例达到 2‰

续表

颁布时间	颁发部门	名称	与群众体育相关的主要内容
2016年11月	市政府	《上海市全民健身实施计划（2016—2020年）》	经常参加体育锻炼的人数比例达到45%左右；体育健身设施更加完善，体育赛事活动丰富多元，健身组织活力显著增强，健身消费支出明显提高，构建与上海经济社会发展水平、人口状况、市民体育需求相匹配的现代全民健身公共服务体系；全民健身整体水平位居全国前列，打造充满时尚活力的运动之城
2016年12月	市政府	《上海市基本公共服务体系"十三五"规划》	为全体市民提供便捷、可及、多样的全民健身设施，提升全面健身设施的管理水平和市民科学健身的水平。为市民提供公共体育场馆、学校体育设施、社区公共体育设施等公益性开放服务。组织社会体育指导员，为市民提供各类健身指导服务
2017年1月	市政府	《上海市体育产业发展实施方案（2016—2020年）》	加快中小型、社区型健身场馆建设，充分合理利用公园绿地、城市空置场所、建筑物屋顶、地下室等区域，重点建设一批便民利民的社区健身休闲设施，推动各区构建15分钟体育生活圈，形成多样化的健身休闲圈层体系
2017年11月	市政府	《上海市基本公共服务项目清单》	基本公共服务体育领域项目：公共体育设施开放、全民健身指导服务、残疾人体育健身设施服务等内容与标准

注：资料来源：根据公开资料整理而成，资料统计到2017年12月30日。

表15-2 专门针对社区公共体育发展的政策、法规

颁布时间	颁发部门	名称	主要内容
2000年7月	市体育局	《关于加强本市社区健身设施管理的意见》	明确社区健身设施管理责任，落实管理经费来源，建立维修网络
2015年4月	市体育局	《上海市社区体育服务配送工作方案》	以社区市民为服务对象，提供体育基本公共服务，采取政府购买服务、市区两级配送的形式，满足市民的健身技能培训、科学健身讲座、科学健身宣传、小型赛事和活动组织等为主要内容的社区公共体育服务配送产品

续表

颁布时间	颁发部门	名称	主要内容
2016年9月	市体育局	《上海市社区公共体育健身设施建设与管理办法》《各类社区公共体育健身设施建设标准与经费扶持办法》	建设和完善社区公共体育健身设施，提升社区公共体育服务水平，为市民提供良好的科学健身环境，促进本市市民体质健康。规范本市社区公共体育设施建设的基本原则、建设标准和经费来源，以及维护和管理工作

注：资料来源：根据公开资料整理而成，资料统计到2017年12月30日。

2. 上海市社区公共体育发展历程中的"主题活动"

上海市社区公共体育发展历程中的"主题活动"如表15-3所示。

表15-3 上海市社区公共体育发展历程中的"主题活动"一览表

时间	主题活动	主要内容
1988年	成立街道社区体协	组织开展社区各项体育活动
1988年	推进社区健身苑（点）建设	将社区健身苑（点）建设列为与市民生活密切相关的实事工程
1995—2000年	实施《全民健身计划纲要》	举办全民健身节、社区健身大会、全民健身活动周、上海体育健身日等群众性体育活动
2000年12月	颁布、实施《上海市市民体育健身条例》	标志着上海市全民健身活动进入了法制管理的轨道
2002年	推动市民体质监测工作	体育局与有关部门联合开展了市民体质监测工作
2002年	"人人运动"行动计划	人人喜爱一项运动，使体育锻炼成为终身习惯，让健身成为一种文明生活方式
2004年	建设"136工程"	建造社区公共运动场，使市民出门500米左右就有基本健身设施，利用公共交通工具15分钟可到达综合体育场馆，30分钟可到达环城绿带、体育公园
2011年	全民健身主题特色活动	建设"一村一场（灯光球场）""一镇一池（游泳池）""一街一中心（含健身指导、体育设施、体制监测、团队组织于一体的文体中心）"，并打造"一街（镇）一品"
2012年6月至2012年11月	第一届市民运动会"体育是民生"	历时150多天，设置50个大项、2 399个小项，600多万人次参加

续表

时间	主题活动	主要内容
2014年10月	成立市社区公共体育协会	协调社区公共体育事务；承接政府公共体育服务项目；开展体育宣传、培训；组织体育赛事活动；进行社区公共体育交流和研究
2016年1月至2016年11月	第二届市民运动会"上海动起来"	历时218天，设置65个项目、12大主题活动，共举办各级各类赛事9 778个、活动8 058个，参与人次超千万，竞赛参赛人数达1 461 524人
2017—2019年	城市业余联赛	旨在吸引更多市民参与全民健身活动，满足不同人群的健身需求，构建适合普通市民参与的业余赛事体系，提高科学健身水平，传播健身文化，弘扬体育精神
2017—2019年	社区公共体育联盟赛	贯彻《全民健身计划纲要》，围绕"以人为本，人人运动"的工作理念，结合自身特点，积极整合资源，开展形式多样的群众体育活动，不断满足社区居民对体育健身的需求
2020年5月至2020年12月	第三届市民运动会"健康上海 人人来赛"	设置"68+X"个项目，参与人数1 500万人

注：资料来源：根据公开资料整理而成。

3. "十三五"上海市群众体育发展目标

"十三五"上海市群众体育发展目标如表15-4所示。

表15-4 "十三五"上海群众体育发展目标一览表

序号	指标名称	属性	2020年
1	经常参加体育锻炼的人数比例	预期性	45%左右
2	体育场地面积	预期性	6.1×10^7平方米
3	人均体育场地面积	预期性	2.4平方米
4	体育产业总规模	预期性	1 500亿元
5	社会体育指导员占本市常住人口比例	约束性	2‰
6	万人拥有体育健身组织数量	预期性	20个
7	市民体质监测达标率	预期性	96%
8	学校体育场地开放率	约束性	86%

注：资料来源：《上海市体育改革发展"十三五"规划》。

二、创建上海社区公共体育协会的背景

20世纪80年代中期,上海群众体育随着经济体制的逐步转轨和国民经济实力的迅速增强而快速发展,以成立街道社区公共体育协会为标志的社区公共体育也得到了蓬勃开展。大力开展群众体育活动成为社区公共体育协会的主要任务。

2004年,国家体育总局颁发《关于开展创建社区体育健身俱乐部试点工作的通知》后,上海市开展了创建社区公共体育健身俱乐部的工作。"十一五"期间创建了109个,"十二五"期间创建了49个,"十三五"期间到目前为止创建了15个。据不完全统计,截至2019年年底,目前上海16个行政区、211个街道(镇)、200多个社区,建立了173个社区公共体育健身俱乐部,已有社区健身团队3万余支。

"十一五"到"十二五"期间,社区公共体育健身俱乐部初建时都是在政府扶持的基础上建立起来的,在发展过程中一直未能实现自治,反而随着俱乐部的发展壮大,越来越依赖政府。街道与社区公共体育健身俱乐部、社会组织管办不分,市区体育行政部门面对不断建立起来的社区公共体育健身俱乐部也力不从心。正是在这样的现实背景下,2014年10月,上海市成立了市社区公共体育协会。协会的宗旨是:不断满足会员和社区居民多样化、多层次健身的需求;加强自治和自主管理,扩大协会社会影响;推进社区公共体育设施、健身组织、健身活动和健身服务等公共体育服务体系建设,使之成为集活动组织、健身指导、信息服务和体育设施管理为一体的社区公共体育服务组织。协会的工作任务:① 协调社区公共体育事务;② 承接政府公共体育服务项目;③ 开展体育宣传、培训;④ 组织体育赛事活动;⑤ 进行社区公共体育交流和研究。

三、上海市社区公共体育协会的创新实践经验

1. 立足服务社区,构建"你点我送"配送机制

上海市社区体育协会自2014年成立以来,一直坚持为全体市民服务的指导思想,主动将服务工作送到市民身边。每年按照市民的需求,及时做好"社区公共体育服务配送"项目。通过建立互联网服务平台,运用"你点我送"的供给方式,实现了基于互联网的资源整合与共享的目标。

(1) 建立社区公共体育资源库

目前，上海市社区公共体育协会与上海市体育局、高校、社会体育组织、体育企业、民间体育传承人等建立了广泛联系，建立了体育项目教练人员库、体育专家教授人员库、社区公共体育赛事组织人员库、社区居民体质测试专业人员库，构建了包含健身知识讲座（107个主题）、体育项目技能传授（81项）、社区青少年体育培训（30项）等服务项目资源库，实现了对社区居民体育健身需求的全方位服务。

(2) 搭建互联网平台

2014年，上海市社区公共体育协会创立了"上海社区公共体育网站"，2015年，建立了微信公众号、微信企业号、QQ群，通过协会网络信息平台，及时、便捷、全面地介绍和反映社区公共体育工作情况，了解社区居民体育需求，为社区居民与体育服务组织之间搭建了沟通的桥梁，同时，增强了社区公共体育的文化氛围。

(3) 实现"你点我送、资源共享"目标

配送使用流程：社区居民将体育需求告知街镇—街镇为居民提供场地—街镇在网络配送系统提出申请—社区公共体育协会将所需的资源配送到社区—居民享受资源。

2. 积极组织体育活动，促进社区居民参与

积极组织各类群众体育竞赛活动，通过广泛宣传、媒体报道、组织表彰、风采展示等多种手段，动员和鼓励广大社区居民积极参加各类群众体育竞赛活动，提高社区居民的参与率。以制度的形式，打造社区公共体育竞赛品牌，固定各类比赛的主题、举办时间、规模、竞赛规则与办法等。到目前为止，上海市已经形成了"社区广场舞大赛""社区公共体育联盟赛""市民运动会社区运动汇"等品牌赛事。

3. 加强社区公共体育组织建设，促进社区公共体育俱乐部发展

根据社区健身俱乐部的工作职责（表15-5），以履行工作职责的绩效为依据，通过运用等级评估的方法，鼓励社区公共体育健身俱乐部创建市级、国家级优秀健身俱乐部，促进健身俱乐部的发展壮大。运用经验交流、人员培训、工作调研、专题会议等形式提升俱乐部工作水平，促进社区公共体育俱乐部参与社区治理和自身治理的水平。

表 15-5　社区公共体育健身俱乐部工作职责

类别	内容
社区内运动设施管理	百姓健身房、社区健身苑点、公益性运动场馆、社区公共体育中心等管理
社区内学校场地开放管理	学校体育运动场馆的开放与管理
社区公共体育社团管理	社团注册登记和管理、社团发展计划实施、体育项目配送、"一街一品"和特色社团建设等
组织体育活动	各级各类体育活动计划落实、本社区公共体育活动计划制定与组织实施等
健身指导服务	社会体育指导员工作站管理、社会体育指导员队伍建设和培训
体质监测服务	社区居民体质监测站管理、运动干预服务等
健身技能培训服务	为社区居民提供健身技能培训、科普健身知识讲座、青少年体育技能培训等

注：资料来源：http://www.sccsa.org.cn/association-introduce.html。

第二节　广东省社区公共体育资源共享模式——"我建你用"

在《中华人民共和国体育法》《全民健身条例》《全民健身计划》《体育强国建设纲要》《"健康中国2030"规划纲要》等国家全民健身、全民健康的法规、政策的指引下，广东省不断加大全民健身事业投入，加快公共体育场地设施建设，完善全民健身服务体系，全面推进全民健身事业向更高层次发展。特别是在依托"体育公园"建设、推进社区公共体育公共服务、实现体育资源全面共享等方面为全国社区公共体育发展起了示范作用。坚持以人为本，因势就导地利用城市建设中留下的"金角银边"等闲置土地，开发建设"社区公共体育公园"，通过"我建你用"的方式，建设群众喜爱、小型多样、亲民便民利民的健身设施。

一、广东省社区公共体育发展概况

20世纪80年代，广东省改革开放进入快速发展时期，群众体育事业也迈入了高速发展的快车道，城市社区公共体育在群众体育快速发展的大背景下，越来越受到省委、省政府的重视。城市社区公共体育场地设施建设纳入了省、市、区（县）政府的重要工作内容。1994年，广东省开始实施《全民健身计划》。1995年，广东省成立全民健身计划委员会。1997年，在全省举办"全民健身活动月"，同年，全国第一条多功能健身路径在广州市天河体育中心建成。同时，自改革开放打开国门之后，祖居广东的港澳同胞、海外侨胞非常关心家乡体育事业，资助兴建体育场馆，城市社区和学校体育场馆设施得到了很大改善。

党的十八大以来，中共中央认识到群众体育的重要性，将全民健身上升为国家战略。在国家一系列方针政策的指引下，广东省先后出台了《广东省全民健身计划》《广东省体育发展"十三五"规划》《广东省全民健身条例》《"健康广东2030"规划》等系列政策法规及重要文件。各级政府积极推进全民健身工程，大力建设群众身边的体育健身设施。2012年，广东省珠海市率先探索"社区体育公园"建设模式，建成全国第一个"社区体育公园"，随后在广东省全省快速推广，受到了国家体育总局的高度重视和认可，得到了广大市民的广泛好评，目前已成为全国社区公共体育设施建设的典范。同时，积极推进学校体育场馆向社会开放，提升市民对体育资源的共享程度；完善全民健身组织建设，开展全民健身竞赛，提升市民体育参与度；加强科学健身指导，推进体医结合，全面提升全民健康水平。

1. 广东省颁布实施的有关社区公共体育发展的政策

广东省颁布实施的有关社区公共体育发展的政策如表15-6、表15-7所示。

表15-6　广东省颁布的与群众体育相关的政策、法规一览表

颁布时间	颁发部门	名称	与群众体育相关的主要内容
2008年6月	省体育局	《广东省学校体育场馆向社会开放实施办法》	符合开放条件的学校向周边社区居民和社会团体组织开放体育场馆设施
2011年11月	省体育局	《广东省乡镇农民体育健身工程建设规划（2011—2015年）》	到2015年，100%乡镇建有公共体育场地设施，并对建设原则、建设资金、实施计划、工作要求进行了规定

续表

颁布时间	颁发部门	名称	与群众体育相关的主要内容
2012年9月	省体育局	《广东省公共体育设施向社会开放指导意见》	各级政府投资建设的各类公共体育设施必须向社会开放；机关企事业单位、学校的体育设施要积极创造条件向社会开放；鼓励社会投资兴建的体育设施向社会开放
2015年3月	省体育局	《关于推进广东省公共体育场馆免费低收费开放的通知》	由各级政府投资建设的各类公共体育设施必须实行免费或低收费向社会开放。每天免费低收费开放不少于两小时
2015年7月	省人民政府	《广东省人民政府关于加快发展体育产业促进体育消费的实施意见》	到2025年，体育产业总规模超过9 000亿元，体育产业增加值占GDP的比重达到2%左右；推动社区公共体育公园建设
2016年11月	省体育局	《广东省体育局关于省级体育彩票公益金援建公共体育场馆设施的实施办法（试行）》	规定了援建的项目、经费、职责分工、建设内容与要求、申报和审批、信息公开等。仅适用于政府投资建设的，并向社会开放的公共体育场馆设施
2016年11月	省人民政府	《广东省全民健身实施计划（2016—2020年）》	构建"15分钟健身圈"，人均体育场地面积达2.5平方米以上。公共体育场地设施开放率达到92%以上，学校体育场地设施向社会开放比例达65%以上。每万人有社会体育指导员人数30名、体育社会组织0.5个以上。经常参加体育锻炼的人数达到4 200万人以上，城乡居民体质测试达标率达到93%以上
2016年12月	省人民政府	《广东省体育发展"十三五"规划》	基本建成覆盖全人群、全生命周期、全健身过程的现代化全民健身公共体育服务体系，区域、城乡公共体育服务均等化总体实现，服务保障能力明显增强，人民生活水平和体质普遍提高，国民体质测定标准达到合格水平以上的城乡居民比例达93%以上

续表

颁布时间	颁发部门	名称	与群众体育相关的主要内容
2017年5月	省人民政府	《广东省人民政府办公厅关于加快发展健身休闲产业的实施意见》	完善健身休闲设施规划布局,加快城市社区公共体育公园和全民健身中心建设;在城市社区建设"15分钟健身圈",新建社区公共体育设施覆盖率达到100%;统筹城乡公共体育设施布局,均衡配置公共体育资源,实现农村、城市社区公共体育服务资源整合和互联互通
2018年10月	省体育局	《广东省体育局全民健身器材管理办法》	全民健身器材,是指各级体育部门利用财政资金购置,配建在城乡社区的公园、广场、单位以及学校等,供社会公众免费使用的公益性健身器材。对全民健身器材建设的选址与配建、使用与管理、检查与监管、奖励与处罚等进行了规定
2018年12月	省体育局	《广东省公共体育设施建设实施意见》	公共体育设施建设的总体要求、基本原则、建设目标和任务、建设方式和资金来源、保障措施、监督检查等
2019年5月	省人代会	《广东省全民健身条例》	以法律的形式规定各级政府体育行政部门职责;各级人民政府依法保障公民参加全民健身活动的权利,并提供基本公共体育服务

注:资料来源:根据公开资料整理而成,统计时间阶段为2008年1月至2019年12月。

表15-7 专门针对社区公共体育发展的政策、法规

颁布时间	颁发部门	名称	主要内容
2013年9月	省体育局	《广东省社区体育公园建设试点实施方案》	对社区公共体育公园建设的工作目标、基本原则、建设内容与标准、建设主体及条件、建设资金、实施办法、保障措施等进行了规定

续表

颁布时间	颁发部门	名称	主要内容
2014年3月	省住房和城乡建设厅、体育局	《广东省社区体育公园规划建设指引》	包括社区公共体育公园建设总则、场地选址、场地功能要素、场地综合设计、建设实施指引五个部分
2019年8月	广州市体育局	《广州市社区全民健身设施建设和管理办法》	对社区全民健身体育设施的建设要求、管理、违规责任追究等进行了明确规定
2019年11月	省住房和城乡建设厅、体育局	《广东省社区体育公园规划建设指引》（第二版）	在第一版的基础上，对落实新的诉求、融入新的理念、鼓励多元机制、强化共管共用等方面进行了进一步完善

注：资料来源：根据相关网站整理而成，统计时间阶段为2008年1月至2019年12月。

2. 广东省社区公共体育发展历程中的"主题活动"

广东省举办的群众体育、社区公共体育"主题活动"如表15-8所示。

表15-8 广东省群众体育、社区公共体育"主题活动"一览表

时间	主题活动	主要内容
2013年12月	社区体育公园规划建设现场会	肯定了珠海社区公共体育公园建设的经验与创新亮点，开启了全省社区公共体育公园建设的热潮
2016—2019年	南粤古驿道定向大赛	在古驿道、古村落、古码头、古城镇上举行大型定向比赛、群众体育活动
2016—2019年	广东国民体质监测万里行	国民体质测试、科学健身大讲堂、科学健身指导、体质达人赛
2008—2019年	群众体育系列赛	定期举办全省体育大会、特定人群运动会、百县足球赛、千镇百街乒乓球赛、万村农民篮球赛、百万职工广播体操比赛、千万人群广场舞展示大赛
2008—2019年	全民健身日、全民健身节（月）、体育节、市民健身运动会	全省各市（区）、县（市）、乡镇（街道）定期举行群众性体育活动

续表

时间	主题活动	主要内容
2019年5月	"广州100"越野赛	依托广州城区的山林步道资源,面向职业、专业、大众跑者,开辟100千米、60千米、30千米三个组别的赛事
2015—2019年	"爱户外,享自然"广州户外运动节	为促进广州户外休闲运动的发展,让更多市民共享户外休闲运动的乐趣,打造市民喜闻乐见的群众体育活动

注：资料来源：根据相关网站整理而成,统计时间阶段为2008年1月至2019年12月。

3. "十三五"广东省群众体育发展目标

"十三五"广东省群众体育发展目标如表15-9所示。

表15-9 "十三五"广东省群众体育发展目标一览表[①]

序号	指标名称	属性	2020年
1	经常参加体育锻炼的人数	预期性	4 200万
2	人均体育场地面积	预期性	2.5平方米
3	新建居住区和社区公共体育设施覆盖率	约束性	100%
4	社会体育指导员占本市常住人口比例	约束性	3‰
5	万人拥有体育健身组织数量	预期性	0.5个
6	城乡居民体质监测达标率	预期性	93%
7	学校体育场地开放率	约束性	65%
8	公共体育场地设施开放率	约束性	92%

注：资料来源：根据《广东省体育发展"十三五"规划》整理而成。

二、广东省"社区体育公园"建设历程

自2012年起,广东省珠海市政府为了贯彻落实《全民健身条例》《全民健身计划》精神,逐步解决群众身边健身场地不足的问题,率先在全省探索利用城市边角地、插花地等,在土地使用"三不原则"（不改变土地权属、不改变土地性质、不征用土地）的指导下,见缝插针,推广建设社区公共体育公园,探索出了一条建设群众身边健身场地设施的"社区公园+体

---

① 广东省体育局. 广东省体育发展"十三五"规划. [2018-01-20]. http://tyj.gd.gov.cn/sjzw_zcfg/content/post_1949916.html.

育"的新路径。2013 年，广东省社区体育公园规划建设现场会在珠海市召开，随后在广东省委、省政府的高度重视和推动下，制订了《广东省社区体育公园建设试点实施方案》。2014 年，以珠海市经验为蓝本，颁布了《广东省社区体育公园规划建设指引》（第一版）。自 2013 年实施以来，广东省累计投入 6 亿多元用于社区体育公园建设，截至 2019 年 12 月，已建成社区体育公园 2 318 个（表 15-10）。社区体育公园有效地改善了人居环境，提升了居民生活品质，得到了广大人民群众的认同和点赞。2015 年，社区体育公园获得"中国人居环境范例奖"。

表 15-10　广东省社区公共体育公园统计（截至 2019 年 12 月）

地市	深圳	东莞	江门	佛山	珠海	广州	肇庆	中山	河源	清远	湛江	韶关	汕头	茂名	惠州	揭阳	梅州	阳江	汕尾	云浮	潮州
体育公园数/个	415	281	214	211	165	146	103	101	91	88	71	65	65	54	47	44	46	42	36	19	14
合计/个	2 318																				

注：资料源自广东省体育局群众体育处。

三、"社区体育公园"的概念、特征

1. 社区体育公园的概念

广东省在 2014 年颁布的《广东省社区体育公园规划建设指引》中，将社区体育公园定义为：通过改造城市边角地、插花地、街头绿地及其他未利用地建成的，以绿化为本底、以体育锻炼和休闲健身为主要功能，兼有社区公园一般功能，具有一定环境品质且向居民免费开放的公益性公共空间。

2. 社区体育公园的特征

（1）贴近居民

社区体育公园建设的目的是为居民体育健身和休闲服务的，因此，必须建设在居民身边，方便居民使用。珠海提出城区建成"10 分钟健身圈"，200 米见绿，打造市民"家门口"的健身场地。

（2）因地制宜

社区体育公园是通过改造城市边角地、插花地、街头绿地等建成的，

因此，在设计、建造中就要坚持因地制宜、因势就导的原则，充分利用地势，优化设计方案，达到最佳的建设效果。

（3）面积灵活多样

由于现实中每个社区可以利用来建设社区体育公园的土地地形、面积、空间等千差万别，因此，建设的社区体育公园也是多种多样的。广东省将社区体育公园分为：A型（600~800平方米）、B型（800~1 500平方米）、C型（1 500~3 000平方米）、D型（3 000~6 000平方米）、E型（6 000~12 000平方米）、F型（12 000平方米以上）六种类型。

（4）功能复合共享

社区体育公园是"社区公园+体育公园"的综合性公园，它既要成为居民身边的健身场所，也要作为居民休闲、娱乐和交往的重要之地，因此，社区体育公园的功能是以体育健身为主，兼有休闲娱乐和社会交往等多种功能。

四、社区体育公园规划建设、管理运营机制

1. 社区体育公园规划建设机制

目前，广东省社区体育公园的规划建设，大多采用"政府主导、部门协作、市场参与"的规划建设机制（表15-11）。

表15-11　社区体育公园规划建设各主体主要责权划分建议（仅作参考）

主体	规划建设权责
市建设和管理领导工作小组	统筹协调社区体育公园规划建设各项工作
政府相关部门	体育部门：协同自然资源、文旅、住建、园林部门，编制社区体育公园建设的总体规划，采购、安装体育健身设施及规范标识 发改部门：立项和核定投资规模 自然资源部门：规划及用地的审查及报批。将社区体育公园纳入国土空间规划编制中，保障用地供应 财政部门：落实计划投资，统筹调配及监管项目的建设和管理资金 住建部门或项目建设单位：项目设计、编制预算及施工招标
街道（镇）	结合居民意愿，初定选址

注：资料来源：根据《广东省社区体育公园规划建设指引》（第二版）整理而成。

2. 社区体育公园内场地设施分类

按照社区体育公园的功能目标，场地设施一般由体育健身设施、文化休闲设施、配套服务设施、绿化与环境设施四大类场地设施构成，具体内容如表 15-12 所示。

表 15-12 社区体育公园场地设施分类及一般构成一览表

类型	分类	内容
体育健身设施	常规运动设施	篮球、足球、羽毛球、乒乓球、门球、网球、排球、轮滑、棋牌等场地及器材
	健身设施	健身广场、健身步道、室外健身场地及器材
	儿童游憩设施	儿童活动场地及器材
	残疾人运动设施	残疾人自强健身点
文化休闲设施	曲艺文化设施	曲艺活动场地及器材
	其他文化设施	文化墙等
配套服务设施	管理设施	管理用房
	公共卫生与安全服务设施	医疗救护点、公厕、淋浴室、饮水设施、洗手池等
	小型商服	零售点、书报亭、器材租赁点等
	其他配套服务设施	自行车停放场地等
绿化与环境设施	绿化种植	树木、绿地等
	无障碍环境设施	盲道、坡道、扶手等
	休憩设施	座椅、休憩亭廊等
	其他设施	照明设施、垃圾箱、智能设施等
	标识	各类标识设施

注：资料来源：根据《广东省社区体育公园规划建设指引》（第二版）整理而成。

3. 社区体育公园管理与运营机制

（1）属地管理，部门协作，明确各主体的管理职责

目前，广东省社区体育公园的管理是按照属地管理的原则，根据部门分工不同，明确各自主体责任，多部门协作，建立长效机制，提高社区体育公园的综合社会效益（表 15-13）。

表 15-13　社区体育公园运营管理各主体主要责权划分建议（仅作参考）

主体	运营管理权责
市建设和管理领导工作小组	统筹协调社区体育公园运营管理各项工作
政府相关部门	体育部门：负责各类体育建设设施维护、标准制定及日常巡查监管；加强对各社区体育公园组织体育活动的指导 文旅部门：制定文化活动的文明公约，联合街道办、社区居委、社区居民共同开展文化活动 住建、城管部门：负责市政设施维护标准制定及日常巡查监管 园林部门：负责园林绿化管养标准制定及日常巡查监管 财政部门：统筹协调社区体育公园运营资金，加强社会资本引入指引 科技、经信部门：加强社区体育公园智慧化、数字化运营指导，完善运营信息服务平台
区级政府	对区级社区公共体育公园管理主体单位实施指导和监管
街道（镇）	对街道（镇）级、社区级社区公园管理主体单位实施指导和监管
运营主体单位	（1）对社区体育公园内市政基础设施（道路、绿化、照明、公厕等）按标准实行专业维护管理 （2）建立健全社区体育公园日常运营的各项规章制度 （3）明确各社区体育公园具体运营管理人员 （4）保持环境整洁，植物生长正常，绿化符合观赏要求 （5）指导公众科学参与锻炼，文明使用设施器材 （6）协调处理各类纠纷及突发事件，维护社区体育公园公共秩序 （7）加强安全运营，建立健全文体场所及设施器材检测和维修的快速反应机制，确保设施器材完备、安全及运行良好 （8）设置与环境协调的公园名称、简易图示、文明标识及服务指引牌等

注：资料来源：根据《广东省社区体育公园规划建设指引》（第二版）整理而成。

（2）多元运营，市场参与，探索差异化的运营模式

根据社区体育公园的不同类型和特征，实行多元运营，市场参与的差异化运营模式（表 15-14）。

表 15-14　社区体育公园差异化运营管理模式指引（仅作参考）

类型	特征	运营模式	运营资金来源
以满足大众运动需求的社区体育公园（小型、中型）	公益性、免费，设施配套大众化	政府主导，可通过委托或政府购买服务确定运营管理主体	地方财政为主，可接受社会资本捐赠
综合型社区体育公园（大型）	品质高、规模大、功能综合、配套服务多样化、运营成本高	在政府指导下，引入专业的运营管理机构	社会资本全额承担或部分承担，地方财政扶持

注：资料来源：根据《广东省社区体育公园规划建设指引》（第二版）整理而成。

第三节　常州市社区公共体育资源共享模式——"我买你享"

常州市是江苏省经济发达地区的地级市，2019 年年末全市常住人口 473.6 万人，人均地区生产总值达 156 390 元，全年居民人均可支配收入 49 840 元。从经济发展水平来看，基本实现现代化。自 2014 年常州市在全国率先探索"政府购买公共体育服务"以来，连续 6 年坚持从市民体育健身实际需要出发，推进"政府主导、部门联动、全社会参与"的工作机制，整合各方体育资源，以"政府购买、企业（组织）服务、市民共享"的方式，满足市民锻炼身体、参与体育活动、丰富体育文化生活的需求。当前，常州市正在全力推进运动健康城市建设，争创国家全民运动健身模范市。

一、常州市社区公共体育发展概况

常州市社区公共体育的发展，是在市委、市政府积极发展群众体育事业，着力推进公共体育服务体系建设的大背景下发展起来的。2008 年至 2015 年，连续 8 年将"体育惠民工程"列为市委、市政府年度重点工作。2012 年至 2015 年，连续 4 年将推进公共体育服务体系建设工作作为市政府"民生幸福十件实事"。2014 年，常州市公共体育服务体系建设工作经验入选《中国群众体育发展报告（2014）》蓝皮书。2015 年，率先建成全省首批"10 分钟体育健身圈"达标城市和首批全域公共体育服务体系示范区。2016 年以来，在创建国家全民运动健身模范市的目标指引下，大力推进政府购买公共体育服务工作，举办"运动龙城大联赛""发现常州·城市定向挑战赛""西太湖半程马拉松"等群众性竞赛活动，不断满足市民日益增长的多元体育需求。

1. 常州市颁布实施的有关社区公共体育发展的政策

常州市颁布实施的有关社区公共体育发展的政策如表15-15、表15-16所示。

表15-15　常州市颁布的与群众体育相关的政策、法规一览表

颁布时间	颁布部门	名称	与群众体育相关的主要内容
2008年10月	市政府	《常州市学校体育设施向社会开放的实施意见》	规定35所城市人口密集区域的学校向居民开放晨练时间为每日上午6:00—7:00(夏季5:30—7:00)
2010年7月	市政府	《关于进一步加强公共体育设施管理工作的意见》	强化各级政府对公共体育设施的管理的领导责任，明确各级政府相关行政部门的管理职责；建立对公共体育设施管理的巡查、维修、捐建备案、责任保险和考核奖励等制度
2011年1月	市政府	《常州市体育事业发展"十二五"规划》	到2015年年底，全市各类体育协会达40个；社会体育指导员达25名/万人；社区公共体育设施半径每500米配置率达到100%；开展新一轮乡镇全民健身中心和"千村工程"提升工程。建立市、辖市（区）、乡镇（街道）三级国民体质测定平台，逐步建成具有常州特色的全民健身体系
2011年6月	市体育局、财政局	《常州市乡镇（街道）全民健身中心室内体育场馆建设资金补助办法》	凡市区新建的乡镇（街道）全民健身中心室内体育馆、游泳馆，按照每平方米1 000元进行补助。市财政局、市体育局每年对全市乡镇（街道）全民健身中心室内场馆向社会开放情况进行督查
2011年9月	市民政局、体育局	《关于开展体育类社会团体评估工作的通知》	按照省级、市级体育社团评估办法和评分细则，对体育社团进行分级评估，对取得相应等级的社团进行资金扶持

续表

颁布时间	颁布部门	名称	与群众体育相关的主要内容
2012年1月	市政府	《常州市城市"10分钟体育健身圈"建设三年行动计划（2012—2014年）》	到2014年，常州城区在全省率先建成设施便捷、功能完善、服务优质的城市"10分钟体育健身圈"，居民步行10分钟约800米，就有健身活动的设施，就能享受全民健身服务，形成亲民、便民、利民的全民健身服务体系。对"10分钟体育健身圈"的建设标准进行了具体规定
2012年5月	市政府	《常州市基本实现体育现代化工作实施意见》	到2015年，建成城市"10分钟体育健身圈"，社区公共体育设施半径每800米配置率达到100%；建设具有常州特色的亲民、便民、利民全民健身服务体系；体育社团、协会建设成效明显；社会体育指导员达30名/万人；定期举办综合性全民健身运动会；市民体质测试合格率92%以上，制定了基本实现体育现代化的群众体育指标评估标准
2012年11月	市教育局、财政局、体育局	《关于进一步推进学校体育设施向社会开放的补充实施办法》	规定对体育设施向社会开放的学校进行经费补贴，按照开放的时间不同，分别给予2万~5万元/年经费扶持
2013年5月	市民政局、体育局	《关于培养发展基层体育社会组织的实施意见》	基层体育社会组织是指满足城乡社区居民体育需求、服务基层全民健身的各类体育社会组织。建立乡镇（街道）体育总会、单项体育协会、老年人体育协会、社会体育指导员协会、农民体育协会等；对各类协会按照规模大小分别给予资金扶持
2013年9月	市政府	《关于加强全市老年人体育工作实施意见》	到2020年，经常参加体育锻炼的老年人比例达到60%以上；指导老年人的社会体育指导员人数达到1万人以上；建立老年人体育协会，社区建立老年人体育活动中心；收费体育场馆对老年人优惠50%开放；老年人体育活动经费纳入市级财政预算

续表

颁布时间	颁布部门	名称	与群众体育相关的主要内容
2013年12月	市人力资源和社会保障局、体育局	《关于明确常州市区职工基本医疗保险个人账户购买健身服务有关问题的通知》	市区职工医保参保人员医保个人账户结余金额超过3 000元的部分，按照个人自愿原则，可以用于本人在定点健身场馆购买健身卡或者进行按次健身消费
2013年12月	市财政局、体育局	《常州市关于购买公共体育服务的实施办法》	规定政府向社会力量（企业、机构）购买公共体育服务，对购买主体、承接主体、购买内容、购买方式、项目实施办法、管理监督责任等进行了明确规定
2013年12月	市政府	《常州市公共体育服务体系建设三年行动计划（2014—2016年）》	到2016年，城市社区建成"10分钟体育健身圈"，健身圈内有健身活动设施，能享受全民健身服务；农村体育设施实现全覆盖；人均公共体育设施面积达2.8平方米；每万人拥有体育社团2个；每个全民健身活动站点均有3名以上社会体育健身指导员；建立"智慧体育"平台；国民体质合格率达到92%以上
2016年12月	市体育局	《常州市体育发展"十三五"规划》	到2020年，人均体育场地面积达2.6平方米，经常参加体育锻炼人数比例达42%，每万人拥有体育社会组织3家，每万人拥有社会体育指导员38人，国民体质合格率超过96%。积极推进农村"10分钟体育健身圈"建设，促进城乡、区域资源均衡配置
2017年1月	市政府	《常州市全民健身实施计划（2017—2020年）》	到2020年，全民健身公共服务体系日趋完善，城乡居民健身意识普遍提升，健康素质保持全省前列，经常参加体育锻炼的人数达到240万；全民健身设施配置更加均衡，城乡一体"10分钟体育健身圈"功能不断优化；建设体育公园100个，建成城市体育服务综合体5~8个

注：资料来源：根据公开资料整理而成。

表 15-16　专门针对社区公共体育发展的政策、法规

颁布时间	颁布部门	名称	主要内容
2007年5月	市建设局、规划局、房产管理局、园林绿化管理局、国土资源局、民政局、体育局	《关于进一步加强城乡社区体育设施建设的意见》	到 2010 年，人均体育场地面积超过 2 平方米；建设社区公共体育设施精品工程；将公共体育设施建设纳入城乡规划和土地利用规划；加大财政投入，健全社区公共体育设施建设经费投入保障机制；坚持公益开放，有效整合社区公共体育设施资源
2011年9月	市体育局	《常州市城市社区体育设施管理经费使用办法》	城市社区健身器材使用满 3 年以上的全民健身工程（点），安排管理经费 2 000 元/年；使用未满 3 年的，安排管理经费 1 000 元/年。经费用于器材的日常管理与维修、公众责任险、奖励等
2012年8月	市体育局	《常州市城市社区"10分钟体育健身圈"建设奖补办法》	达到"10 分钟体育健身圈"建设标准的社区，按照达标时间的不同，分别奖励 2 万~5 万元；被命名市级社区公共体育健身俱乐部的，奖励 6 万元；被命名市级全民健身示范工程的，给予 10 万元经费扶持

注：资料来源：根据公开资料整理而成。

2. 常州市社区公共体育发展历程中的群众性主题活动

常州市举办的群众体育、社区公共体育主题活动如表 15-17 所示。

表 15-17 常州市群众体育、社区公共体育主题活动一览表

时间	主题活动	主要内容
2012—2014 年	"10 分钟体育健身圈"建设三年行动计划	开展以体育健身场地、设施建设为主要内容的全民健身服务体系建设
2014—2019 年	政府购买公共体育服务活动	包括"黄金联赛""谁是球王""体育项目展示活动""运动龙城大联赛""健身服务"(含体质测试、健身讲堂、技术培训)等全民健身活动
2014—2016 年	公共体育服务体系建设三年行动计划	推进建设设施更普及、组织更健全、活动更丰富、服务更优质、群众更满意的公共体育服务体系,实现公共体育服务均等化
2014—2019 年	"西太湖"半程马拉松赛	集专业组和业余组为一体的群众性竞赛活动
2018—2019 年	"发现常州"城市定向挑战赛	以市民参与为主体的群众性城市定向运动比赛
2019 年 4 月	体育惠民、慢性病运动干预活动	体-医结合,推进运动干预肥胖、糖尿病、青少年近视等活动
2017—	创建"国家全民运动健身模范市"	推进全民健身服务体系全面优化、升级

注：资料来源：根据公开资料整理而成。

3."十三五"常州市群众体育发展规划

"十三五"常州市群众体育发展规划如表 15-18 所示。

表 15-18 "十三五"常州市群众体育发展目标一览表[①]

序号	指标名称	属性	2020 年
1	经常参加体育锻炼的人数比例	预期性	42%
2	人均体育场地面积	预期性	2.6 平方米
3	新建居住区和社区公共体育设施覆盖率	约束性	100%
4	万人拥有社会体育指导员数量	约束性	38 个

---

① 常州市体育局. 常州市体育发展"十三五"规划. [EB/OL]. (2016-12-30). http://www.changzhou.gov.cn/gi_news/608148308785656.

续表

序号	指标名称	属性	2020 年
5	万人拥有体育健身组织数量	预期性	3 个
6	城乡居民体质监测达标率	预期性	96%
7	学校体育场地开放率	约束性	100%
8	公共体育场地设施开放率	约束性	100%

注：资料来源：根据《常州市体育发展"十三五"规划》整理而成。

二、常州市政府购买公共体育服务概况

2013 年 12 月，常州市财政局、体育局联合出台《常州市关于购买公共体育服务的实施办法》文件，2014 年 7 月，在全国率先开展"政府购买公共体育服务"工作。2014 年以来，常州市体育局坚持"政府主导、部门联动、全社会参与"的方针，在广泛征集群众需求的基础上，按照每年 30 个左右的项目规模，包含"黄金联赛""业余联赛""谁是球王""展示活动""健身服务"五大类别，运用"政府出资购买、社会力量承办、市民参与享受、第三方监督评估"的运作方式，广泛吸纳社会资源，推行"我买你享"的供给模式，逐步完善"政府购买公共体育服务"工作。截至 2018 年，共投入 1 000 余万元，举办各类赛事活动近 150 项次，参与群众近 200 万人次，吸引社会资金超千万元，达到了高效规范使用财政资金、满足市民体育健身需求的目的。根据 2019 年年底对市民调查的结果分析来看，常州市政府开展购买公共体育服务情况良好，所有项目满意度均在 90% 以上。

1. 购买主体

按照政府行政部门职责分工来看，政府向社会力量购买公共体育服务的主体是市级体育行政部门，即市体育局，或是具有行政管理职能的事业单位，如文化事业局。

2. 承接主体

政府要购买的公共体育服务项目，一般都是广大市民迫切需要的体育服务项目，其规模、规格、专业技术等都有一定的要求，承接单位（组织）必须具备相应的资质，才能确保项目任务的完成。因此，承接政府购买公共体育服务的主体必须是依法在民政部门登记成立的社会组织，或是依法在工商管理或行业管理部门登记成立的企业、机构等社会力量。

3. 购买项目

第一类：竞赛类。包括承办市级或市级以上的群众性体育赛事；组建市级代表队参加省级以上群众性体育赛事。

第二类：活动类。包括体育项目表演、展示、交流等群众性体育活动。

第三类：培训类。包括社会体育指导员培训、社区公共体育管理人员培训、公共体育场馆设施管理人员培训、体育项目技术公益培训。

第四类：管理类。包括公共体育场馆设施管理、全民健身活动站（点）管理。

第五类：场馆类。包括学校、企业等事业单位的体育设施向社会开放服务。

第六类：服务类。包括健康（健身）知识讲座、国民体质测试、体育中介服务、第三方评估等。

4. 购买方式

（1）政府采购制

凡是符合政府采购条件的公共体育服务项目，纳入政府采购范畴，按照《政府采购法》及相关法律法规组织采购。

（2）直接资助制

对具有一定资质能够提供公共体育服务的社会组织（社会力量），由购买主体按照其提供服务的数量、质量和绩效，根据相关文件政策规定，支付补助资金。

（3）项目申请制

由购买主体根据群众需求设置并公布需要购买的公共体育服务项目，具有资质的社会力量（社会组织）进行项目申请，购买主体组织项目评审和论证、项目公示、项目签约，最后由承办方进行项目实施。

5. 监督管理

（1）组织管理

政府体育行政部门成立"购买公共体育服务领导小组"，全面负责政策宣传、组织实施、过程监管、结果评估等工作。

（2）第三方评估

购买主体委托第三方评估机构，对项目实施过程、结果、绩效进行评估，形成评估报告，作为评定项目是否完成的重要依据。

(3) 社会监督

政府体育行政部门,按照"公平、公正、公开"的原则,及时向社会公布购买过程、评价结果等,接受社会监督。表 15-19 为常州市政府购买公共体育服务竞赛类群体满意度调查结果。由调查结果可知,群众对政府购买公共体育服务情况总体比较满意。

表 15-19　2019 年常州市政府购买公共体育服务竞赛类群众满意度调查结果

类别	项目设置	竞赛规程	竞赛组织	裁判执法	工作服务	参赛过程	场地设备	赛场氛围
非常满意	61.68%	59.35%	56.07%	57.94%	57.48%	55.61%	56.54%	57.94%
满意	31.78%	35.05%	38.32%	34.12%	36.92%	40.65%	37.85%	37.38%
一般	5.61%	5.14%	5.61%	7.01%	5.60%	3.74%	5.61%	4.68%
不满意	0.93%	0.46%	0%	0.93%	0%	0%	0%	0%

注:资料来源:常州市体育局群体处。

第十六章　我国社区公共体育发展趋势

第一节 "健康社区"建设背景下的社区公共体育发展趋势

2016年10月25月，中共中央、国务院发布《"健康中国2030"规划纲要》，提出"广泛开展健康社区、健康村镇、健康单位、健康家庭等建设"①，"健康社区"建设纳入各级政府的重要工作内容；2016年5月5日，国家体育总局发布《体育发展"十三五"规划》，提出大力推进"城市社区多功能运动场""城市体育服务综合体""城市社区15分钟健身圈"建设。② 这一切标志着党中央、国务院对群众体育工作的高度重视，我国社区公共体育也进入了快速发展的大好时机。

一、"健康社区"的概念

"健康社区"或健康城市的概念最早是由世界卫生组织于1964年提出的，当时是针对全球迅速城市化和城市卫生状况给人类健康带来的威胁，提出的一项全球性行动战略。希望通过政府、企业、健康部门间的沟通，相互了解，从而解决地方问题和居民需求，进而提高城市或社会的生活质量和健康水平。"健康社区"是指一个拥有持续发展的社区资源，不断改善的生活环境，让社区居民可以互相支持，发挥每个人最大潜能的社区。③

---

① 国家体育总局． "健康中国2030"规划纲要［EB/OL］．(2016-10-25)．http://www.gov.cn/zhengce/2016/10/25/content_5124174.htm．
② 国家体育总局．体育发展"十三五"规划［EB/OL］．(2016-05-05)［2019-01-25］．http://www.gov.cn/xinwen/2016-05/05/content_5070514.htm．
③ 李可，谢剑锋．创建健康社区的思考［J］．江南论坛，2004(9)：43-44．

二、"健康社区"建设背景下的社区公共体育发展趋势

国外学者 VAITKEVICIUS P V 等①、JANE S 等②、PAZOKI R 等③研究发现,运动确实能显著提升社区居民健康。我国许多学者也通过大量实证研究,证明体育运动能有效地促进人的身体和心理健康,并能提升社会适应能力。因此,发展社区公共体育运动,提高居民参与体育运动的积极性,是提升居民健康水平的有效途径,是建设"健康社区"的重要举措。

基于"健康社区"建设背景下的社区公共体育发展模式,是指在"健康中国"建设背景下,通过对社区居民健康状况的调查分析,设计符合社区居民健康状况的、以体育活动为主要内容的行动方案,实现全民健身与全民健康高度融合,进而实现全民健康的目标。

1."健康社区"建设背景下的社区公共体育发展模式

加强健康知识的传播,提高社区居民对健康的认识和健康知识素养;运用体育健康行为干预的手段和方法,提高居民的体育参与率;优化社区公共体育健康环境,提升居民体育健康行为的效率(图16-1)。

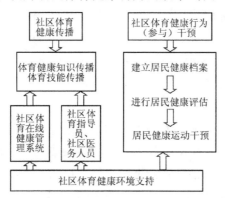

图 16-1 基于"健康社区"建设背景下的社区公共体育发展模式图

---

① VAITKEVICIUS P V,EBERSOLD C,SHAA M S,et al.Effects of aero bic exercise training in community-based subjects aged 80 and older:a pilot study[J].Journal of the American Geriatrics Society,2002,50(12):2009-2013.

② JANE S,KEITH H,SANDERA D,et al.Exploring the feasibility of a community- based strength training program for older people with de pressive symptoms and its impact on depressive symptoms[J].BMC Geri atrics,2006(6):18.

③ PAZOKI R,NABIPOUR I,SEYEDNEZAMIN,et al.Effects of acommuni ty-based healthy heart program on increasing healthy women's physica lactivity:a randomized controlled trial guided by Community-based Par ticipatory Research(CBPR)[J].BMC Public Health,2007(7):147-216.

2. "健康社区"建设背景下的社区公共体育发展趋势

"健康社区"建设将促进多部门、多行业参与社区公共体育的建设。"健康社区"建设的目的：通过创建社区健康的生活环境，培养居民的健康意识，养成居民健康的生活方式，实现持续促进并维护社区居民健康，最终形成可持续发展的社区健康文化。可以说，"健康社区"建设是一个持续的改变和塑造社区的过程，建设内容包括：社区健康政策与制度建设、健康管理机制与人员队伍建设、社区环境建设、健康知识宣传与教育、体育活动组织与开展、医疗卫生保健与干预、居民健康意识培养与健康行为规范、与健康相关的基础设施与网络平台、社区健康服务人员队伍建设等。因此，"健康社区"建设是一个涉及社区行政管理、医疗卫生、体育、住房建设规划、电信与网络建设等部门共同建设的复杂工程，需要在政府主导下，建立多部门协作机制，走多部门联合共同建设之路。体育锻炼是促进居民健康、预防疾病、构建和谐人居环境的重要手段，因此，大力发展社区公共体育将是建设"健康社区"的重要举措，多部门协作、多行业参与将是社区公共体育发展的常态。

国家层面的"健康社区"建设顶层设计将会使社区公共体育发展更加科学、规范、快速。"健康社区"建设是实现"健康中国"的具体体现，是"健康中国"建设的最基础环节。因此，需要从国家层面做好顶层设计，制定建设规范标准和建设路径。从国家治理的政治、经济、法律、环境、卫生及体育等多方面发展的角度，设计行动方案，整合各方资源，最大限度地促进社区居民健康，从而实现"健康中国"的目标。随着"全民健身"与"全民健康"的高度融合，社区公共体育的发展将会更加科学、规范、快速。

社区居民参与体育活动将会更加主动、积极、高效。"健康社区"建设的关键是社区居民的参与，广大社区居民是健康社区建设的主体，也是最终的受益者。因此，需要加大政策的宣传力度，让社区居民充分了解和理解政策的精神、内容和要求，明确社区居民有权利也有义务参与"健康社区"的建设活动，自觉自发地参与"健康社区"建设中来。同时，加大健康知识的宣传与普及力度，让人人懂得"什么是健康""如何获得健康"，形成健康理念，自觉地按照健康行为标准规范自己的行为，养成健康生活的习惯。随着社会的快速发展和人们生活水平的提高，社区居民关心和参与国家发展的意愿更加强烈，对体育促进健康的功能认识更加深刻，参与体育活动将会更加主动、积极、高效。

第二节 "智慧社区"建设背景下的社区公共体育发展趋势

一、"智慧社区"的概念

"智慧社区"在我国还是近几年出现的全新概念,按照我国住房和城乡建设部发布的《智慧社区建设指南》的定义,"智慧社区"是指通过综合运用现代科学技术,整合区域人、地、物、情、事、组织和房屋等信息,统筹公共管理、公共服务和商业服务等资源,以"智慧社区"综合信息服务平台为支撑,依托适度领先的基础设施建设,提升社区治理和小区管理现代化,促进公共服务和便民利民服务智能化的一种社区管理和服务的创新模式。[①]

近年来,随着计算机、大数据、人工智能等技术的快速发展,我国许多城市提出建设"智慧城市"的发展目标,"智慧社区"建设成了建设"智慧城市"的重要阵地,国家和地方政府相继出台政策大力推进"智慧社区"建设。"智慧城市""智慧社区"建设纳入了各级政府在城市规划与建设中的重要工作。

二、"智慧社区"建设背景下的社区公共体育发展趋势

1. "智慧社区"健身中心建设标准

2018年,国家体育总局颁布的《智慧社区健身中心建设试点工作方案的通知》指出:"智慧社区健身中心是供社区居民使用,具有管理信息化、运动科学化、服务智能化等特点的健身中心。"[②] 对"智慧社区"健身中心建设的工作目标、责任分工、工作进度、经费、实施流程、项目的硬件和软件技术等方面做了具体规定(表16-1、表16-2、表16-3)。

---

① 中华人民共和国住房和城乡建设部办公厅.住房城乡建设部办公厅关于印发《智慧社区建设指南》的通知[EB/OL].(2014-05-20)[2019-01-08].http://www.mohurd.gov.cn/wjfb/201405/t20140520_217948.html.

② 国家体育总局.关于印发智慧社区健身中心建设试点工作方案的通知[EB/OL].(2018-06-19)[2019-01-08].https://www.sport.gov.cn/n316/n336/c863082/contont.html.

表 16-1 "智慧社区"健身中心信息监管系统建设标准

系统功能	配置内容	必配/选配	有关要求
对场地设施的客流量、能耗、现场情况等进行实时监控	场地设施运营监管信息平台	必配	技术标准与大型体育场馆信息化监管系统建设试点项目配置一致；设备应符合相关国家质量标准
	客流量监测系统	必配	
	电量采集系统	选配	
	运营状态显示客户端	必配	

表 16-2 "智慧社区"健身中心智能健身及配套设备和系统建设标准

序号	类别	配置	必配/选配	有关要求
1	体质检测器材	（1）可通过人脸识别、运动手环、扫码等方式对使用者进行人机识别与绑定 （2）可开展身高、体重等检测，提供体质测定报告 （3）具有综合运动能力测定系统 （4）具备开放接口，可将用户运动健身过程和效果数据以系统对接的方式上报有关信息监管平台	必配	设备应符合相关国家质量标准
2	科学健身指导与效果评价系统	（1）可提供科学健身指导方案 （2）可提供健身效果评估	必配	设备应符合相关国家质量标准
3	物联网有氧训练器材	（1）具有身份标示和识别功能 （2）具有运动数据自动采集并传送到数据中心的功能	必配	设备应符合相关国家质量标准
4	物联网力量训练器材	（1）具有身份标示和识别功能 （2）具有运动数据自动采集并传送到数据中心的功能	必配	设备应符合相关国家质量标准
5	可穿戴运动设备	（1）具有运动或兼有生理数据自动采集功能 （2）可支持开启门禁/设备功能	选配	设备应符合相关国家质量标准
6	远程指导健身室	（1）可通过二维码、手环进行身份识别开启门禁 （2）通过增强现实/直播等技术，实现视频教练指导 （3）具备数据通信功能	选配	设备应符合相关国家质量标准

表 16-3 智慧社区健身中心运动环境系统建设标准

序号	类别	配置	必配/选配	有关要求
1	智能门禁系统	(1) 可通过人脸识别、运动手环、密码、二维码、指纹等方式进行身份识别 (2) 可提供数据查询报表 (3) 具有在断电、断网等特殊情况下保障安全疏散的技术措施	必配	设备应符合相关国家质量标准
2	身份识别系统	可通过人脸识别、运动手环 NFC、二维码进行身份标示和识别	必配	设备应符合相关国家质量标准
3	智能更衣柜系统	(1) 可通过人脸识别、运动手环、密码、二维码、指纹等方式进行身份识别 (2) 具备无人值守能力，可实现自助式存取功能 (3) 具有在断电、断网、忘记密码等特殊情况下保障财务安全的技术措施	选配	设备应符合相关国家质量标准
4	自动售卖机	(1) 可通过二维码、手环进行身份识别 (2) 可通过 App 实现自动结算 (3) 具备数据通信功能 (4) 可提供数据查询报表 (5) 系统具备提醒补货、订单查询功能	选配	设备应符合相关国家质量标准
5	照明控制系统	(1) 通过后台管理系统远程控制室内照明 (2) 具备集中控制功能 (3) 具备数据通信功能 (4) 提供数据查询报表	选配	设备应符合相关国家质量标准
6	空气环境控制系统	(1) 通过后台管理系统智能控制室内的温度、湿度设备 (2) 配置新风系统，可检测室内空气含氧量，产生负离子，保证室内空气清新 (3) 配置空气过滤系统，通过环境感知检测场馆的 PM2.5 含量 (4) 数据可实时显示在馆内大屏上，供用户查看 (5) 具备数据通信功能 (6) 可提供数据查询报表	选配	设备应符合相关国家质量标准

续表

序号	类别	配置	必配/选配	有关要求
7	ERP 系统	（1）包括智能授课系统、智能运营系统、数据统计系统，可进行会员注册、用户管理、订单管理、课程管理、预约管理、教练管理，可开展大数据计算与分析 （2）可向健身活动用户提供运动阶段评价报告	选配	设备应符合相关国家质量标准
8	其他服务系统	设立用户 App、微信公众号等工具，便于用户查找地址、获得服务信息、进行预约、记录运动数据、获得饮食指导方案、开展社交等	选配	设备应符合相关国家质量标准

2. "智慧社区"建设背景下的社区公共体育发展模式

随着"智慧社区"建设的深入推进，社区公共体育发展也将迈入智慧体育建设之路。根据当前我国"智慧社区"公共体育建设现状，政府主导下的社区、企业、社会组织及居民个人等多元主体合作、共建、共治、共享的发展模式，将是我国"智慧社区"公共体育建设的长期发展模式（图16-2）。

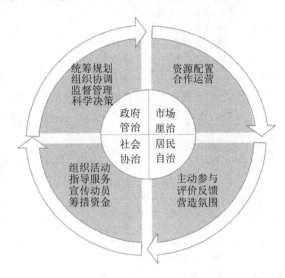

图16-2 "智慧社区"公共体育多元主体协同建设路径图

（1）政府管治

政府在"智慧社区"公共体育建设中的职责是"管治"，根据社区公共体育发展建设的需要制定"智慧社区"公共体育建设的政策、法规,做好顶层设计工作,运用政策杠杆,鼓励和引导各方力量参与"智慧社区"公共体育建设,明确社区、企业、社会组织和居民个人的责、权、利,统筹协调人、财、物,实现多元主体的协同、高效建设。同时,在"智慧社区"公共体育建设过程中,政府行政部门要建立监督评价机制,对建设过程实行全程监督控制,确保按计划、高质量完成建设目标任务。

(2) 市场厘治

"智慧社区"公共体育建设是一个长期、复杂的系统工程,仅靠政府投入是很难完成的。因此,需要建立政府主导下的市场参与机制,激活市场的潜力,充分发挥其在资源配置过程中的作用。建立政、企合作运营模式,发挥企业、社会组织、个人在资源配置中的作用。

(3) 社会协治

"智慧社区"公共体育建设的最终目的是更好地服务于社区居民参与体育活动,而社区公共体育活动的开展,需要相关组织的策划、宣传、组织和推动。因此,在"智慧社区"公共体育建设过程中,必须充分发挥社区居委会、社区公共体育组织、工会、志愿者组织等非营利性社会组织的作用,让更多的社会组织参与社区公共体育活动的组织与管理,保障社区公共体育活动的有序开展。

(4) 居民自治

居民自治是未来社区治理的主要模式,"智慧社区"建设的出发点和落脚点是社区居民的生活需求。当前体育活动越来越成为居民日常生活的重要组成部分,"智慧社区"公共体育建设目标就是为了满足居民体育活动的需要。因此,居民的广泛参与与自我治理是智慧社区公共体育建设的基本要求。调动居民参与社区公共体育建设的积极性,促进互动交流,共享现代科技成果带来的福祉,营造健康、快乐、互助的社区公共体育活动氛围,是未来"智慧社区"公共体育发展的目标。

3. "智慧社区"建设背景下的社区公共体育发展趋势

(1) 居民开展体育健身活动将会越来越便捷

随着"智慧社区"建设的深入开展,社区公共体育服务平台建设越来越完善,居民获取社区公共体育资源的途径更加方便,对社区公共体育设施建设与运营、体育组织开展的活动、体育健康知识宣传与讲座、体育健身指导员的指导、体质健康测试与管理、体育志愿者服务等情况,将会通过智能终端（手机、电脑）了如指掌。居民可以全天候自由、自主地选择体育健身活动。

（2）居民体育锻炼将会越来越科学、高效

随着智能运动装备、运动实施的不断设计制造与应用，科学健身运动处方的进一步完善，居民获取科学健身方法的途径越来越容易。居民对体育健身的认识会越来越深刻，科学健身将成为风尚。在智能设备和科学健身处方的指引下，居民体育健身行为将会越来越规范，健身效果会越来越高效。

（3）居民体育活动将会越来越丰富

随着互联网、大数据、物联网等技术的发展进步，微信群、QQ群的广泛建立，网络化的现代生活将居民间的沟通与交流变得越来越方便。体育信息的传播、健身经验的交流、健身伙伴的预约、体育活动的组织等将会越来越便捷，居民的体育活动将会越来越丰富，社区公共体育将会出现丰富多彩的格局。

附件1　社区公共体育现状调查问卷
（社区公共体育管理者）

尊敬的先生/女士：您好！

为了了解目前我国社区公共体育发展的现状，特向您进行问卷调查，问卷不记姓名，仅作研究之用，请您务必按真实情况填写。谢谢您的合作！

你们所管理的社区：_____市_____社区。

请在您认为合适的项上打"√"，或根据您了解的实际情况填写。

1. 你们所管理的社区约有_____居民。

2. 你们所管理的社区约有多少可供居民进行体育健身的场馆：大型运动场_____个，综合体育馆____个，游泳馆（池）____个，全民健身综合配套器械_____套，健身公园____处，健身广场____片，健身俱乐部____个。

3. 你们社区在近一年里开展有组织的体育活动_____次，每年用于社区公共体育活动的经费____万元，投入社区公共体育建设的经费____万元。

4. 你们社区有社区公共体育管理人员____名，社会体育指导员____名，其中国家级____名，一级____名，二级____名，其他____名。

5. 你们社区公共体育建设经费主要来源：（1）政府拨款，（2）自筹资金，（3）社会流动资金，（4）企业赞助，（5）私营企业投入，（6）其他来源，如_____。

6. 您认为目前制约社区公共体育发展的主要原因是：（1）建设经费不足，（2）运动场馆器材不够，（3）管理和指导人员不够，（4）社区居民健身意识不强，（5）组织宣传不够，（6）有关的政策法规缺乏，（7）体育社团太少，（8）其他原因，如_____。

7. 你们社区建立的体育健身信息服务方式：（1）建立了专门的体育健身信息服务网站，（2）建立了专门的体育健身服务咨询热线，（3）建立了固定的健身信息服务宣传报栏，（4）定期举行健身信息服务讲座，（5）定期举行健身专家咨询服务，(6) 其他方式，如_____。

8. 你们社区成立了_____个体育社团，其中有：(1) 游泳社团，(2) 篮球、排球、足球社团，(3) 乒乓球社团，(4) 网球社团，(5) 台球社团，(6) 羽毛球社团，(7) 健身走（暴走）社团，(8) 健身操/舞、体育舞蹈社团，(9) 滑冰（轮滑）社团，(10) 武术社团，(11) 器械健身社团，(12) 跆拳道社团，(13) 太极拳（剑）社团，(14) 瑜伽社团，(15) 拳击社团，(16) 自行车社团，(17) 舞龙舞狮社团，(18) 其他，如_____。

9. 您认为影响社区公共体育社团发展的因素有：(1) 缺乏资金，(2) 缺乏优惠政策，(3) 缺乏场地设施，(4) 居民缺乏体育兴趣，(5) 居民缺乏锻炼时间，(6) 居民体育健身意识不强，(7) 缺乏宣传，(8) 缺乏组织保障，(9) 社团管理水平低，(10) 社团收费太贵，(11) 缺乏专业健身指导员，(12) 其他因素，如_____。

10. 你们社区公共体育社团指导人员的来源情况：(1) 社区里的社会体育指导员，(2) 外聘的专业体育人员，(3) 社区里的有体育专项特长的人员，(4) 外聘的学校体育教师，(5) 外聘的体育专业学生或运动员，(6) 其他来源，如_____。

11. 你们社区开展体育活动的组织形式：(1) 社区（街道）居委会组织，(2) 社区公共体育社团组织，(3) 居民自发组织，(4) 其他形式，如_____。

12. 你们社区公共体育场地、设施管理情况：(1) 居委会专人管理，(2) 社区内体育社团负责人管理，(3) 居民自发管理，(4) 供应商负责管理，(5) 委托第三方管理公司管理，(6) 其他情况，如_____。

13. 你们社区开展体育活动的经费来源：(1) 居委会专项资金，(2) 社区体育社团会员会费，(3) 社会赞助，(4) 体育产业企业投资，(5) 其他来源，如_____。

14. 你们社区参加体育活动的主要人员：(1) 社区普通居民，(2) 私营企业主，(3) 公务员，(4) 教科文工作者，(5) 公务员的行政管理人员，(6) 非公务员的服务行业人员，(7) 自由职业者，(8) 白领阶层，(9) 其他人员，如_____。

15. 你们社区公共体育社团的监管部门是：(1) 社区（街道）居委会，

(2) 体育局群体部门，(3) 民政局管理部门，(4) 行业协会，(5) 无人监管，(6) 其他部门，如_____。

16. 你们社区居民经常开展的体育健身项目：(1) 健步走，(2) 跑步，(3) 跳广场舞（操），(4) 练健身气功、打太极拳（剑、扇）、从事武术等民族传统体育项目，(5) 游泳，(6) 骑自行车，(7) 从事健身瑜伽运动，(8) 打羽毛球、乒乓球、网球等小球类项目，(9) 打篮球、排球、足球等大球类项目，(10) 利用健身器械健身，(11) 其他项目，如_____。

17. 你们社区开展的体育健身指导活动：(1) 专家健康知识讲座，(2) 健身技能培训，(3) 体能测试，(4) 其他活动，如_____。

18. 您认为目前社区公共体育发展中存在的主要问题是：_____
_____
_____。

19. 您认为社区公共体育发展的最佳模式是：_____
_____
_____
_____
_____。

问卷到此结束，谢谢您的合作！

附件2　社区公共体育现状调查问卷
（居民）

尊敬的先生/女士：您好！

为了解目前我国社区公共体育发展的现状，特向您进行问卷调查，问卷不记姓名，仅作研究之用，请您务必按真实情况填写。谢谢您的合作！

您所居住的社区：_____市_____社区。

请在您认为合适的项上打"√"，或根据您的实际情况填写。

1. 您的性别：（1）男，（2）女。

2. 您的年龄：（1）20岁及以下，（2）21～30岁，（3）31～40岁，（4）41～50岁，（5）51～60，（6）61岁及以上。

3. 您的文化程度：（1）小学及以下，（2）初中，（3）高中，（4）大专，（5）本科，（6）研究生。

4. 您的职业：（1）工人，（2）农民，（3）私营企业主，（4）公务员，（5）教科文工作者，（6）公务员的行政管理人员，（7）非公务员的服务行业人员，（8）自由职业者，（9）下岗人员，（10）其他。

5. 您每月收入大约为：（1）1 000元以下，（2）1 001～2 000元，（3）2 001～3 000元，（4）3 001～4 000元，（5）4 001～5 000元，（6）5 001～6 000元，（7）6 001～7 000元，（8）7 001～8 000元，（9）8 001～9 000元，（10）9 001～10 000元，（11）10 000元以上。

6. 您对自己身体健康的评价是：（1）很好，（2）较好，（3）一般，（4）较差，（5）很差。

7. 您认为参加体育活动对身体健康的促进作用是：（1）很大，（2）较大，（3）一般，（4）无作用，（5）损害健康。

8. 您参加体育活动的目的是（可多选）：（1）调节情绪，（2）消遣娱乐，（3）防病治病，（4）减肥，（5）社交，（6）提高身体素质，（7）增加体力活动，（8）健美，（9）提高运动技能，（10）其他目的，如_____

_____。

9. 您是否经常参加体育锻炼：（1）是（每周三次或以上），（2）否（每周三次以下）。

10. 如果您经常参加体育锻炼，锻炼活动的形式是：（1）一个人锻炼，（2）与家人一起锻炼，（3）与朋友或同事一起锻炼，（4）参加社区组织的体育活动，（5）参加单位组织的体育活动，（6）参加体育社团组织的体育活动，（7）参加网络上组织的体育活动，（8）其他形式，如_____

_____。

11. 您每周参加体育锻炼活动的次数是：（1）0次，（2）1次，（3）2次，（4）3次以上。

12. 您平时参加体育锻炼活动的时间段主要是在：（1）早上8点以前，（2）中午12点至2点之间，（3）傍晚5点至7点，（4）晚上7点以后，（5）周末或节假日，（6）其他时间段：_____。您每次参加体育锻炼的平均时间大约是：（1）30分钟以内，（2）30分钟至50分钟，（3）一小时至一个半小时左右，（4）一个半小时以上。

13. 您参加体育锻炼的运动强度和运动量一般是：（1）小强度（身体微微出汗，感到轻松、舒适），（2）中等强度（出汗量适中），（3）大强度（大汗淋漓、身体感到吃力）。

14. 您参加体育锻炼的场所主要是（可以多选）：（1）公共体育场馆，（2）公共广场或空地，（3）住宅社区的空地，（4）健身路径，（5）单位或社区的体育场所，（6）居住地附近公园，（7）居住地附近学校，（8）收费的室内健身中心或健身房，（9）自己家里，（10）其他地点，如_____

_____。

15. 您经常参加体育锻炼的项目是（可以多选）：（1）散步，（2）健身走，（3）跑步，（4）跳广场舞（操），（5）游泳，（6）骑自行车，（7）打羽毛球，（8）打乒乓球，（9）打网球，（10）打篮球，（11）打排球，（12）踢足球，（13）练健身气功，（14）打太极拳，（15）从事武术或民族传统体育项目，（16）登山，（17）放风筝，（18）其他项目，如_____

_____。

16. 您参加体育健身组织（体育社团或俱乐部）情况：（1）没有参加任何体育组织，（2）参加单位组织的体育社团，（3）参加社区内体育社团，（4）参加体育健身俱乐部，（5）参加社会上（或网络上）组织的体育社团,(6) 其他情况,如＿＿＿＿＿。

17. 近一年来,您在参加体育活动方面的消费开支情况:全年经费开支大约＿＿＿元,主要用于:(1) 购买运动服装＿＿＿元,(2) 购买运动器材＿＿＿元,(3) 支付锻炼的场租和聘请教练＿＿＿元,(4) 观看体育比赛＿＿＿元,(5) 其他开支,如＿＿＿＿＿。

18. 您对自己居住社区的体育健身场地、设施满意度情况:(1) 很满意,(2) 满意,(3) 一般,(4) 不满意,(5) 很不满意。

19. 您所居住的社区有体育健身点＿＿＿个,健身设施＿＿＿个(套),公共运动场＿＿＿个,健身馆＿＿＿个,健身场(馆)面积约为＿＿＿平方米。

20. 您的家距离您经常参加健身活动的场所的距离约为:(1) 不到250米,(2) 250~500米,(3) 500~1 000米,(4) 1 000米以上。您去经常参加体育锻炼场所的时间大约需步行＿＿＿分钟。

21. 您所居住社区内的学校体育场馆对外开放情况:(1) 总是开放,(2) 有时开放,(3) 很少开放,(4) 从不开放,(5) 不清楚。

22. 您所居住的社区内的体育健身设施是否有专人管理:(1) 有,(2) 没有。体育健身设施是否经常维修更新:(1) 是,(2) 否。

23. 您是否经常参加社区组织的体育活动:(1) 经常参加,(2) 偶尔参加,(3) 从不参加。

24. 您所居住的社区居委会组织开展的体育活动情况:(1) 经常开展体育活动,(2) 偶尔开展体育活动,(3) 从不开展体育活动。

25. 您所居住的社区居委会组织开展的体育活动项目(可多选):(1) 趣味运动会,(2) 大球类(篮球、排球、足球),(3) 小球类(羽毛球、乒乓球、网球),(4) 广场舞(操)类,(5) 棋牌类,(6) 跳绳,(7) 器械类,(8) 健身气功,(9) 武术,(10) 太极拳,(11) 健身、保健知识讲座类,(12) 体质测试,(13) 其他体育活动项目,如＿＿＿＿＿。

26. 您所在的社区中是否有体育健身指导员:(1) 有,(2) 没有。是否能满足居民健身需要:(1) 能,(2) 不能。

27. 您认为制约您参加体育活动的因素是(可多选):(1) 没有兴趣,(2) 没有时间,(3) 缺乏场地设施,(4) 懒惰,(5) 身体弱,(6) 经济条件限制,(7) 怕受伤,(8) 怕别人嘲笑,(9) 缺乏组织,(10) 感觉没有必要参加,(11) 没有掌握体育锻炼的方法,(12) 其他因素,如＿＿＿＿＿

_____。

28. 您对社区公共体育服务的满意度：（1）很满意，（2）满意，（3）一般，（4）不满意，（5）很不满意。

29. 您对社区在全民健身政策与知识宣传方面的满意度：（1）很满意，（2）满意，（3）一般，（4）不满意，（5）很不满意。

30. 您对社区公共体育场地设施建设的满意度：（1）很满意，（2）满意，（3）一般，（4）不满意，（5）很不满意。

31. 您对社区公共体育健身类社团组织发展的满意度：（1）很满意，（2）满意，（3）一般，（4）不满意，（5）很不满意。

32. 您对社区公共体育健身类活动开展情况的满意度：（1）很满意，（2）满意，（3）一般，（4）不满意，（5）很不满意。

33. 您对优化社区公共体育健身环境的建议（可多选）：（1）优化治安、交通、绿化环境，（2）增建与改善体育场地设施，（3）组织开展更丰富多彩的体育活动，（4）保障居民得到更多的健身指导，（5）培育发展更多的体育社团组织，（6）健全全民健身工作的组织与制度，（7）加强全民健身政策与知识宣传，（8）其他建议，如_____
_____。

34. 您对社区公共体育场地、设施需求情况：（可多选）
（1）健身步道，（2）健身广场，（3）全民健身组合器械，（4）室外篮球场，（5）室外足球场，（6）室外网球场，（7）标准田径场，（8）室内羽毛球场，（9）室内乒乓球场，（10）室内健身房，（11）其他需求，如____
_____。

35. 您对体育健身指导服务内容需求情况（可多选）：（1）健身方法指导，（2）健身理论咨询与讲座，（3）专业的健身指导员辅导，（4）健身计划制订与监督，（5）其他需求，如_____。

36. 您对体育健身指导服务项目需求情况（可多选）：（1）跑步健身类，（2）健身操、舞类，（3）全民健身组合器械健身类，（4）篮球技术、竞赛类，（5）足球技术、竞赛类，（6）排球技术、竞赛类，（7）网球技术、竞赛类，（8）乒乓球技术、竞赛类，（9）羽毛球技术、竞赛类，（10）健身房力量训练类，（11）体质测试评价类，（12）健身计划指导类，（13）其他需求，如_____。

37. 您对体育健身信息建设需求情况（可多选）：（1）健身网站信息，

(2) 健身 QQ 群，(3) 健身微信群，(4) 健身 App，(5) 健身场地网约，(6) 智慧健身设施，(7) 其他需求，如_____
_____。

38. 您对社区公共体育建设的期望、要求和建议：_____
_____
_____
_____
_____。

问卷到此结束，谢谢您的合作！

后 记

2016年，中共中央颁布了《中华人民共和国国民经济和社会发展第十三个五年规划纲要》，提出"促进群众体育与竞技体育全面协调发展"的战略规划；2016年10月25日，中共中央、国务院发布了《"健康中国2030"规划纲要》，提出"广泛开展健康社区、健康村镇、健康单位、健康家庭等建设"，"健康社区"建设纳入了各级政府的重要工作内容；2016年5月5日，国家体育总局发布了《体育发展"十三五"规划》，提出大力推进"城市社区多功能运动场""城市体育服务综合体""城市社区15分钟健身圈"建设。这一切标志着党中央、国务院对群众体育工作的高度重视，我国群众体育建设进入了快速发展的大好时机。"十三五"期间，在我国经济快速发展的背景下，群众体育得到了很好的发展，取得了可喜的成绩，但同时我们也深刻地感受到群众体育发展中面临着越来越严重的问题，特别是城市社区公共体育。作为群众体育工作的重要落脚点，社区居民日益增长的多元化、多层次体育需求与体育有效供给不足的矛盾日益凸显，社区公共体育发展的理论研究滞后、政策脱离实际需要、制度执行不力等问题，严重地制约了社区公共体育的发展。在当前国家将全民健身上升为国家战略的时代背景下，社区公共体育关系到"全民健身计划"和"健康中国"目标的实现，社区公共体育发展既面临着难得的机遇，又充满着严峻的挑战。

随着我国城镇化进程的进一步加快，城镇社区人口越来越多，社区居民的健康状况直接影响着国家经济的发展、社会的稳定和人们生活的幸福感。随着计算机和信息技术的日益成熟，互联网的应用在我国得到了迅猛的发展，社会的发展已经全面进入了互联网时代。"互联网+体育"的发展模式，已经成了体育信息传播与应用方式的发展趋势，是全民接收体育信息、利用体育信息的主要途径。互联网平台也成了体育组织进行体育营销、体育企业产品宣传与开发、运动专家与市民交流、明星与粉丝互动的主要途径。因此，研究互联网时代社区公共体育的发展模式，构建一个以互联网为平台、支撑"生活化、普及化、社会化、科学化、产业化和法制化"

的资源共享型社区公共体育发展模式,至关重要。基于此,我们在国家社科基金研究项目课题"互联网时代资源共享型社区公共体育发展模式研究"研究成果的基础上,编写出版此书,希望能为新时代我国社区公共体育的发展研究提供理论与实践参考。

本书中主要内容由课题组成员易锋、陈康、董新军、刘江、司庆络、杨品臣、沈纲、武栋、杜少辉等共同完成,课题研究过程中得到了苏州大学体育学院王家宏教授和各调研单位的大力支持和热情帮助,在此一并表示感谢。感谢苏州大学出版社周建兰老师为本书出版付出的辛勤工作。

由于我们的研究水平有限,书中有很多的观点值得商榷,敬请广大学者批评指正。

易锋　陈康

2021 年 1 月 15 日